대전환이 ▽▽ 온다

대전환이 온다

더글러스 러시코프 지음

이지연 옮김

Team Human

인류사의 주인공을 바꿀
'생각'의 이동

RHK
알에이치코리아

진화란 동료들을 뛰어넘는 게 아니라

더 많은 동료와 어울리는 법을 터득하는 것이 목표인지도 모른다.

우리는 팀 휴먼Team Human이다.

팀 휴먼

위기를 맞은 인간의 선택

0 0 1

각종 무인화無人化 기술, 제멋대로 가는 시장, 무기가 되어 버린 미디어. 이미 문명사회는 전복된 듯하다. 우리는 건설적으로 생각하고, 의미 있는 관계를 맺고, 의식적으로 행동할 수 있는 능력이 마비된 듯하다. 문명 자체가 벼랑 끝에 서 있는데도 인간이라는 종種의 생존과 직결된 중요한 문제들을 해결하는 데 필요한 집단적 의지나 협력은 어디서도 찾아볼 수 없다.

과연 이 길밖에 없는 걸까?

0 0 2

다들 우리가 어쩌다 이 지경이 됐느냐고 묻는다. 마치 우리가 다 함께 이렇게 지리멸렬해지고 힘을 상실하게 된 것이 우연이기라도 한 것처럼 말이다. 그렇지 않다. 지금 우리가 이런 궁지에 처한 것은 교육, 종교, 시민 생활, 미디어에 이르기까지 우리의 기술과 시장, 주요 문화적 제도 속에 반인간적 어젠다가 단단히 박혀 있

기 때문이다. 이 어젠다는 인간을 서로 이어주어야 할 도구들을 고립과 억압의 수단으로 바꿔 버렸다.

이 어젠다를 파헤친다면 우리는 지금의 마비 상태를 벗어나, 인간의 종말이 아닌 인간의 목적에 이바지하는 새로운 사회를 만들 수 있을 것이다.

0 0 3
———

이 궁지를 탈출하기 위한 첫 단계는 '인간됨'이 팀 스포츠임을 자각하는 것이다. 우리는 혼자선 결코 온전한 인간이 될 수 없다. 우리를 화합하게 하는 것들은 모두 인간성을 고양한다. 마찬가지로 우리를 갈라놓는 것들은 모두 우리를 덜 인간답게 만들고, 개인 또는 집단이 의지를 발휘하기 힘들게 만든다.

우리는 사회 교류를 통해 삶의 방향을 잡고, 서로의 생존을 보장하고, 삶의 의미와 목적을 끌어낸다. 이는 고색창연한 개념이 아니라 우리가 태어날 때부터 가지고 있던 것이다. 자신이 속한 공동체나 조직으로부터 단절된 인간은 그대로 시들어 버리는 경우가 많다.[1]

때로 우리는 공동의 목표를 위해, 예컨대 식량을 찾거나 싸움의 희생양이 되는 것을 모면하기 위해 서로 힘을 합친다. 하지만 친목과 소통 그 자체가 목적일 때도 있다. 라포르rapport*를 형성할 때 우리는 힘이 나고 기쁨을 얻기 때문이다.

우리는 혼자가 아니다.

0 0 4

———

타고난 연대 능력을 증폭시키고 확장하기 위해 우리는 다양한 형태의 미디어를 발명했다. 책 같은 일방향 미디어조차 타인의 눈으로 세상을 보게 함으로써 기존에 없던 친밀감을 만들어 낸다. 텔레비전은 지구 반대편에서 무슨 일이 벌어지는지 다 함께 목격하게 해 준다. 텔레비전을 통해 우리는 달 착륙에서 베를린 장벽 붕괴에 이르기까지 많은 사건을 실시간으로 함께 지켜보았고, 이로써 우리가 전에 없던 인류 공동체임을 경험했다.

마찬가지로 인터넷은 보다 의도적으로, 어찌 보면 기존의 그 어느 매체보다 더 안심되는 방식으로 우리를 이어주고 있다. 인터넷의 발전과 함께 P2P 연결이 가능해지고 네트워크상의 연결점

---

* 　두 사람 사이에 친밀감과 신뢰감 등이 쌓여 형성되는 마음이 통하는 관계.

node을 구성하는 모든 인간이 자유로운 표현을 할 수 있게 되면서 기존 하향식top-down* 방송 매체의 폭정은 깨진 것처럼 보였다. 인터넷은 미디어를 다시 집단적이고 참여적이고 사회적인 모습으로 되돌려 놓았다.

그러나 새로운 미디어가 나타날 때마다 늘 그랬던 것처럼, 인터넷도 시작은 소셜 플랫폼이었으나 결국에는 '고립의 플랫폼'이 됐다. 디지털 기술은 사람과 사람 사이에 새로운 관계를 구축한 것이 아니라 인간관계가 있을 자리에 다른 무언가를 가져다 놓았다.

우리는 수많은 소통 기술을 손에 쥐고 살고 있다. 우리 문화를 구성하는 요소 중에는 내가 직접 살아 본 경험보다 간접적으로 알게 된 경험이 더 많다. 그런데도 우리는 그 어느 때보다 더 외롭고 원자화原子化되었다. 최신 기술은 우리를 서로 이어주는 게 아니라 우리가 이어지지 못하도록 방해하고 있다. 기술은 인간성을 다른 것으로 대체하고 평가절하하며, 갖가지 방식으로 우리 자신과 다른 사람에 대한 존중심을 훼손하고 있다. 안타깝지만 이 상황은 처음부터 예견된 일이었다. 바로 그렇기 때문에 이 상황을 역전시키는 것 역시 가능하다.

---

* 마치 명령이 하달되는 것처럼 위에서 아래로 흐르는 의사소통 방식.

우리는 인간 자체를 그리고 자연의 질서 속에서 인간이 차지하는 위치를 아주 얕보고 폄하하는 구닥다리 개념을 미래 기술 인프라 속에 집어넣고 있다. 일류 기술기업의 개발자들은 인간을 '문젯거리'로 규정하고 기술을 그 해결책으로 보는 듯하다.

개발자들은 둘 중 하나다. 우리를 통제하기 위한 인터페이스를 개발 중이거나 아니면 우리를 대체할 인공지능AI을 구축 중이다. 물론 이런 기술도 얼마든지 인간의 능력을 확장하고 인간의 집단 능력을 키우는 쪽으로 사용될 수 있다. 그러나 기술은 시장이나 정치권, 권력 구조의 요구에 맞춰 배치된다. 이러한 것들은 하나 같이 인간을 고립시키고 예측 가능하게 만들어야만 작동하는 것들이다.

사회를 통제하려면 인간 간의 접촉을 방해해서 개인이 방향 감각을 상실하고 절망하게 만들어야 한다. 인간의 진화 과정은 더 많은 수의 인간관계를 맺을 수 있는 능력을 키워 온 과정이었다. 뇌가 발달하고 언어와 문자, 전자 미디어, 디지털 미디어가 발전할 수 있었던 원동력은 모두 인간이 더 높은 수준의 사회 조직을 원했기 때문이다. 이런 발전 과정의 최신 버전이라고 할 수 있는 인터넷은 사고 과정도, 기억도 집단 활동이 아니냐고 묻는다. 그러나 이런 잠재력에 그림자를 드리운 것은 인간이 힘을 가진 집단이 되었을 때 과연 어떻게 행동할 것인가에 대한 짙은 의구심이었다. 사회에 만족하는 사람은 돈도 덜 필요하고, 창피함도 덜느끼고, 예측하기 어려운 행동을 하며, 더 자율적으로 행동한다는 사실이 알려진 것도 별로 도움이 되지 않았다.

사람들이 생각을 하고, 무언가를 느끼고, 서로 연결되어 있으면 그들을 통제하려는 기구나 제도의 힘은 약화된다. 이는 늘 그래 왔다. 사람들 사이에 유대감을 형성하고 협력을 증진할 수 있는 새로운 메커니즘이 결국에 어김없이 당초의 목적을 배신한 것도 그 때문이었다. 정보를 전달할 수 있는 언어는 거짓말에 이용된다. 교역을 증진할 수 있는 돈은 부자들의 부를 쌓는 데 사용된다. 잘만 사용하면 노동자들의 생각을 넓혀 줄 수 있는 교육은 노동자를 더 효율적인 인적 자원으로 만드는 데 사용된다.

그러는 사이 인간은 똑똑하게 행동하거나 평화를 이루는 것이 불가능하고 아무 생각 없이 움직이는 떼거리에 불과하다는 냉소적 시각이 확산됐다. 이런 냉소적 시각은 우리를 더 갈라놓고 삶의 그 어느 영역에서도 우리가 주도하는 역할을 해낼 수 없다는 주장을 정당화하는 데 이용된다. 우리의 제도와 기술은 인간의 본성을 확장하기 위해 고안된 것이 아니라, 인간 본성을 약화시키고 억압하기 위해 고안된 것들이다.

인간성을 장점이 아닌 '짐'으로 보기 시작하면, 문화적 동력이나 영적靈的 추구는 그런 인간성을 초월하는 쪽으로 방향을 잡는다. 다시 말해 인간의 몸을 벗어나서 물질을 초월해 무엇이든 그 순간 우리가 집착하는 것 속으로 들어가려고 한다. 그것은 천상일 수도 있고, 전기 신호의 파장이나 가상현실, 인공지능일 수도 있다.

0 0 6
——

디지털 네트워크는 사회 유대를 촉진하는 것에서 시작해 파괴하는 것으로 옮겨 간 여러 미디어, 인간성을 함양하는 것에서 대체하는 것으로 변질된 여러 미디어 중에서 가장 최신 버전이다. 그러나 지금의 변화가 앞선 것들보다 더 깊이 있고 오래도록 변하지 않을 수 있는 이유는, 이번에는 반인간적 기술에 스스로를 개선할 수 있는 능력을 부여했기 때문이다. 지금의 스마트 기기들은 우리의 생물학이 따라잡을 수 없을 만큼 빠른 속도로 진화를 거듭하고 있다.

우리는 또 계속된 기술 성장과 기계의 확장 능력에 시장과 안보를 접목하고 있다. 이것은 우리 자신을 망치는 행보다. 우리가 점점 더 의존하고 있는 여러 기술은 인간이 열등한 소모성 존재라는 가정하에 만들어진 것들이다.

그런데 이번에는 사회를 확장하는 것에서 사회를 파괴하는 것으로 전환되는 속도가 유례없이 빠르다 보니 우리에게는 이번이 그 전환 과정을 알아볼 수 있는 기회가 되기도 한다. 이 과정을 이해하고 나면 농경과 교육에서부터 통화와 민주주의에 이르기까지 역사상 수많은 전환 과정이 어떻게 일어났는지 보일 것이다.

지금 우리는 한 세대 내에서 이 전환이 일어나는 것을 실시간으로 경험하고 있다. 이번이 우리에게는 기회다. 더 이상 이런 전환 과정에 순응하지 않고 거기에 반대하는 선택을 하면 된다.

0 0 7
———

이제 인간의 어젠다를 다시 점검할 때다. 이는 우리가 다 함께 추진해야 할 과제다. 지금까지 우리는 스스로가 개별 플레이어라고 생각해 왔지만, 사실 우리는 한 팀이다.

'인간'이라는 팀, '팀 휴먼Team Human' 말이다.

사회적 동물

인류 진화의 비밀, 모방

자연은 사회적 동물에게 유리하다. 만약 동물들 중에서 인간이 가장 진화된 종種이라면, 그 이유는 오직 우리가 사회화 방식을 가장 발전시켰기 때문일 것이다.

우리는 경쟁이 진화를 일으킨다는 신화를 그대로 믿고 있다. '적자생존'이라고 말이다. 이 관점에 따르면 모든 생물은 희소한 자원을 차지하기 위해 모두를 상대로 투쟁한다. 그리고 그중 가장 강한 종만이 살아남아 자신의 우월한 유전자를 넘겨주고, 약한 종은 패배하고 죽는 것이 당연한 일이 된다.

그러나 혹시 진화가 경쟁 때문이라고 하더라도 그것은 서로 다른 종 사이의 경쟁이지, 개체 사이의 경쟁은 아니다. 게다가 수많은 돌연변이는 비슷한 자원을 놓고 경쟁하는 여러 종에게 다같이 도움이 된다. 그들 사이에 더 많은 다양성을 만들어 내기 때문이다. 새가 부리를 발달시킨 것은 다른 새들이 닿을 수 없는 식물 부위까지 먹기 위해서다. 그렇게 되면 개체군의 식단이 다양해지면서 특정 먹이를 공급받아야 할 부담이 줄고, 모두가 더 많은 먹이를 먹을 수 있다. 그러면 불쌍한 식물은 어쩌냐고? 꿀벌과 마

21

찬가지로 새들도 식물의 열매를 먹고 나면 그 씨앗을 퍼뜨리는 데 도움을 준다.

적자생존이란 경쟁이 치열한 시장, 정치, 문화의 무자비함을 손쉽게 정당화할 수 있는 방법이다. 그러나 이런 시각은 다윈이나 그 후계자들의 이론을 곡해한다. 진화를 순전히 경쟁 논리로만 본다면, 인간의 사회성 발달이라는 큰 그림을 놓치게 되고 상호 연결된 하나의 큰 팀으로서의 인류를 제대로 이해할 수 없다.

생물학적으로 가장 성공한 생물들은 서로 도움을 주고받는 생태계에서 공존한다. 우리로서는 그렇게 광범위한 협력 관계를 눈치채기가 쉽지 않다. 우리는 생물들을 각자 고립된 것으로 보는 경향이 있다. 나무 한 그루는 나무 한 그루, 소 한 마리는 소 한 마리라고 생각한다. 그러나 나무는 결코 단일한 나무 한 그루가 아니다. 나무는 숲의 작은 일부분이다. 충분히 뒤로 물러나 전체를 보면, 살아남기 위한 나무 한 그루의 투쟁은 숲의 더 큰 시스템을 지탱하기 위한 그 나무의 역할이라는, 더 중요한 이야기와 합쳐진다.

우리는 또 자연이 서로 연결되어 있다는 사실을 놓치는 경향이 있다. 왜냐하면 그런 관계는 수면 아래에서 조용하게 진행되기 때문이다. 우리는 나무들이 서로 소통하는 소리나 그 모습을 쉽사리 듣고 볼 수 없다. 예를 들어 건강한 숲에서는 버섯을 비롯한 균류가 눈에 보이지 않는 방식으로 여러 나무들의 근계根系를 서로 이어준다.[1] 이렇게 지하에서 이뤄지는 네트워크 덕분에 나무들은 상호작용할 수 있고 심지어 자원을 주고받을 수도 있다. 여름날 키 작은 상록수들은 키 큰 나무들의 그림자에 가려진다. 빛이 닿지 않아 광합성을 할 수 없게 된 키 작은 상록수들은 균류를 통해 필요 영양분을 얻는다. 키 큰 나무들은 나눠 줄 만큼 충분한 영양분을 갖고 있기 때문에 자신의 그림자에 가려진 동료들에게 영양분을 보내 준다. 겨울이 되면 키 큰 나무들은 잎이 떨어져 광합성을 할 수 없게 된다. 그때가 되면 반대로 햇빛에 노출된 상록수들이 남는 영양분을 잎이 떨어진 공동체 일원들에게 보내 준다. 또 지하에서 활동하는 균류는 나름대로 약간의 서비스 비용을 받는데, 큰 나무들의 영양분 교환을 도와준 대가로 자신들에게 필요한 영양분을 얻는 식이다.

그러니 우리가 학교에서 배웠던, 숲속의 나무들이 햇빛을 받으려고 서로 경쟁한다는 이야기는 결코 사실이 아니다. 나무들은 햇빛을 받기 위해 서로 협업한다. 전략을 다양화하고 노동의 대가를 공유한다.

또한 나무들은 서로를 보호하는 역할도 한다. 아카시아 나무의 잎에 기린의 침이 닿으면 나무는 경고성 화학물질을 공기 중에 내뿜는다.[2] 이 화학물질에 반응한 주변의 아카시아들은 자신을 보호하기 위해 기린에게 혐오감을 주는 특별한 물질을 내뿜는다.

진화는 아카시아 나무들이 마치 단일한 존재의 한 부분처럼 행동해 스스로를 지킬 수 있게 키웠다.

0 0 9

—

동물도 협력한다. 동물이 서로에게 도움이 되는 행동을 하는 것은 자연 선택의 '예외'가 아니라 '원칙'이다.

다윈은 야생에서 소가 무리로부터 떨어져 버틸 수 있는 시간이 얼마 되지 않는다는 사실과 그들이 우두머리 소를 맹종한다는 사실을 발견했다. 우두머리의 권위에 도전하거나 무리로부터 떨어져 헤매고 다니는 '개인주의' 소는 굶주린 사자들의 밥이 됐다.[3] 다윈은 이것을 일반화시켜 사회 유대가 '자연 선택의 산물'이라고 봤다. 다시 말해 경쟁보다는 팀워크가 모두의 생존을 위해 더 나은 전략이었다.

다윈은 인간의 도덕성이 동물들의 협력 행동에서 기원한다고 생각했다. 다윈은 펠리컨에서 늑대에 이르기까지 수많은 종이 무리를 지어 사냥하는 법을 배우고 포획물을 나누는 모습과 개코원숭이들이 곤충의 집을 털기 위해 다 함께 무거운 돌을 들어 올리는 모습에 감탄했다.

먹이나 영역을 둘러싸고 경쟁할 때조차 사회 전략을 채택해서 생명에 위협이 되는 마찰을 피하는 동물이 많다. 브레이크댄스를 추는 사람들이 춤 배틀을 벌일 때 서로를 도발하는 것처럼 싸움을 벌이는 동물들도 상대를 위협하는 자세를 취하거나 가슴을 부풀린다. 이런 방식으로 동물들은 전면전을 벌였을 때 내가 이길 수 있는 확률을 계산해서, 실제로 싸우지 않고 승자를 가린다.

이런 가상 전투는 싸움에서 패해 죽을지도 모르는 놈에게만 도움이 되는 것이 아니라 싸움에서 승리하더라도 부상을 당했을지 모르는 승자에게도 좋은 일이다.[4] 가상 전투에서 진 놈은 쓸데없는 싸움으로 팔다리를 잃거나 시간을 낭비할 필요 없이 다른 먹이를 찾아가면 된다.

0 1 0
—

진화란 동료들을 뛰어넘는 게 아니라 더 많은 동료와 어울리는 법을 터득하는 것이 목표인지도 모른다.

이전에는 인간이 침팬지보다 더 큰 뇌를 갖게 된 이유가 주변 환경에 대한 그림을 더 잘 그리고 더 발전된 도구와 무기를 만들기 위해서인 줄 알았다. 이것은 적자생존이라는 극히 단순한 관점에서 보면 그럴듯한 이야기다. 어느 영장류가 머릿속에 더 좋은 지도를 갖고 있고 더 나은 도구를 사용한다면 사냥이나 싸움도 더 잘할 것이다. 하지만 알고 보니 인류와 침팬지 사이의 유전적 차이는 극히 적었다. 둘 사이의 차이라고는 뇌가 만들어 낼 수 있는 뉴런 개수의 차이 정도가 전부였다. 이는 질의 차이가 아니라 양의 차이다. 뉴런의 개수 그리고 그 연결점의 개수가 더 많을 때 가장 큰 이점은 더 넓은 '사회 관계망social network'을 형성할 수 있다는 점이다.[5] 인간의 복잡한 뇌는 복합적인 사회를 지향한다.

이렇게 한번 생각해 보자. 미식축구의 쿼터백이든, 농구의 포인트가드든, 축구의 미드필더든, 특기가 뭐가 됐든 한 선수의 가치는 그가 다른 선수들과 협력할 수 있는 정도에 따라 정해진다. 훌륭한 선수라면 다른 선수들의 움직임까지 동시에 예측할 수 있어야 한다. 마찬가지로 발달 중이던 영장류의 발목을 잡은 것은 그들의 크기나 기술이 아니라 '사회 지능social intelligence'이었다. 영장류는 집단의 규모가 크면 생존에 더 유리했지만, 그러려면 구성원 모두를 기억하고, 관계를 유지하고, 여러 활동을 조율해야 하는 어려움이 따랐다. 인간은 더 큰 뇌를 발달시킨 덕분에 한 번에 무려 150명과 안정적인 관계를 유지하는 것도 가능했다.[6]

영장류가 발전할수록 사회 집단의 크기는 커진다. 이것이야말로 진화의 궤적과, 인간과 진화의 관계를 가장 쉽고 정확하게 이해하는 방법이다. 진화라는 긴 과정이 처음부터 사회 조직을 염두에 두고 진행되었다는 주장까지는 동의하지 않더라도, 적어도 인간을 인간답게 만드는 아주 큰 요소가 바로 사회 조직이라는 사실은 인정해야만 한다.

0 1 1

인간에게는 사회적 결속을 뒷받침하는 생물학적 절차와 피드백 메커니즘이 있다. 근계根系를 통해 서로 소통하는 나무들과 마찬가지로, 인간도 서로 유대하기 위해 정교한 메커니즘을 발달시켰다.

인간의 신경 체계는 사회 교류를 마치 생사의 문제처럼 중요하게 취급하는 법을 깨쳤다. 뇌에서 인간관계에 대한 위협을 처리하는 부위는 육체의 고통을 처리하는 부위와 똑같다. 사랑하는 사람의 죽음이나 이혼, 사회 집단으로부터의 퇴출과 같은 상실감은 다리가 부러진 것만큼 강렬한 경험이 된다.[7]

인간의 사회 교류를 유지, 관리하기 위해 인류학자들이 '마음 이론theory of mind'이라고 부르는 것까지 발달시켰다.[8] 마음 이론은 타인의 사고와 행동의 동기를 이해하고 자신과 동일시할 수 있는 능력에 관한 연구다. 진화의 관점에서 보면 '자아'라는 개념은 타인의 의도와 전략을 평가하고 기억하는 능력이 생긴 이후에 나타났다. 개인의 정체성이나 업적을 장려하는 문화로의 변화가 비교적 빠르게 일어났다고 치면, 인간의 사회 적응은 수십만 년 동안 생물학적 진화와 함께 진행된 것이다. 사회 속에서 유대 관계가 오랫동안 지속되면 집단의 협동력이 향상될 뿐만 아니라 자녀를 출산할 확률도 높아진다. 우리의 눈, 뇌, 피부, 호흡 등은 모두 타인과의 교감을 증진시키는 데 최적화되어 있다.

미메시스mimesis라고 알려진 단순 모방을 비롯해 사회 질서를 따르는 행동은 상대에게 더 인정받고 무리의 일원이 된 느낌을 준다.[9] 이런 느낌은 시간이 흘러도 집단의 결속을 유지하게 해준다. 어느 실험을 보면 사람들이 내 행동을 흉내 낼 경우 우리의 스트레스 호르몬 분비가 줄어들었다.[10] 인간의 몸은 모방당하기를 바라고 즐기도록 만들어져 있으며 그럴 때 보상을 받는다.[11] 인간은 미메시스를 실천하며 서로에게서 무언가를 배우고 이를 통해 공동체 전체의 능력은 향상된다.

라포르를 형성하기 위해 우리가 동원하는 신체 신호는 언어보다 앞서 있다. 우리는 언어를 배우기 전부터 이런 신체 신호를 이용해 유대감을 형성했다. 아기 때에도 그랬고, 수천 년 전 초기 인류도 마찬가지였다. 우리는 누가 좀 봐주기를 바라면 눈짓으로 신호를 한다. 공감하고 있음을 알리고 싶으면 상대의 호흡에 내

속도를 맞춘다. 상대의 제안에 혹하면 동공이 확장된다. 반대로 누군가 나와 호흡 속도를 맞추거나, 눈이 커지거나, 고개를 살짝 끄덕인다면 우리는 상대가 나를 이해하고 받아들이는 느낌을 받는다. 이때 우리 뇌 속 거울 신경mirror neuron이 활성화되고 혈류에 옥시토신°이 분비된다.

인간은 마치 뇌를 공유하기라도 하는 것처럼 금세 서로 이어진다. 바로 '대뇌 변연계 조화limbic consonance'라는 것 덕분인데, 이는 상대의 정서 상태에 나를 맞출 수 있는 능력이다. MRI 스캔을 해 보면 엄마와 아기의 뇌는 서로의 상태를 그대로 반영함을 알수 있다. 대뇌 변연계 조화는 아직 그 과정이 잘 알려져 있지는 않지만, 행복한 사람 혹은 초조한 사람이 방에 들어왔을 때 방 안 전체의 분위기가 달라진다거나 이야기에 귀를 기울이는 사람의 뇌 상태가 화자話者의 뇌 상태와 같아지는 것 등에서 목격할 수 있다. 이때는 여러 개의 신경계가 마치 하나인 것처럼 서로 동기화同期化되고 조응照應한다. 우리는 이런 조화 그리고 거기에 수반되는 행복 호르몬과 신경 조절 과정을 갈망한다. 아이들이 부모 곁에서 잠들려고 하는 것은 이 때문이다. 아이들의 신경계는 부모의 신경계를 흉내 냄으로써 잠들고 깨는 법을 배운다. 텔레비전의 코미디

• 　유대감을 형성하는 호르몬.

프로그램에 녹음된 웃음소리를 삽입하는 이유도 이와 동일하다. 함께 시청하는 다른 사람들이 웃으면 우리도 그 웃음을 흉내 내기 쉽다. 우리는 누가 시키지 않아도 자연히 그 자리에 모인 사람들의 뇌 상태와 공명共鳴하려고 한다.[12]

이렇게 어렵게 진화한 현실적인 신체, 화학적 처리 과정 덕분에 우리는 사회 교류와 화합이 가능하다. 바로 이런 토대가 있었기 때문에 우리는 지금과 같은 사회를 만들어 낼 수 있었다.

012

유기적인 사회 메커니즘 덕분에 인간은 짝을 짓고 음식을 나누고 공동 육아까지 하게 됐다. 우리는 분업하는 법을 깨치고 그것을 수행할 만큼 서로를 신뢰함으로써 생존 능력을 향상시켰다.

분업보다 더 놀라운 인간의 업적은 집단 공유체제를 발달시킨 일이다. 이것이 바로 인류의 조상들과 진짜 인간이 구별되는 점이었다. 우리는 사냥한 포획물을 그 자리에서 먹지 않고 집으로 가져왔다. 우월한 사냥 능력보다 인간을 더 잘 규정하는 것은 타인과 소통하고 신뢰하고 공유할 수 있는 능력이다.[13]

생물학자도, 경제학자도 인간의 이러한 행동을 사회적 혹은 도덕적으로 정당화하지 않았다. 그들은 인간의 이런 행동이 '상호 이타주의' 때문이라고 했다. 내가 남을 돕는 이유는 미래에 무언가를 돌려받을 수 있다고 기대하기 때문이라는 것이다. 인간이 위험을 무릅쓰고 타인의 자녀를 포식자로부터 구해 주는 것은 그 아이의 부모가 내 자녀를 위해 똑같은 일을 해 줄 거라고 신뢰하기 때문이다. 이런 시각에서 보면 사람들은 결코 이타적이지 않다. 그들은 조금 복잡한 방식으로 자기 자신을 위한 행동을 하고 있을 뿐이다.

그러나 최근에 발표된 연구 조사 결과는 이타주의 안에 그보다 후한 인심이 자리하고 있을 가능성을 강력하게 뒷받침한다.[14] 자신의 이해관계와는 전혀 무관한 동기가 있다는 것이다. 초기 인류는 자신이 큰 대가를 치르더라도 서로 협력하려는 성향이 강했다. 어떠한 보답을 기대할 수 없는 경우에도 말이다. 집단 내에서 협력이라는 규범을 어긴 구성원은 벌을 받았다. 공동체와 결속은 그 자체로 소중한 것이었다.

그런 점에서 진화가 이뤄 낸 최고의 업적은 음성 언어의 출현이었다. 말을 한다는 것은 기도와 식도에 영향을 미치는 위험한 적응이었다.[15] 성대를 사용할 때 잘못하면 음식물이 목에 걸려 숨이 막힐 수도 있기 때문이다. 하지만 그런 위험을 무릅쓰고 진화한 덕분에 우리는 성대 주름에서 나오는 소리를 조절하고 입에서 나오는 소리를 다양화해 언어를 만들 수 있었다.

언어는 더 크고 복잡한 사회 구조를 위해 필요했기 때문에 생겨났을 수도 있다. 하지만 언어를 개발하기 위해 언어 사용자들 사이에 얼마나 대단한 협업이 필요했을지 한번 생각해 보라. 여러 세대에 걸쳐 그런 연습을 하는 것만으로도 사회의 짜임새가 달라지고 협업에 대한 믿음이 크게 바뀌었을 것이다.

수많은 초기 인류의 조상들 중에서 오직 우리만이 언어를 가졌고 우리만이 살아남았다. 우리가 네안데르탈인을 누르고 전설과 같은 승리를 쟁취한 것은 우리가 힘이 더 세고 무기를 가졌고 지능이 높아서가 아니라, 소통하고 협력할 수 있는 의지와 능력을 발견한 덕분인지도 모른다.

0 1 3
—

언어는 모든 것을 바꿔 놓았다. 언어가 생기고 나니 더 이상 문화 발전이나 사회 통합을 위해 뇌의 크기를 키우는 데에만 의존할 필요가 없어졌다. 순전히 생물학과 관련된 과정이었던 진화는 이제 사회적인 과정으로 바뀌었다. 언어가 생긴 인간은 서로의 경험으로부터 무언가를 배울 수 있게 됐다. 그렇게 지식을 향한 여정이 시작됐다.

　유인원을 비롯한 다른 동물들은 행동을 통해 배운다. 소위 말하는 '일화적逸話的 학습'은 시행착오를 통해 스스로 터득하는 방식이다. 불은 뜨겁다. 지난번 불을 만졌을 때 무슨 일이 벌어졌는지 기억한다면 다시는 불에 손을 대지 않을 것이다. 더 단순한 동물들도 학습에 해당하는 것을 본능이나 자연스럽게 취하는 행동이라는 형태로 저장해 둔다. 그러나 그런 학습은 무의식적으로 일어나는 반응 같은 것이다. 반면에 인간은 서로를 흉내 내는 것만으로도 무언가를 배울 수 있다. 심지어 언어를 통해 내 경험을 다른 사람과 공유할 수도 있다. 이는 대단한 일이다. 그리고 어쩌면 바로 이런 면이야말로 인간다움이 무엇인지 가장 또렷이 이해할 수 있는 길일지도 모른다.

　식물과 동물, 인간의 차이는 이들 각각이 무엇을 저장하고, 이용하고, 무엇을 '결합하는지'로 요약될 수 있다.[16] 식물은 에너지를 결합할 수 있다. 식물은 햇빛을 생장에 필요한 에너지로 바꾼다. 잎을 펼쳐 자외선을 받아들이고 그것을 에너지로 바꿔 식물 자신이나 식물을 먹는 동물의 대사에 이용할 수 있게 한다. 그러나 식물은 대부분 한곳에 뿌리를 내리고 있다.

　반면에 동물은 이동이 가능하다. 동물은 걷든, 달리든, 점프를 하든, 날든, 어쨌거나 여기저기 돌아다니면서 손에 잡히는 자원은 무엇이든 활용할 수 있다. 식물은 비를 기다려야 하지만, 동물은 어디든 돌아다니며 물을 찾으면 되고 심지어 새로운 자원을 찾아 이주를 해도 된다. 식물은 에너지를 결합하지만, 동물은 공간을 결합한다.

인간은 사회적 능력과 흉내 내는 능력, 언어 능력 덕분에 더 많은 결합 능력을 가지고 있다. 인간이 특별한 이유는 '시간'을 결합하기 때문이다. 우리는 한평생 모든 것을 직접 경험할 필요가 없다. 우리는 자신이 알게 된 지식을 들려주는 선임자들의 경험을 이용할 수 있다. 인간은 서로를 흉내 내도록 진화했기 때문에 부모는 자녀에게 사냥하는 법이나 리모컨 작동법을 알려 줄 수 있다. 자녀는 이런 지식을 처음부터 새로 터득할 필요가 없다. 우리는 진화를 통해 말하는 능력을 갖게 됐기 때문에 언어를 이용해 타인을 교육할 수 있다. "붉은 뱀은 건드리지 마. 독이 있어"라고 경고할 수도 있다.

인간은 언어와 교육을 통해 '지식 기반knowledge base'이라는 것을 만들어 낸다. 지식 기반은 수백, 수천 년간 축적된 지혜를 한 세대 안에 다 배울 수 있을 만큼 압축되어 있다. 그래서 우리는 매번 모든 지식을 새롭게 터득할 필요가 없다. 하지만 그러려면 과거의 사람들이 우리에게 뭔가 가르쳐 줄 게 있다고 믿어야 한다.

흉내, 사회 유대, 언어 덕분에 인간은 진보했고, 하나의 기술은 다른 기술들을 더욱 강화했다. 최근 연구를 보면 행복이라는 것 자체도 사회 화합의 목표라기보다는 보상에 가까워 보인다. 말하자면 타인에게 친절히 대하라고 자연이 우리에게 주는 뇌물 같은 것이다. 심지어 감정이라는 것도 온전히 우리 것이 아니라 사회집단이 조직되면서 생긴 부수적 결과물이다. 사람들은 사회 관계망의 중추에 가까워질수록 더 행복해진다. 행복은 개인의 경험이나 선택에 따라 달라지는 것이 아니라 집단이 결정하는 것이다.[17]

이런 관점에서 보면 감정이라는 것은 타인과 새로운 유대를 형성하기 위한 촉발제에 불과하다. 누군가 즐거워서 웃음을 터뜨린다. 그러면 그 웃음과 즐겁다는 감정이 한 사람, 한 사람을 거쳐 관계망 전체로 확산된다. 아마도 그 목적은 행복을 퍼뜨리는 것이 아니라 관계망을 작동시켜 유대 관계를 강화하고 사회 집단을 뭉치게 하는 것일지 모른다.

정반대의 경우도 마찬가지다. 사람은 자신이 속한 사회 집단으로부터 단절되면 우울증이나 각종 질병에 걸릴 확률과 사망률이 높아진다. 사람과의 접촉이 결핍된 아기는 신경계가 안정적으로 발달하기 어렵다. 친한 지인이 별로 없는 젊은 남성은 아드레

날린 수치가 상승한다.[18] 외톨이 학생은 면역 세포 수치가 낮다.[19] 교도소에 수감된 재소자들은 독방에 갇히는 것보다는 차라리 폭력에 노출되는 쪽을 택한다. 미국의 공중보건에서는 인간이 사회에서 고립되는 것이 비만보다 더 큰 문젯거리다.

가장 중요한 것은 '사회성'을 지니는 것이다. 우리가 서로에게서 배우는 지식들은 생존에도 도움이 되지만, 배우는 과정에서 느끼는 유대감과 라포르, 동료애 자체가 우리에게 더 큰 보상일지 모른다. 우리는 살기 위해 남들과 어울리는 게 아니라, 어울리기 위해 살아가는 것일지도 모른다.

015
———

물론 잘 살고 있고 행복하고 유대 관계가 확고한 사람들에게도 개성은 있다. 우리는 사회성을 지닌 존재라고는 하나, 또 자유의지를 발휘하고 스스로 선택을 내리는 자율성을 지닌 존재이기도 하다.

그러나 생리학자나 사회과학자 들은, 자율성을 가장 건강하게 표현하는 방법은 더 큰 사회적 맥락에서 이를 표현하는 것이라고 말한다. 타인을 신뢰하거나 나를 희생하는 행동을 통해 사람들은 내가 더 큰 어떤 프로젝트와 연결되어 있고 공익을 위해 일한다는 기분을 느낄 수 있다.[20] 규제 없는 통신, 제 기능을 하는 민주주의, 표현과 집회의 자유, 공동체 가치, 포용 경제 등이 모두 그런 활동에 이바지하는 것들이다. 모두가 참여할 수 있는 열린 사회 분위기가 조성되지 않는다면 우리에게는 자기 몰두나 자기 침잠밖에는 나를 표현할 방법이 없을 것이다. 그렇게 되면 밥을 먹지 않는 행동으로 자신의 독립성을 주장하는 어린아이처럼 제한된 자율성밖에 경험하지 못할 것이다.

이런 관계는 자기 강화의 속성이 있다. 자율성을 발휘할 수 있는 기회가 없으면, 우리는 자기 희생보다 자기 홍보 쪽으로 관심을 기울이게 되고, 다 함께 번영하는 것보다 개인의 득실에 집착하게 된다. 나 자신을 조직의 일부로 볼 수 없다면, 우리는 내 죽음에 초점을 맞추게 된다. 우리는 어떻게든 영속성을 확보하려고 부를 획득하거나 타인을 통제하는 등 부질없이 버둥거린다.[21] 기후 변화와 같은 집단적 위기 상황에서 나 혼자라도 최후의 날을 준비해 자신을 보존하겠다는 식의 판타지로 대응한다. 이런 편협한 태도는 정치나 소비에까지 영향을 미쳐서 사회 통합에 도움이 안 되는 분위기를 조성한다.

정신 건강은 흔히 '자율성을 확장하면서도 타인과 이질감 없이 어울릴 수 있는 능력'이라고 정의된다.[22] 이 말은 나의 행동을 좌우하는 것은 내면이지만 기본적으로는 우리가 세상과의 조화로운 교류를 지향한다는 뜻이다. 우리의 동기는 내면에 있을지 몰라도 우리의 모든 활동은 더 큰 사회 환경과 관계를 맺으며 일어난다. 타인과의 관계가 아니면 우리는 자율성을 표현할 길이 없다.

만약 우리가 상호 의존성이 없는 자율을 가지려고 하면, 우리는 고립이나 자아도취에 빠진다. 자율이 없이 상호 의존만 한다면, 정신적 성장이 저해된다. 건강한 사람들은 이 두 가지 필수 요소 사이에서 균형을 잡을 줄 알거나, 혹은 이 둘을 결합시킬 수 있는 사회 집단 속에서 살아간다.

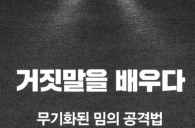

거짓말을 배우다

무기화된 밈의 공격법

건강한 사회 분위기를 개인주의적이거나 억압적인 분위기로 바꾸는 데는 많은 것이 필요치 않다. 자원의 희소성, 적대적인 이웃 집단, 권력을 노리는 군부 장성, 권위를 지키려는 엘리트, 지위를 독차지하려는 기업 등은 모두 사회 질서를 어지럽히는 환경과 행위를 조장한다.

인간의 사회화를 위해서는 자율성과 상호 의존성이 모두 필요하다. 하나를 다른 하나보다 강조하면 균형이 깨진다.

예를 들어 사회화를 막는 한 가지 전략은 개인주의를 강조하는 것이다. 그러면 사회 집단은 원자화된 개인으로 쪼개져 직장에서의 승진이나 개인의 소비를 통해 만족감을 얻으려고 싸우게 된다. 이런 시스템은 종종 '자유'라는 이름으로 포장되기도 한다. 그러나 그런 식으로 경쟁하는 개인은 결코 진정한 자율성을 획득할 수 없다. 개인이 자율성을 발휘할 수 있는 사회 구조가 아니기 때문이다.

인간의 사회화를 막는 또 다른 전략은 동조를 강조하는 것이다. 사람들은 경쟁할 필요가 없다. 왜냐하면 다들 똑같기 때문이다. 이런 시스템은 공격적인 개인주의를 저지하지만, 그 방식은 복종을 통한 것이다. 복종의 대상은 최고 통치자나 독재 정당인 경우가 많다. 그러나 동조는 정말로 사회적인 행동이라고는 할 수 없다. 왜냐하면 사람들이 서로를 보는 게 아니라 지시를 기다리기 때문이다. 변화도, 변형도, 사회적 유동성도 없는 동조는 결국 개인주의만큼이나 사회화를 저해한다.

두 방법은 모두 사람들을 서로 떼어 놓고 우리가 진화를 통해 습득한 사회화 기제를 훼손하는 방식으로 우리를 통제한다.

0 1 7

건강한 사회화 기제는 언제든 약점이 될 수도 있다. 우리를 뒤에서 조종하려는 사람들이 프로그래머식 표현으로 '취약점 공격'을 해 오기 때문이다. 자선단체는 기부를 부탁하는 편지를 보내면서 회신 주소 라벨이라는 공짜 '선물'을 동봉한다. 이는 '보답'을 해야 한다는 오래된 사회의 편견을 의도적으로 이용하고 있는 것이다. 별것 아닌 예를 들었지만 이런 패턴은 어디서나 발견된다. 우리는 속으로 뭔가 잘못됐다고 느끼면서도 압력에 굴복하는 경우도 있고, 그것이 미끼라는 것을 알아채고 요청을 거절하면서 차후

에는 이런 전략에 넘어가지 않게 스스로를 단속하는 경우도 있다. 어느 쪽이 되었든 사회 분위기는 훼손된다. 우리를 하나로 뭉치게 해 주었던 것이 이제는 우리를 갈라놓는다.

실제로 우리가 사회 교류와 철저한 소외 사이를 오가는 방식과, 그 과정에 다양한 미디어가 이바지하는 방식을 통해 우리는 문명의 역사를 이해할 수도 있다.

우리는 새로운 소통과 교류 메커니즘을 개발한다. 책, 라디오, 돈, 소셜 미디어 같은 것들이 바로 그런 메커니즘이다. 그런데 그러고 나면 바로 그 매개체가 우리를 갈라놓는 수단이 된다. 책은 오직 글을 아는 부자들만 접할 수 있고, 라디오는 폭동을 부추기며, 돈은 은행가들이 독점해서 쌓아 두고, 소셜 미디어는 알고리즘으로 벽을 쌓아 이용자들을 분리시킨다.

우리가 서로 소통하려고 개발한 미디어나 기술은 인간과는 달리, 사회성을 내재하고 있지 않다.

0 1 8
——

음성 언어는 최초로 개발된 의사소통 기술이었다. 동공의 확장이나 거울 신경의 활동과는 달리, '말'을 하는 데는 의식적인 참여가

43

필요했다.

언어는 인간을 경쟁자들보다 훨씬 더 유리한 위치로 데려갔고, 더 크고 훌륭하게 조직된 집단을 형성할 수 있게 했다. 언어는 부족을 하나로 묶고, 분쟁을 해결할 새로운 방법을 제공했으며, 사람들이 감정을 표현할 수 있게 해 주었다. 더 중요한 것은 연장자들이 후대에 자신의 지식을 전수할 수 있게 해 준 것이다. 문명이 중시하는 사회 요소들은 생물학이 스스로를 개선하는 속도보다 빠르게 발전할 수 있었다. 그러나 언어에는 역효과도 있었다. 언어가 생기기 전 '거짓말' 따위는 없었다. 거짓말에 가장 가까운 행동이라고 해 봤자 과일 한 조각을 숨기는 정도였다. 하지만 말은 우리에게 적극적으로 현실을 호도할 수 있는 길을 열어 주었다.[1]

마찬가지로 문자는 우리에게 역사를 기록하고, 시를 남기고, 계약서를 쓰고, 동맹을 맺고, 먼 곳까지 뜻을 전달할 수 있게 해 주었다. 문자는 시공간을 넘어 의사소통이 가능하게 한 매체로서 이전에는 상상도 할 수 없던 방식으로 사람들을 이어주었다.

그러나 최초의 문자 언어를 들여다보면, 그것이 주로 힘과 지배력을 휘두르는 데 사용된 것을 알 수 있다. 문자는 메소포타미아에서 발명된 후 최초 500년간 오직 왕과 사제들이 통제하는 곡물과 노동력을 기록할 때만 쓰였다. 글이 출현한 곳에는 언제나 전쟁과 노예 제도가 따라왔다.[2] 문자는 수많은 혜택을 주었으나, 구체적이고 경험적인 문화를 추상적이고 관리적인 문화로 바꾼 것도 문자였다.[3]

구텐베르크 인쇄기는 유럽 전역에 문자 언어의 접근성과 도달 범위를 확장시켰고, 사람들이 글을 깨치고 사상이나 감정을 표현하는 것과 관련해 완전히 새로운 시대를 열었다. 그러나 군주들은 인쇄기를 엄격히 통제했다. 그들은 사람들이 책을 읽기 시작하면 무슨 일이 벌어질지 잘 알고 있었다. 군주들은 허가되지 않은 인쇄기를 부숴 버리고 소유자를 처형했다. 인쇄기는 아이디어가 넘쳐 나는 새로운 문화를 장려한 것이 아니라 오히려 최고위층의 통제력을 강화했다.

라디오 역시 그 시작은 개인들을 서로 이어주는 매체였다. 지금 우리가 아마추어 무선통신이라고 부르는 바로 그 휴대용 무선기가 라디오의 원래 형태였다. 그런데 기업들이 일정 주파수 대역을 독점하려고 로비를 벌이고 각국 정부가 무선통신을 통제할 방법을 찾으면서, 당초 공동의 공간이었던 라디오는 광고와 선전이 난무하는 공간으로 바뀌었다.

아돌프 히틀러는 새로 등장한 마법의 매체처럼 보이는 라디오를 이용해 본인이 전국 어디에나 동시에 등장하게 만들었다. 독일 사회에서 한 사람의 목소리가 이토록 널리 침투한 것은 유례가 없는 일이었다. 라디오는 마치 청취자와 진행자가 직접 소통하고 있는 듯한 기분이 들게 했고, 그 덕분에 히틀러는 수백만 명과 새로운 형태의 라포르를 형성할 수 있었다. 중국인들은 전국에 7,000만 대의 확성기를 설치해 그들이 소위 '주문형 정치politics on demand'라고 부르는 것을 방송했다. 르완다인들은 1993년까지도 라디오를 이용해 적대 종족의 위치를 폭로했고, 그 라디오 방송을 들은 친정부 성향의 폭도들은 마체테*를 들고 반대 종족을 학살했다.

그 어떤 새로운 매체든 일단 엘리트의 통제하에 들어가면 사람들의 관심은 더 이상 서로를 향하지 못하고 고위 권력층을 향하게 된다. 그 결과 사람을 사람으로 보지 않고 그보다 더 못한 존재로 인식하면서 이전 같으면 생각지도 못했을 형태의 폭력 행위도 서슴없이 저지를 수 있게 된다.

텔레비전 역시 처음에 사람들이 생각했던 이상은 훌륭한 연결 매체이자 교육 매체였다. 그러나 마케팅 심리학자들은 텔레비전 속에 소비자의 심리를 반영하고⁴ 몇 가지 판타지와 함께 특정 제품까지 주입할 방법을 찾아냈다. '텔레비전 프로그래밍'이란 말은 채널을 프로그래밍할 수 있다는 뜻이 아니라 시청자를 프로그래밍할 수 있다는 의미가 됐다. 이 기발한 장치는 사람들을 사로

• 수풀을 헤치고 나가는 데 이용하거나 무기 등으로도 쓰는, 날이 넓고 큰 칼.

잡았고 인간의 숨은 본능까지 활용하고 있었다. 우리는 불가에 옹기종기 모여 앉아 서로의 이야기를 듣는 대신 소파에 앉아 스크린을 뚫어져라 쳐다보게 됐다. 집단 내에서 형성되던 라포르는 '대량 수용'으로 대체됐다.

텔레비전은 한편으로는 가족과 소비자 천국을 묘사해 획일적인 미국 문화를 조장하면서, 다른 한편으로는 그에 못지않게 사람들을 소외시키는 개인주의 정신을 강요했다. 텔레비전은 사람들에게 마치 드라마 속 캐릭터를 고르듯이, 우리 자신의 정체성도 마음대로 선택할 수 있다고 가르쳤다.[5] '시청자'라는 대중은 이러한 전제를 기꺼이 받아들인 만큼 그에 따른 대가도 치러야 했다.

텔레비전 광고가 필요로 하는 것은 사회적 교류가 활발한 공동체가 아니라 소외된 개인들이다. 섹시한 외모를 약속하는 청바지 광고는 이미 만족스러운 연인이 있는 사람에게는 소용이 없다. 이 광고는 소파에 홀로 앉아 있는 사람을 타깃으로 한 것이다. 텔레비전 문화는 사람과의 접촉이 있어야 할 자리에 브랜드 이미지를 채워 넣는 방식으로 외로움을 양산했다.

텔레비전은 미국의 분위기를 탈사회화desocialization하고,[6] 전국 규모의 단체와 지역 공동체 모임의 몰락을 불러왔으며, 교외 주택가의 사회적 고립감을 키운 원인으로 지목됐다.

하지만 이것도 인터넷이 등장하기 전까지의 얘기다.

인터넷은 개인에게 자율성을 부여함과 동시에 사람들을 전혀 새로운 방식으로 이어주는 것처럼 보였다. 사람들은 흔히 컴퓨터 네트워크가 미국 국방부의 정보 폭탄 대피소 같은 역할을 하면서 시작됐다고 믿고 있다. 하지만 실제로 컴퓨터 네트워킹은 컴퓨터의 처리 능력을 공유하기 위한 방편으로 시작됐다. 클라우드 컴퓨팅과 비슷한데, 계산 능력이 없는 단말기들이 원시적인 커다란 메인 프레임 컴퓨터에 연결된 식이었다. 컴퓨터의 처리 능력을 사용할 일은 많지 않았고, 이런 네트워킹을 사용하면 많은 사람이 공동의 자원을 공유할 수 있었다.

컴퓨터가 네트워크에 연결되어 있을 때의 또 다른 이점은 메시지를 남길 수 있다는 것이었다. 동료가 로그인을 하면 내가 남긴 작은 텍스트 파일을 그의 폴더에서 확인할 수 있었다. 말하자면 이메일이었다. 얼마 지나지 않아 메시지 기능과 회의에 필요한 여러 툴, 게시판 기능이 컴퓨터 자체보다 더 인기를 끌게 됐다. 결국 개별 서버가 서로를 연결하기 시작했고 지금 우리가 네트워킹이라고 생각하는 것이 탄생했다.

이렇게 의도치 않게 만들어진 네트워크를 보면서 방위산업 업계는 복구성을 가진 새로운 형태의 분산형 통신 방식을 생각해

냈다. 이 방식을 사용하면 네트워크의 일부가 공격을 받더라도 나머지 부분은 여전히 제 기능을 할 뿐만 아니라 망가진 부분을 우회하는 것까지 가능했다. 그래서 정부가 자금을 대고 대규모 '네트워크의 네트워크' 프로젝트를 추진했고 이게 결국 지금의 인터넷이 됐다.

그러나 네트워크 컴퓨팅의 초창기부터 이용자들은 컴퓨터를 가지고 업무가 아니라 친목 도모와 레시피 공유, 게임 같은 것들을 했다. 처음에는 과학자와 방위산업 하청업체들이 바글거리던 인터넷은 금세 진보적 문화를 지향하는 사람들과 컴퓨터 애호가, 지식인들의 동네가 됐다. 정부는 더 이상 이런 인터넷을 원하지 않았고, 그래서 통신회사 에이티엔티AT&T에 팔려고 시도했으나 에이티엔티조차 소통의 즐거움이 주된 동력에 불과한 공짜 매체에 상업적 가능성이 있다고 생각하지 않았다.

반면에 인터넷에 고무된 프로그래머와 히피들은 인터넷을 인간 신경계의 연장선으로 보았다. 그들은 각 인간의 뇌를 하나의 연결점으로 보고 이것들이 모여 거대한 네트워크를 구성한다고 생각한 것이다. 사람들은 대단한 포부를 품었다. 인터넷이 인류를 지구의 뇌로 만들어 줄 거라고 생각했다. 그렇게 되면 지구의 정신이라고 할 수 있는 가이아Gaia가 온전한 의식을 보유하게 되는 것이다.

그러나 시장을 장악한 미디어 기업과 광고사 들은 '지구의 의식'보다는 분기 실적에 훨씬 더 관심이 많았다. 그러니 1992년 조사 결과에서 인터넷이 연결된 가정은 그렇지 않은 가정보다 상업 텔레비전을 일주일에 평균 9시간이나 적게 본다는 사실을 알게 된 이들 업체는 걱정이 이만저만이 아니었다. 이들은 양면 전술을 펼쳤다. 한편으로는 본인들의 방송과 홍보를 통해 인터넷을 비난하고, 다른 한편으로는 인터넷을 좀 '덜' 대화형이면서 더 광고 친화적인 용도라고 몰아갔다.

당초 월드와이드웹www은 연구문서를 찾아내고 하이퍼링크를 걸기 쉽게 하려는 의도로 고안됐다. 하지만 월드와이드웹의 시각적인 클릭 중심 인터페이스는 다른 인터넷보다 훨씬 더 텔레비전과 비슷한 느낌을 주었다. 이 점이 기업들의 관심을 끌었다. 월드와이드웹에 들어갈 때 이용자는 자판을 두드리거나 적극적으로 사고할 필요가 없다. 그냥 클릭하고 읽으면 되고, 그냥 보고 구매하면 되는 것이다.

유토피아적 가상 공동체를 만들어 가고 있던 히피나 프로그래머들로서는 경악할 일이었지만, 웹은 금세 '대화 공간'에서 '카탈로그'가 됐다. 사람들 사이의 소통 창구는 사라지고, 그 자리에 개인과 브랜드 사이의 '일대일 마케팅'이 들어섰다.[7] 닷컴붐을 타고 수천 개의 기업이 물건을 팔러 나섰으나, 모두가 이윤을 낼 수는 없는 노릇이었고, 결국 닷컴 붕괴 사태가 이어졌다.

인터넷 유토피아를 꿈꾸던 사람들은 승리를 선언했다. 인터넷은 상업화 세력의 공격에도 살아남았으니, 이제 우리 모두를 서로 이어준다는 본연의 미션을 재개할 수 있었다. 우리는 인터넷이 과거에도 그랬고 앞으로도 언제나 '소셜 미디어'일 거라고 공언했다.[8]

0 2 0

소셜 미디어의 의도는 더없이 좋았다. 닷컴 붕괴 사태가 있고 얼마 안 돼 많은 투자자가 인터넷은 '끝났다'고 선언했을 때 새로운 세대의 개발자들이 나타났다. 이들은 텔레비전과 유사한 월드와이드웹의 하향식 '보여 주기'를 거부하고, 사람들이 직접 콘텐츠를 제작하거나 스스로 콘텐츠가 될 수 있는 툴을 만들었다.

당시에는 이게 혁명처럼 느껴졌다. 소셜 미디어를 이용한다면 인터넷은 상업적 콘텐츠를 피하고 아마추어 근간으로 돌아갈 수 있었다. 사람들이 서로를 찾아내고, 새로운 연합을 구성하고, 틀에 박히지 않은 사상을 공유하는 수단이 되어 줄 수 있었다.

새로 등장한 블로그 플랫폼은 이용자들이 웹페이지와 뉴스 피드, 게시판에 해당하는 것을 손쉽게 만들 수 있게 했다. 누구나 소셜 미디어 플랫폼의 공짜 계정을 근거지로 사용할 수 있었다. 간단한 서식templet을 이용하면 누구나 프로필을 만들고, 좋아하는 음악과 영화를 링크하고, 친구 목록을 작성하고, (비록 제한은 있을지 모르나) 글로벌 매체를 이용해 자신을 표현할 새로운 출구를 만들 수 있었다.

그러나 각 플랫폼을 만든 기업들이 돈벌이 수단을 강구하면서 이들 플랫폼의 강조점은 바뀌게 됐다. 이미 이용자들은 인터넷 서비스를 공짜로 이용하는 대신 약간의 광고를 보는 데 익숙해져 있었다. 그런데 소셜 미디어 공간에서는 이용자에 따라 정교한 맞춤형 광고가 가능했다. 이용자들은 본인에 관해 방대한 정보를 게재했고 그걸 바탕으로 기업은 상세한 소비자 프로필을 작성해서 어느 광고를 누구에게 보여 줄지 결정할 수 있었다.

소셜 미디어가 공동체라는 새로운 경험을 만들어 내고 얼마 되지 않아 처음 보는 종류의 고립 현상이 나타났다. 광고주는 (나중에는 알고리즘을 이용해) 자동적으로 생성되는 개인 맞춤식 뉴스 피드를 통해 이용자와 개별적으로 소통했다. 이것도 처음에는 그리 나쁘게 보이지 않았다. 광고주들이 이런 커뮤니티 플랫폼을 금전적으로 보조해 준다면, 그들도 약간은 우리의 관심을 받을 자격이 있고 어쩌면 약간의 개인정보까지도 얻어갈 수 있다고 생각했다. 특히나 우리의 관심에 꼭 맞는 광고를 보여 주려고 열심히 노력까지 한다면 말이다.

사람들이 돈으로는 지불할 수 없거나 지불하지 않으려 하는 것들을 이제는 돈 대신 개인정보로 지불하게 됐다. 그런데 그 사이 뭔가 더 큰 변화가 일어났다. 플랫폼들은 더 이상 사람들을 서로에게 연결하는 역할을 하지 않았다. 그들은 우리를 물건 파는 기업들에 연결해 주는 사업을 하고 있었다. 인간은 더 이상 소셜 미디어의 '고객'이 아니었다. 우리가 '제품'이었다.

소셜 미디어 운동의 마지막 변신은 플랫폼들이 이용자를 광고주로 만들기로 작정한 것이었다. 소셜 미디어 플랫폼들은 기업이 보낸 메시지를 사람들에게 퍼붓는 대신, 구전口傳 마케팅의 최신 온라인판이라고 할 수 있는 것을 만들었고 그것을 '소셜 추천social recommendation'이라고 불렀다. 어떤 기업들은 원하는 콘텐츠나 광고 링크를 사람들이 공유하게 했고, 또 어떤 기업들은 특별히 영향력 있는 이용자들을 찾아내 공짜 제품을 주며 자기네 브랜드를 선전해 달라고 했다.

그때부터 온갖 동호회 회원들과 심지어 정당들까지도 '좋아요'와 팔로워 수를 늘리고, 인플루언서influencer라는 지위를 얻기 위해 치열하게 경쟁했다. 이들 지표는 단순히 누군가의 사회적 영향력을 측정하는 흥미로운 수단을 넘어, 후원을 받고, 뮤직 비디

오에 출연하고, 강연 요청을 받고, 직업을 구하는 데 필요한 하나
의 '자격'이 됐다.

사회적 어젠다는 새로운 미디어의 자연스러운 진화를 추진한
것 같았으나, 또 한 번 경쟁적 개인주의 밑으로 들어가고 말았다.

0 2 1

미디어업계는 갈수록 경쟁이 치열해지면서 점점 더 경쟁적인 콘
텐츠를 선호하게 되었다. 지금은 누구라도 스마트폰만 있으면 웹
페이지나 소셜 미디어 계정으로 자신의 생각을 공유할 수 있다.
만약 그 생각에 설득력이 있다면 수백만 명에게 퍼질 것이다. 이
것도 경쟁이다. 사회적 교류를 구현하는 소셜 미디어의 특징이었
던 협업 욕구는 사라졌다. 그 자리에 저급한 다윈주의식 이상이
밀고 들어왔다. 적자생존을 위한 투쟁이라는 밈meme 말이다.

원래 '미디어 바이러스'[9]라는 용어는 보다 쌍방향적인 소통
이 가능한 세상에서 사상이 확산되는 방식을 뜻했다. 생물학적 바
이러스는 한 번도 보지 못한 새로운 단백질 껍질에 싸인 덕분에
발각되지 않은 채 사람의 혈류를 타고 이동한다. 그런 다음 바이
러스는 숙주 세포에 들러붙어 자신의 유전자 코드를 주입하고, 이

코드가 세포핵까지 가서 숙주 세포의 DNA 속에 삽입될 방법을 찾아낸다. 그때부터 숙주 세포가 분열하면 바이러스의 코드도 함께 복제된다.

이제 바이러스에 감염된 사람은 다른 사람들에게 이 바이러스를 퍼뜨리기 시작한다. 바이러스는 복제를 거듭하며 확산되지만, 결국 신체는 바이러스의 코드를 거부할 방법을 알아낸다. 그때부터 이 바이러스는 공격을 받는다. 몇 달 혹은 몇 년 후에 다시 그 사람의 몸속에 찾아와도 마찬가지다. '면역'이 생겼기 때문이다.

미디어 바이러스도 똑같은 방식으로 작동한다. 미디어 바이러스는 사람들이 알아볼 수 없는 낯선 껍질에 싸여 있다. 기존의 규칙을 깨는 독특한 방식으로 미디어를 사용할 수 있다는 사실이 너무나 획기적이어서 우리는 나도 모르게 이 미디어를 널리 퍼뜨린다. 총상을 입고 죽어 가는 남편의 모습을 아내가 생중계한다. 국회의원이 스마트폰으로 찍은 자신의 성기 사진을 미성년자에게 전송한다. 대통령은 엄지손가락으로 타이핑한 140자 메시지를 통해 핵 공격을 할 것처럼 상대국을 협박한다.

이러한 일들이 처음부터 빠르게 확산되는 이유는 메시지의 내용 때문이 아니라 전달하는 매체의 속성 때문이다. 다시 말해 이 바이러스의 단백질 껍질에 해당하는 것은 미디어 자체의 경이로움에 있는 것이 아니라 이 미디어가 사람들의 관심을 사로잡고 비판 능력을 마비시키는 방식에 있다. 한순간 혼란을 틈타 '감염'이 일어날 수 있는 시공간을 창출해 내는 새로운 방식 말이다.

미디어 바이러스는 그 유전자 코드가 우리의 유전자 코드를 제대로 위협할 수 있을 때에만 복제를 지속한다. 그 때문에 미디어 바이러스 속에 있는 사상, 즉 밈이 정말로 중요한 것이다. 치명적인 자동차 충돌 사고가 우리의 관심을 끄는 이유는 이것이 흔치 않은 광경이기 때문이다. 하지만 이 사고가 우리의 정신을 교묘하게 파고드는 이유는 우리 자신도 그토록 위험한 기계를 운전해야 한다는 모순된 위치에 있기 때문이며, 계속 부정하고는 있으나 나도 언젠가는 죽는다는 사실을 그 사고가 새삼 일깨워 주기 때문이다.

마찬가지로 전염성이 있는 미디어 바이러스가 대중의 관심을 끄는 이유는 텔레비전이나 인터넷을 보란 듯이 뒤집어 놓기 때문이지만, 그런 다음 우리 문화의 정신을 파고드는 이유는 모두에게 억압되어 있는 불안을 건드리기 때문이다. 죄수 호송차가 흑인 용의자를 깔고 지나가 버리는 폐쇄회로 텔레비전CCTV 영상은 아직도 제대로 인정받지 못한 '노예제'라는 미국의 낯 뜨거운 역사와 지금도 계속되고 있는 인종차별을 일깨워 준다. 노르웨이의 신나치주의 봇bot의 소셜 미디어 피드는 유럽연합EU이 국가 정체성을 없애 버린 것이 원망스러운 사람들을 자극한다.

놀라운 것은 어느 이슈에 관해 어느 편에 서 있느냐와는 무관하게 누구나 그런 밈에 감염되고 그것을 복제할 수 있다는 사실이다. "이 사람이 이런 얘기를 했어요!" 정도면 해당 밈을 퍼뜨릴 충분한 이유가 된다. 선거철이 되어 소셜 미디어에서 뜨거운 논쟁이 펼쳐질 때 인종주의나 성차별 메시지를 담은 밈을 다시 옮기는 사람들은 그런 생각을 지지하는 사람들보다 오히려 그것에 분노한 사람들인 경우가 많다. 왜냐하면 밈이 그 세력을 늘리는 방식은 우리의 지성이나 측은지심 혹은 인간성과 관련된 것에 호소하는 게 아니라, 우리의 가장 무의식적인 충동을 자극하는 것이기 때문이다.

0 2 2

우리가 밈을 연구해 사회를 하나 새로 만들 수는 없다. 만약에 그렇게 한다면 그건 우리의 고차원적인 능력이나 추론 능력, 집단 자율성을 우회하게 될 것이다. 이는 윤리에 어긋나며, 길게 보면 효과적이지 않다. 또한 의도적으로 인간이 해서는 안 되는 길을 택하는 것이기도 하다.

충분히 좋은 의도를 가지고 사회에 영향을 주는 반反문화 집단이 바이럴 미디어viral media* 비슷한 것을 이용해 자신들의 메시지를 전파하려 한 적도 물론 있었다. 그들은 기업 로고의 원래 뜻을 뒤집어서 영리한 비틀기 한 번으로 본인들이 반대하는 기관의 어마어마한 구매력을 역으로 이용했다. 쌍방향성이 매우 높은 새로운 미디어 시대의 도래와 함께 미디어 바이러스는 사람들이 해결되지 않은 이슈에 관해 이야기를 나눌 수 있는 훌륭한 방법처럼 보였다. 이 논리에 따르면, 반응을 불러일으키는 밈은 '반드시' 수면 위로 올라왔어야 할 무언가였다.

　　문제는 목적이 언제나 해당 밈을 정당화할 수는 없다는 점이다. 게릴라 미디어 운동가들이 사용하는 상향식bottom-up** 기법은 전 세계에서 가장 돈 많은 기업과 정치가, 선동가의 손아귀에 들어가 있다. 그들에게 바이럴 미디어란 더 이상 불평등이나 환경 문제를 폭로하는 도구가 아니다. 그들에게는 그저 반응을 만들어 내는 효과적인 수단일 뿐이다. 그 반응이 무의식적이고, 생각 없고, 잔인한 것이라고 하더라도 말이다. 논리나 진실은 바이럴 미디어와 무관하다. 밈이 작동하려면 '투쟁도주 반응fight or flight reactions***'을 자

* 개인에서 개인으로 전달되는 미디어.
** 중지(衆志)가 모이는 것처럼 아래에서 위로 흐르는 의사소통 방식.
*** 사람이 위험을 감지하는 순간, 맞서 싸우거나 아니면 도망치려고 하는 본능적인 반응.

극해야 하는데, 그런 반응은 사람마다 다르고, 사회에 좋지 않은 영향을 준다.

이런 기법은 한 번도 적절했던 적이 없고, 좋은 뜻으로 사용된 적도 없다. 바이러스가 위험한 이유는 뇌에서 사고나 감정을 담당하는 부분인 대뇌 신피질을 우회하고, 그보다 아래에 있는 보다 원시적인 파충류 뇌로 직행하기 때문이다. 예를 들어 과학적으로 이미 증명된 기후 변화에 대한 밈은 '엘리트들의 음모!'라는 밈만큼 강렬한 반응을 유발하지는 않는다. 바이럴 공격을 한다고 해서 수해를 입은 지역의 주민들이 상호 부조를 받아들이도록 설득할 수는 없다. 반면에 생존자들을 더 피해망상에 빠트려 자기 보호 본능 속으로 몰아붙일 수는 있을 것이다. 밈을 이용한 캠페인은 포용, 사회적 관계, 차이에 대한 인정이 왜 좋은지를 이해하는 뇌 부분에 호소하지 않는다. 밈을 이용한 캠페인은 포식자인지 먹잇감인지, 싸울 것인지 도망갈 것인지, 죽일 것인지 죽임을 당할 것인지만 생각하는 파충류 뇌에 호소한다.

0 2 3

———

밈이 어떻게 확산되고 복제되는지에 관한 밈 연구가 처음 대중화된 것은 1970년대 한 진화 생물학자를 통해서였다.[10] 완고한 무신론자였던 그 과학자는 다른 생물학적 시스템과 똑같은 규칙을 적용해서 인간 문화가 진화하는 방식을 보여 주려고 했다. 경쟁과 돌연변이, 더 많은 경쟁 같은 것들 말이다. 여기까지는 특별할 것이 없었다.

그런데 알고 보니 다른 특별한 것이 있었다. 밈과 유전자에 대한 이 단순한 설명에 뭔가 빠진 게 있었다. 유전자도, 밈도, 한 생물이나 문화의 '모든' 것을 결정하지는 않았다. 유전자의 본체인 DNA는 가만히 있는 청사진이 아니라 상황에 따라 행동을 달리 한다. 유전자도 중요하지만 그런 유전자의 '발현'이 더 중요하다. 발현은 유전자가 헤엄치고 있는 '단백질 수프'라고 할 수 있는 환경에 전적으로 의존한다. 그래서 얌전한 방아깨비[11]가 될 수도 있었던 풀무치가 딱 맞는 조건을 만나면 탐욕스러운 곤충 떼로 돌변해 농작물을 망치고 다니기도 한다.

유전자는 단독 플레이어가 아니다. 자신의 복제만을 이기적으로 모색하지는 않는다. 최근의 과학적 발견에 따르면 유전자에는 '사회성'이라고 부를 만한 본성이 있다고 한다. 생물들은 환경을 통해, 또 서로를 통해 자신이 어떻게 변화할지에 관한 정보를 얻는다는 것이다. 조건과 문화, 연결성이 최초의 코드만큼이나 중요하다.

마찬가지로 밈도 이데올로기적 진공 상태에서 활동하는 것이 아니다. 정말로 밈의 문화적 전염 과정을 이해하고 싶다면, 유전자를 둘러싼 바이러스 껍질과 단백질 수프가 유전자 못지않게 중요하듯이, 밈을 둘러싼 '껍질'과 밈이 복제를 시도하는 터전인 '이데올로기의 수프'를 밈 자체만큼이나 중요하게 생각해야 한다. 초창기 밈 연구자들은 밈들이 서로 경쟁한다고 생각했지만 꼭 그렇지만은 않다. 밈은 우리의 공포와 불안, 분노를 자극하고 이용한다. 밈은 서로를 공격하는 것이 아니라, 우리 인간을 공격하고 있다.

중요한 것은 밈 자체가 아니라 어떤 밈이 나타났을 때 해당 문화가 효과적인 면역 반응을 보일 수 있느냐의 여부다.

0 2 4
———

밈을 전송하는 기술이 너무나 빠르게 변하고 있어서 새로운 전송 형태(밈의 껍질)를 미리 알아채기는 불가능하다. 그러니 우리는 유기적 일관성을 강화하는 식으로 집단 면역 체계를 구축해 놓아야 한다. 그게 우리가 껍질 속에 들어 있는, 사회를 파괴하는 밈에 저항할 수 있는 방법이다.

지금 이 작업이 특별히 더 어려운 이유는 팀 휴먼의 적들이 인공지능을 동원해 밈 전쟁을 격화하는 데 여념이 없기 때문이다. 그들의 알고리즘은 우리를 일대일로 상대하고, 우리를 서로에게서 단절시키고, 우리의 방어 기제를 무력화하고, 우리가 컴퓨터라도 되는 양 우리를 프로그래밍하도록 설계되어 있다. 텔레비전 광고주들이 소비자를 실험실의 쥐처럼 실험할 수 있다는 생각을 보편화시켰다면, 소셜 미디어는 이런 기법을 무기화武器化하고 있다.

적어도 텔레비전이라는 현상은 공공연하게 일어나기라도 했다. 막대한 시청자 수가 텔레비전이 가진 힘의 원천이기도 했지만, 그래서 시청자의 제재도 받았다. 텔레비전 방송국들은 시청자를 잃을까 두려워 모욕감을 준다고 판단되는 광고를 스스로 걸러냈다. 반면에 소셜 미디어 메시지는 비용이 거의 들지 않고, 타깃으로 삼은 개인만 볼 수 있으며, 출처나 내용에 아무런 거리낌을 느끼지 않는 봇에 의해 제시된다.

게다가 미디어가 우리를 원자화하도록 프로그램되고, 메시지가 우리의 경쟁심과 파충류적인 감수성을 자극하도록 가공된다면, 우리가 집단 방어력을 발휘하기는 훨씬 더 힘들어진다. 우리는 진짜와 가짜, 실제와 상상, 위험과 음모를 구별하는 능력을 상실하게 된다.

밈 전쟁을 통해 민주적 과정을 와해하려는 세력들은 이 점을 잘 알고 있다. 흔히 알고 있는 것과는 달리, 저들은 정치 스펙트럼을 가리지 않고 선전 및 선동에 투자한다.[12] 중요한 것은 저들이 소셜 미디어를 통해 선전하는 개별 밈이 아니라 저들이 자극하려고 하는 면역 반응이다.

콘텐츠에 관계없이 밈 전쟁은 협력과 합의, 공감을 좌절시킨다. 밈 전쟁이 자극하는 파충류 뇌는 사회에 이익이 되는 행동을 하지 않는다. 적개심을 불러일으키는 밈이 득실거리고 소셜 미디어에 의해 고립된 환경에서 인간은 더욱 더 자기 위치만을 지키려고 하고 자신의 생존에 대한 두려움에 휘둘린다. 설상가상으로 소셜 미디어 플랫폼이 겉으로는 인간과 소통하고 평등한 것처럼 보이기 때문에, 우리는 사회적 과정이 질적으로 저하되는 경험을 하면서도 그게 마치 개인의 힘이 커지는 과정인 줄 착각한다. 나아가 진짜 사회적인 행동을 오히려 굴레처럼 느끼기 시작한다. '정치적 올바름'은 속박이 되고, 존재만으로도 불편한 자들에 대한 관용이 된다.

어쩌면 소셜 미디어 혹은 언어 자체까지 거슬러 올라가는 소셜 미디어 이전의 모든 통신 기술의 의도는 이게 아니었을지도 모른다. 인터넷이 꼭 개인의 비판 능력을 저해하는 데 사용되라는 법은 없다. 우리는 거짓말을 하는 데 언어를 사용하기도 하고, 노예 명부를 정리하는 데 문자를 쓰기도 한다. 그러나 새로 늘어난 매체에까지 사회적 현실을 확장할 때는 인간성도 동반하려는 생각과 노력이 반드시 필요하다.

우리는 우리가 만들어 낸 것들로부터 인간이라는 사회적 생물을 보호해야 한다.

4장

전경과 배경

환경이 된 기술, 도구가 된 인간

0 2 5

인간이 만들어 낸 것들은 종종 당초의 의도를 완전히 벗어나 버리곤 한다. 심지어 인간 자신을 배반하는 결과를 낳는 경우도 있다. 어느 사상이나 제도가 충분한 영향력을 갖게 되면 기본 풍경을 바꿔 놓는다. 어떤 식으로든 발명품이 사람들에게 도움이 되는 것이 아니라 사람이 오히려 그 발명품을 '위해' 시간과 자원을 쓰는 일이 벌어진다. 처음에는 하수인이었던 것이 새로운 목적이 되는 것이다.

좀 더 이해하기 쉽게 표현하면 전경前景이 배경이 된다.

전경과 배경이라는 개념은 1900년대 초 덴마크의 어느 심리학자가 처음으로 제시했다.[1] 그는 판지에서 그림을 잘라내는 방식으로 사람들이 중앙의 이미지를 보는지 아니면 주변에 남은 것을 보는지 실험해 보았다. 중앙의 이미지를 보면 흰색 꽃병으로 보이지만, 가장자리에 주목하면 검정색 옆얼굴 두 개가 마주 보고 있는 것처럼 보이는 그 그림 말이다. 이 지각 모형은 뇌가 어떻게 사물을 판별하고 기억하는지 이해해 보려고 시도 중이던 심리학자들에게 유용했다.

지금까지도 사람들이 감탄하는 부분은 전경이나 배경을 인식하는 방식이 주변 환경이나 문화에 따라 바뀔 수 있다는 점이다. 풀밭 위의 암소 사진을 보여 주면 서양인들은 대부분 암소 사진이라고 생각한다. 반면에 동양인들은 풀밭 사진이라고 생각한다. 이런 인식은 워낙 완고해서 전경을 보는 사람들은 배경이 크게 바뀌어도 잘 모를 수 있고, 배경을 보는 사람들은 풀을 뜯고 있던 것이 어떤 종류의 짐승이었는지 기억하지 못할 수도 있다.

둘 중 어느 쪽의 인식이 더 낫거나 못한 것은 아니다. 양쪽 모두 그저 '불완전'할 뿐이다. 만약 운동선수가 자신의 성적만 중요하게 생각한다면 팀의 가치를 놓쳐 버릴 것이다. 기업의 인사 담당자가 개별 직원을 그저 회사의 톱니바퀴 하나처럼 본다면 각 개인 즉 전경의 가치와 자율성을 놓치게 된다.

전경과 배경을 제대로 따라가지 못하면 우리가 왜 누구를 위해 무엇을 하고 있는지 잊게 된다. 남들을 마치 사물처럼 대하게 된다. 더욱 더 안타까운 것은 우리가 그런 가치관을 조직 속에 심고 기술 속에 인코딩한다는 점이다. 전경과 배경의 역전 현상을 인식하는 법을 배운다면 우리 스스로 노예가 되어 버린 그 시스템으로부터 해방될 수 있다.

어디를 보아야 할지 혹은 '어떻게' 보아야 할지를 알고 나면, 전경과 배경의 역전 과정을 쉽게 알아챌 수 있다.

돈을 예로 들어 보자. 애초에 돈은 가치를 저장하고 거래를 쉽게 하기 위해 발명됐다. 돈은 가치 교환이라는 시장의 첫 번째 기능을 수행하는 매개체였다. 여기서 돈은 배경이고 시장이 전경이다. 그런데 오늘날에는 이런 역학 관계가 뒤집어졌다. 돈을 버는 것 자체가 중심 목표가 됐고, 시장은 그저 이 목표를 달성하는 수단일 뿐이다. 돈이 전경이 됐고, 사람으로 가득한 시장은 배경이 됐다.

이러한 역전 현상을 알고 나면 오늘날 기업 자본주의의 파괴적 행태가 얼마나 불합리한지 쉽게 이해할 수 있다. 기업들은 그저 분기 실적 보고서의 수치를 개선하기 위해 자신들이 의존하고 있는 시장 자체를 파괴하거나 가장 생산성 높은 사업부를 서슴지 않고 팔아치운다. 왜냐하면 기업의 주력 상품은 이제 더 이상 소비자에게 공급하는 그 무언가가 아니라 투자자들에게 파는 '주식'이기 때문이다. 전경은 이미 배경이 되었다.

교육에 대한 인간적 이상이 실용주의적 이상으로 대체된 방식도 마찬가지다. 당초 공립학교는 노동자들의 삶의 질을 향상시키기 위해 설립된 것이었다. 사람들에게 읽고 쓰는 법을 가르치는 것은 더 훌륭한 광산 노동자나 농부를 길러내는 것과는 하등 관련이 없었다. 공립학교의 목표는 특권을 누리지 못하는 계층에게 위대한 예술과 문학, 종교 작품을 접하게 만드는 것이었다. 또한 양질의 교육은 민주주의가 제대로 작동하기 위한 선결 조건이기도 했다.[2] 사람들이 잘 알아보고 신중한 선택을 내릴 수 있는 능력을 갖추지 못한다면, 민주주의는 금세 독재로 바뀌어 버릴지도 몰랐다.

세월이 흐르면서 세수는 부족해지고 국가 간 경쟁은 치열해지면서, 학교는 그 존재 가치를 좀 더 구체적으로 증명하지 않으면 안 되었다. 1960년대 소비에트 연방이 스푸트니크 인공위성을 쏘아 올리자, 미국은 고등학교에서 고등 수학을 가르치기 시작했다.[3] 마찬가지로 특히나 가난한 사람들에게 학교는 계층 이동의 사다리였다. 고등학교나 대학 교육을 이수하면 취업문이 더 넓어졌으므로, 실용주의적으로 따졌을 때 이는 사람들이 교육을 받아야 할 또 다른 좋은 이유가 됐다.

그러나 일단 우리가 교육의 첫 번째 목적을 경쟁 우위나 취업 기회로 보게 되면 아주 이상한 일이 벌어지기 시작한다. 교육 과정 전체가 학생들이 직장에서 사용하게 될 기술을 가르치는 내용으로 다시 쓰이게 된다. 학교는 어떻게 하면 학생들이 기업에 좀 더 가치 있는 존재가 될지 기업에게 물어보는 일이 생긴다. 기업의 입장에서 보면 직원 교육에 들어갈 비용을 공립 교육 시스템으로 전가하는 것이고, 학교 입장에서는 노동자 계층의 지평을 넓힌다는 당초 목표는 포기하고 임박한 취업 준비를 돕는 일이다.

교육은 노동자의 삶의 질을 실제로 높여주는 대신 노동의 연장선이 된다. 당초 공립 교육 모형에서는 배움이 목적(전경)이었으나, 이제 배움은 배경이거나 노동자들에게 취업 준비를 시키는 수단일 뿐이다.

0 2 7

기술은 그 속에 숨은 어젠다가 있을 것처럼 보이지는 않는다. 기술은 자동화되어 있고 속사정을 알기 힘들다 보니, 상황이 완전히 역전되었는데도 여전히 정상적이고 자연스럽게 보인다.

예를 들어 대부분의 미국인은 출근을 하려면 차가 필요하다는 것을 기정사실처럼 받아들인다. 사람들은 더 좋은 차를 타면 통근 시간이 더 즐거울 거라고 생각한다. 하지만 이는 걸어서 혹은 전차를 타고 출퇴근하던 생활을 자동차업계가 강제로 무너뜨렸다는 사실을 우리가 잊은 탓이다. 교외 주택가가 도시 주변에 자리 잡게 된 것은 우리의 삶의 질을 염려했기 때문이 아니라 자동차 판매를 촉진시키기 위해서였다. 그런 곳에 집이 있으면 노동자들은 차를 이용해야 할 테니 말이다. 자동차가 아무리 통근 과정을 개선한 것처럼 보이더라도 실제 자동차는 집과 직장을 더 가까워지게 만든 게 아니라 더 멀어지게 만들었다.

이처럼 일단 전경과 배경이 역전되고 나면, 기술은 문제를 위장한다.

교육에서는 이게 온라인 강좌라는 형태로 나타난다. 온라인 강좌는 비용과 불편을 최소화하면서 실제로 필요한 결과를 모두 다 얻을 수 있다고 약속한다. 학식이나 교양 등의 고고한 목표는 노력에 비해 큰 결과를 얻지 못하는 자기 만족이거나 퇴폐적인 엘리트들의 영역이라고 비웃는다. 온라인 강좌에는 캠퍼스도 실제 선생님도 필요하지 않다. 알고리즘으로 만들어진 영상 학습 과정과 쌍방향 수업이 개개인에게 맞춤식으로 제공된다. 실용적 교육의 정점인 셈이다. 최적화된 특정 학습 결과가 정해져 있고, 기술 습득 여부는 역시나 컴퓨터로 이뤄지는 시험을 통해 측정된다.

물론 온라인 기업이 자체 효과를 측정할 때는 좋은 결과가 나올 수밖에 없다. 기업이 일부러 자신들에게 유리하게끔 조치를 취하지 않더라도, 기저에 깔린 기술이 이미 그 속에 프로그램되어 있는 교육적 가치만을 측정하기 때문이다.

자동화된 수업은 기계 수리나 간단한 의료 처치, 데이터 입력 등 아주 기초적인 내용이라 직무와 관련된 기술을 배우기에는 효과적이다. 하지만 창의력이 필요한 사고나 해석 등의 영역에서는 형편없다. 심지어 컴퓨터 코드를 배우는 데 온라인 수업이 특별히 더 효과가 있는 것도 아니다. 유능한 개발자들이 온라인 코드 스쿨을 버리고 오프라인 프로그래밍 캠프를 찾는 이유도 바로 그 때문이다. 오프라인 캠프에서는 사람인 강사진이 있고 함께 고생할 동료도 있다. 컴퓨터로 무언가를 배우는 사람에게는 혁신의 동기가 생기지 않는다. 그들은 그저 직무를 처리하는 법을 훈련할 뿐이다. 같은 작업을 반복할 수 있을지는 몰라도, 본인이 이바지하고 있는 시스템 자체를 분석하거나 거기에 의문을 제기할 수는 없다. 대학들이 온라인 경쟁 기법을 더 많이 받아들일수록 이렇게 깊이 있는 학습을 제공할 기회는 줄어든다.

이런 이유 때문에 야심찬 공학자나 개발자, 기업가 다수가 아예 대학을 중도에 그만두고 있다.[4] 기술업계의 어느 억만장자는 매년 자신의 아이디어를 실현하기 위해 학교를 그만두는 젊은이 스무 명에게 10만 달러를 제공하는 것으로 유명하다. 그가 학생들에게 전하는 메시지는 분명하다. '중요한 일을 해내고 싶다면 학교는 신경 쓰지 마라.'

교육을 그저 실용적인 목적으로만 평가절하한다면 교육 수단으로는 컴퓨터가 가장 효과적일지도 모른다. 그리고 앞서 말한 반反교육 억만장자가 주장하듯이 직무 능력은 인턴이나 말단 사원처럼 직접 업무를 처리할 때 더 잘 배울 수 있다. 그러나 교육을 그렇게 가볍게 무시해 버리는 사람들이 한 가지 간과한 부분이 있다. 학교가 무엇을 '위한' 곳인가 하는 점 말이다.

살아 있는 교육가는 교육 과정의 콘텐츠 그 이상을 전달한다. 사람과 직접 교류하는 것은 효과적인 교수법에서 중요한 부분이다. 게다가 선생님은 본보기가 되어 준다. 선생님은 학습과 비판적 사고라는 이상을 실제로 구현해서 보여 준다. 탐구 정신에 푹 빠진 선생님은 학생들이 따라 할 수 있게 배움의 과정을 재연한다. 미메시스라는 행위 자체가 중요하다. 한 사람이 다른 사람을 지켜보며 배우고, 세부 사항을 관찰하고, 라포르를 형성하고, 역사와 연결되는 그러한 과정 자체가 중요하다. 고대로부터 사람들은 남들을 따라 하고, 본보기가 될 누군가를 찾고, 하나의 프로젝트를 다음 세대까지 이어서 작업했다. 중요한 것은 인간이 사회 활동에 참여하는 것이다. 실용적 쓸모란 핑계일 뿐이다. 두 가지를 역전시킨다면, 전경이 배경이 되어 버린다.

문제를 해결하고 사람들의 삶을 개선한다는 미명美名 아래 대부분의 기술 혁신은 사람들을 보이지 않게 만들었다. 사람들을 치워 버렸다. 산업혁명기가 남긴 진짜 유산은 바로 이것이다.

토머스 제퍼슨의 유명한 발명품인 요리 운반용 승강기만 해도 그렇다.[5] 우리는 이 승강기를 편리한 기술이라 생각한다. 음식과 음료를 주방에서 식당까지 나를 필요 없이 작은 승강기에 올리고 줄을 당겨 위층으로 보내면 그것들이 마법처럼 나타난다. 하지만 요리 운반용 승강기의 목적은 노력을 절약하는 것과는 무관했다. 그것의 진짜 목적은 노예제라는 흉측한 범죄를 눈에 보이지 않게 숨기는 것이었다.

어쩌면 이것은 기술 자체의 잘못이라기보다는 우리가 해당 기술을 사용했던 방법이 문제인지도 모른다. 산업혁명기는 많은 기계적 혁신을 낳았지만, 그런 혁신이 실제로 생산 과정을 더 효과적으로 만든 경우는 거의 없었다. 산업혁명은 그저 인간의 기술을 별로 중요하지 않은 것으로 만들었다. 노동자에게 임금을 덜 주어도 되게끔 말이다. 조립라인에서 일하는 노동자들은 신발 밑창에 압정을 박는 것처럼 단순한 하나의 직무만 반복하도록 교육을 받았다. 교육 과정은 몇 분이면 끝났다. 만약 노동자가 임금이나 근무 환경에 대해 불만을 제기한다면 다음 날 다른 사람으로 바꿔 버리면 됐다.

기업가들의 꿈은 노동자 전체를 기계로 대체하는 것이었다. 공장에서 나온 물건을 처음 접한 소비자들은 해당 물건의 제조 과정에 사람의 손이 전혀 닿지 않았다는 사실을 아주 좋아했다. 사람들은 산업혁명이 낳은 제품의 매끈한 가장 자리와 완벽한 박음질 간격에 감탄했다. 그런 제품에서 인간의 흔적이라고는 찾아볼 수 없었다.

심지어 지금까지도 중국의 노동자들은 지문이 하나도 남지 않도록 스마트폰을 닦는 '마무리 작업'을 한다.[6] 노동자들의 수명을 단축시키는 것으로 입증된 유독한 용제까지 써서 말이다. 소비자들에게는 그들이 사용하는 스마트폰이 저임금을 받는 어린아이가 유독 물질에 중독되어 가며 만든 제품이 아니라 마법으로 만들어진 거라고 믿게 할 필요가 있기 때문이다. 사람이 개입하지 않았다는 착각을 만들어 내려고 실상 사람의 생명까지 희생시키는 셈이다.

재화를 대량 생산하려면 대량 판매가 필수다. 그리고 이것 역시 인간성을 파괴하는 것으로 증명됐다. 옛날에는 사람들이 해당 물건을 만든 당사자에게서 물건을 샀지만, 대량 생산은 소비자와 생산자를 분리시킨다. 그리고 인간관계가 있던 자리를 브랜드로 대체한다. 아랫마을 방앗간 주인에게서 구매하던 귀리를 이제는 수천 킬로미터 떨어진 곳에서 배송되어 온 박스 형태로 상점에서 구매한다. 브랜드 이미지가 진짜 인간관계를 대체했고, 그 이미지란 살아 있는 사람보다 더 큰 호소력을 가질 수 있게 주도면밀하게 고안된 것이다.

이를 위해 생산자는 또 한 번 기술에 의존해야 했다. 대량 생산은 대량 판매로 이어졌지만, 대량 판매를 하기 위해서는 실제로 대규모의 사람과 접촉할 대중 매체가 필요했다. 라디오와 텔레비전을 발명한 것이 엔터테인먼트업계가 더 큰 시청자를 확보하기 위해서였다고 생각할지 모르나, 실제로 방송 매체가 그토록 확산된 것은 미국에서 생긴 지 얼마 안 된 브랜드들이 자금을 지원한 덕분이다. 방송 매체 덕분에 브랜드들은 동부에서 서부까지 미국 구석구석의 소비자들에게 다가갈 수 있었다. 그 당시 물건을 팔던 기업들은 자신들이 애국심을 발휘하고 있다고 생각했다. 미국의 가치와 역량을 상징하는 대형 브랜드에 대한 충성심을 키워냈다고 말이다.

하지만 그로 인한 부수적 손해는 막중했다. 소비자 문화가 탄생했고, 미디어 기술이 주축이 되어 사람들이 인간관계보다는 소유물을, 사회적 관계보다는 사회적 지위를 열망하도록 만들었다. 인간관계가 좋지 못한 사람일수록 인위적 관계의 더 좋은 타깃이 됐다. 이렇게 사회 조직이 해체됐다.

적어도 산업혁명기 이후부터 기술은 인간을 노동이나 비즈니스 혹은 문화에 덜 중요하고 덜 가치 있는 존재로 만드는 역할을 해 왔다. 그리고 디지털 기술도 바로 그런 유산을 물려받았다.

029
—

디지털 미디어 환경에서는 특히나 전경(사람)과 배경(사람이 발명한 물건)의 역할이 뒤집어지기 쉽다. 컴퓨터 코드는 이런저런 것들을 하도록 미리 프로그래밍되어 있는 경우가 워낙에 많기 때문에, 적극적으로 자기 영역을 정의하고 우리의 행동에 영향을 준다. 그에 비해 인간은 무언가의 영향을 받아 움직이고 스스로 깨닫지 못한 채 참여자가 되는 경우가 많다.

무언가가 무엇을 하도록 프로그래밍되어 있는지 잘 모른다면, 그 무언가가 '우리'를 프로그래밍할 가능성이 높다. 그런 일이 벌어진다면 우리 자신이 기계나 다름없어질 것이다.

예를 들어 밈 전쟁은 전경(사람)을 배경처럼 다룬다. 디지털 미디어 환경에서 밈은 단순히 눈에 띄는 슬로건이나 사상이 아니라 일종의 코드다. 인간의 마음을 감염시켜 바이러스의 복제자로 만들기 위해 고안된 코드 말이다. 이제는 밈이 소프트웨어고, 사람이 기계인 셈이다.

밈에게는 한 가지 목표밖에 없다. '복제되는 것'이다. 밈은 인간 속에 들어가서 혼란과 흥분과 패닉과 분노를 야기한 다음, 숙주를 자극해 자신을 다른 사람에게 전달하도록 만든다. 밈이 내리는 명령어는 하나뿐이다. '나를 만들어 내라.' 구전을 통해서건 아니면 소셜 미디어나 바이럴 영상 링크를 통해서건, 해당 밈에 동의하건 격노하건, 감염된 인간은 이 명령에 복종한다.

이렇게 자동화된 과정은 스스로를 강화하는 경향이 있다. 인간성이 파괴된 밈의 복제자로 활동하는 사람들을 많이 접할수록, 우리는 서로를 협업의 대상인 동료로 보는 게 아니라 내가 조종해야 할 기계로 취급할 가능성이 크다. 여기에 다른 형태의 조작과 자극까지 결합된다면, 결국 우리는 사업이나 정치, 심지어 데이트에서조차 성공하기 위해 서로를 조종해야 하는 세상에 살게 될 것이다. 본질적으로 사회 활동이었던 것들이 철저하게 도구화되면서 더 큰 목적과의 관련성을 잃은 셈이다. 확률을 높인다, 더 큰 선택의 기회를 준다는 말에 우리는 진정한 관계와 의미를 포기하고 말았다. 우리는 그냥 도구가 됐다.

여기서 한 가지 큰 반전은, 이전에는 기술이 도구였다는 사실이다. 이전에는 기술이 우리 의지의 연장선이었고, 인간으로서 우리가 가진 자율성을 표현하는 수단이었다. 기술은 우리에게 더 많은 선택의 기회를 제공했다. 물론 새로운 선택을 하나 내릴 때마다 기술은 우리가 자연과 맺고 있는, 혹은 서로와 맺고 있는 원초적 관계로부터 우리를 소외시킬 위험도 있었다. 불은 추워서 살기 힘든 지역에도 인간이 거주할 수 있게 해 주었다. 전등은 밤늦게까지 잠들지 않고 활동할 수 있게 해 주었다. 비행기는 열 시간 시차가 나는 곳도 하루 만에 갈 수 있게 해 주었다. 진정제는 비행기에서 잠들 수 있게 해 주고, 각성제는 도착지에서 잠을 깨게 해 주었으며, 기분 조절용 약들은 이런 식으로 사는 데서 오는 스트레스를 감당하게 도와주었다. 일출과 일몰은 이제 모니터에 설치하는 배경 사진이 됐다.

일관성을 느끼게 해 주던 생체 시계와 이별하면서 우리는 기계가 만든 신호에 더 많이 의존하게 됐다. 우리는 마치 쇼핑몰이나 카지노에 있는 것처럼 살기 시작했다. 밤낮과 욕망까지 외부 환경이 프로그래밍하는 장소 말이다. 모든 것은 무언가에 의해 혹은 누군가에 의해 '전략적으로' 만들어진다. 아무리 자연에서 가져온 것처럼 보이는 벽이나 조명, 천장, 표지판이라고 하더라도 말이다. 알지도 못하는 어떤 목적 때문에 우리는 계속해서 외부의 무언가에 의해 최적화되고 있다. 대형 마트에서 끊임없이 흘러나오는 음악은 우리가 장바구니에 물건을 담는 속도를 높이게끔 프로그램되어 있다.[7] 사무실의 조명은 해가 저무는 오후에도 우리의 생산성을 높일 수 있게 되어 있다.

이런 점에서 본다면 디지털 세상은 궁극의 카지노나 마찬가지다. 그 시작은 특정한 목적을 위한 도구들(스프레드시트, 워드 프로세서, 계산기, 메신저, 캘린더, 주소록)이었을지 모른다. 하지만 실생활의 유사품 혹은 메타포(은유법)였던 것들이 이제는 그냥 실생활 자체를 대체해 버렸다. 기술은 인간이 사용하던 도구에서 인간이 그 속에서 기능하는 '환경'으로 바뀐다.[8]

비디오게임의 그래픽이 발전한 과정을 생각해 보자.[9] 조잡한 벡터 이미지의 우주선이나 소행성이 있던 곳에는 이제 텍스처 매핑texture-mapping으로 현실 세계를 흉내 낸 고해상도 이미지가 자리하고 있다. 현실에 기초한다고 해서 게임이 더 재미있어지는 것은 아니다. 게임 속의 총을 실물과 똑같이 그린다고 해서 막대기 하나를 들고 있는 것보다 도둑 잡기 게임이 더 재미있어지는 것은 아니다. 게임 속 세상을 더 현실에 가깝게 묘사할수록 게임 이용자가 조종할 수 있는 범위는 오히려 줄어들고, 대체 세상에서 더 많은 시간과 에너지와 돈을 쓰도록 조종당하기 쉬워진다. 게임이 장난감에서 시뮬레이션으로 바뀌면서 플레이어는 플레이(조종)를 하는 사람이 아니라 플레이를 당하는 사람이 됐다.

그렇다. 디지털 세상은 더 많은 선택권을 준다. 하지만 그 선택을 내리는 사람은 인간이 아니다. 적어도 '이용자'는 아니다.

0 3 0

쌍방향 시대가 열리는 것을 목격했던 사람들은 디지털 기술이 인
간의 권능을 되돌려 주고 산업화가 초토화시킨 중요한 것들을 되
살려 줄 줄 알았다.

텔레비전 리모컨과 같은 초창기 쌍방향 도구들은 프로그래
밍과 우리의 관계를 바꿔 놓았다. 리모컨은 텔레비전까지 걸어가
서 손으로 다이얼을 돌려야 했던 포로 생활에서 손가락 하나만
까딱하면 벗어날 수 있게 해 주었다. 케이블 텔레비전을 통해 채
널 선택권이 늘어나면서 우리는 특정 프로그램을 많이 보기보다
는 텔레비전 자체를 가지고 놀게 되었다. 이 채널 저 채널 돌려가
며 여러 개의 프로그램을 한꺼번에 보기도 하고, 프로그램들 사이
의 유사점과 차이점을 관찰하게 됐다.

그런 게임의 연장선으로 조이스틱은 텔레비전을 게임 콘솔
로 바꿔 주었다. 퐁Pong 게임이나 스페이스 인베이더Space Invaders
자체도 스릴 있었지만, 화면 속의 픽셀을 움직일 수 있다는 사실
자체가 혁명처럼 느껴졌다. 리모컨이 우리에게 콘텐츠를 해체할

능력을 준 것처럼, 조이스틱은 기술에서 신비로움을 제거했다. 픽셀은 더 이상 뉴스 방송사나 할리우드 스타들만이 독점하는 영역이 아니라, 누구나 조종할 수 있는 대상이었다. 마찬가지로 캠코더는 시청자를 제작자로 만들어 주면서 화면이라는 공간에 대한 독점력을 깼다.

마지막으로 컴퓨터 키보드와 마우스는 단순한 모니터에 불과했던 텔레비전을 하나의 관문, '포털'로 탈바꿈시켰다. 인터넷은 우리가 자체 미디어를 공유하고 배포할 수 있게 했으며, 상향식 아이디어 생산을 장려했다. 마침내 우리를 서로에게서 소외시키는 것이 아니라 서로 연결시켜 주는 것처럼 보이는 매체가 나타났다. 이제 중요한 것은 콘텐츠가 아니라 접촉하는 사람들의 범위였다. 우리는 상업 텔레비전이 해체시킨 사회를 인터넷이 치유해 줄 것이라 기대했다. 그러나 안타깝게도 아직도 산업혁명기의 가치관에 크게 의존하는 기업이나 사람들은 리모컨과 조이스틱, 마우스의 해방 효과를 되돌릴 방법을 모색하고 있다. 기술업계는 일부러 인간의 자율성을 공격하지는 않았으나, 그들이 가치를 뽑아내는 수동적 소비자로서의 역할을 이용자들에게 더 강화하고 있다.

인터넷업계 전문지들은 우리가 '관심 경제attention economy'에 살고 있다고 선언했다. 관심 경제에서 기업의 이윤은 이용자들의

'눈길 주는 시간'을 얼마나 뺏어낼 수 있느냐에 좌우됐다. 리모컨을 이용해 광고를 건너뛰고 시청자를 교묘히 조종하는 콘텐츠를 적당한 거리를 둔 채 둘러보는 아이들은 '위험하리만치 주의력 범위가 줄어들었다'는 비난을 들었다. 하지만 눈 돌리는 곳마다 광고로 도배된 세상에서 아이들이 달리 무슨 반응을 보일까? 젊은이들이 암페타민(각성제)을 처방받는 건수가 몇 년마다 두 배씩 급증하고 있다.[10] 이런 주의력 결핍 사태가 확산되는 데 혹시 환경적 요소가 작용하지는 않았는지 고려해 볼 필요가 있다. 또 우리가 젊은이들을 고분고분하게 만들기 위해 무분별하게 약을 처방하고 있지는 않은지 고민이 필요하다.

한편 컴퓨터 인터페이스는 불필요할 정도로 접근이 어려워졌다. 초창기 컴퓨터는 간단하게 명령어만 입력하면 조종할 수 있었다. 컴퓨터 사용법을 배운다는 것은 컴퓨터를 프로그래밍하는 방법을 배운다는 뜻이었다. 물론 시간이야 걸리겠지만 이용자가 컴퓨터보다 더 많은 권한을 갖고 있었다. 만약 어떤 프로그램을 이용해서 원하는 작업을 할 수 없다면 이용자는 그게 컴퓨터에 그 기능이 없어서인지 아니면 프로그래머가 이용을 허락하지 않아서인지 알 수 있었다.

컴퓨터를 '사용'하기 쉽게 만들려고 개발자들은 책상과 파일의 정교한 메타포를 생각해 냈다. 그 덕분에 소비자들은 컴퓨터를 더 빨리 사용할 수 있게 됐으나, 프로그래밍으로부터는 더 멀어졌다. 어느 컴퓨터 운영체제는 이용자에게 소프트웨어를 설치하고 싶으면 '마법사'를 부르라고 말한다. 친근하게 도와줄 캐릭터로 마법사를 설정한 것이겠지만, 그런 선택 자체가 애플리케이션의 내부 작동 원리가 일반 이용자에게는 얼마나 미스터리한 일인지를 잘 보여 준다.

마지막으로 디지털 네트워크를 통해 가능해진 새로운 접촉 문화는 그다지 돈이 되지 않는 것으로 드러났고, 그 대신 업계 전반에는 '콘텐츠가 왕'이라는 생각이 퍼졌다. 물론 콘텐츠는 인터넷의 메시지가 아니었다. 사회적 접촉이 인터넷의 메시지였다. 우리는 한 생물 집단이 완전히 새로운 차원의 연결성에 도달하며 잠에서 깨어나기 위해 시냅스에 첫 신호를 보내는 모습을 목격하고 있었다. 하지만 그처럼 고차원의 목표는 전혀 돈이 되지 않았다. 그래서 실제 인간들의 대화는 기사의 댓글이나 제품에 대한 상품평 코너 같은 곳으로 밀려났다. 사람들이 네트워크를 이용해 소통한다면 그것은 브랜드에 관한 것이어야 했다. 온라인 커뮤니티는 동호회 집단이 됐고, 다른 그 어떤 종류의 상호 부조보다 공동 구매를 중심으로 조직됐다. 정말로 '사회적인' 소셜 미디어의 번성이 허용되는 경우는 오직 사람들 사이의 접촉이 하나의 데이터로서 높은 가치를 갖는 경우뿐이었다. 사람들이 그 시간 동안 쇼핑을 하지 않고 프로그램을 시청하지 않아서 생긴 일실逸失 비용을 상쇄할 만큼 가치가 높은 데이터 말이다.

콘텐츠는 여전히 왕이다. 다만 이제는 인간이 그 콘텐츠가 됐을 뿐이다.

5장

디지털 미디어 환경

디지털 미디어에 중독된 사람들

우리는 순진하게도 디지털 기술이 이전의 그 어떤 미디어보다 인간의 힘을 강화해 줄 거라고 생각했다. 내재적인 본성상 그럴 수밖에 없다고 말이다. 방송이라는 전임자에 비하면 디지털 네트워크는 방향성도 없고 더 분권화되어 있는 것이 사실이다. 디지털 네트워크는 메시지가 상향식으로, 혹은 외부에서 내부로 흐를 수 있게 해 준다. 그러나 미디어가 모두 그렇듯이 사람들 스스로 힘을 갖기 위해 해당 미디어를 장악하지 않는다면 다른 누군가 또는 무언가가 그 미디어를 장악할 것이다.

미디어를 지배하는 사람이 사회를 지배한다.

새로운 미디어 혁명은 언제나 소수 엘리트가 쥐고 있는 미디어 장악력을 뺏어서 사람들에게 주고, 그동안 훼손된 사회 유대를 재정립할 수 있는 새로운 기회를 제공하는 것처럼 보인다. 그러나 지금까지 사람들(대중들)은 꼭 미디이 혁명을 한 단계 뒤에서야 쫓아갔고, 그래서 늘 미디어를 지배하는 사람은 따로 있었다.

예를 들어 고대 이집트는 파라오가 마치 스스로 신인 양, 신의 말을 직접 들을 수 있다는 가정하에 조직되어 있었다. 반면 대중은 신의 말이 전혀 들리지 않았으므로 무작정 믿는 수밖에 없었다.

문자가 발명되면서 우리에게는 문자 문화가 생길 수도 있었다. 하지만 초창기, 문자는 그저 소유물과 노예를 기록하는 데만 사용되었다. 마침내 문자가 종교에 사용되었을 때도 성경을 읽을 수 있거나 성경의 기초가 된 히브리어나 그리스어를 이해할 수 있는 사람은 성직자뿐이었다. 대중은 성직자가 성경을 크게 소리 내 읽어주는 것을 들으며 이전 시대에 대단했던 능력, 즉 하나님의 말씀을 듣는 능력을 획득할 수 있었다. 그러나 문자를 읽을 수 있는 엘리트로서의 능력은 성직자의 것이었다.

르네상스 시대에 인쇄기가 등장하면서 사람들은 읽는 능력을 손에 넣었으나, 문자를 생산하는 권한은 왕과 그가 선택한 소수의 협력자에게만 있었다. 마찬가지로 라디오와 텔레비전 역시 기업이나 억압적 국가들이 장악했다. 사람들은 그저 듣거나 보는 수밖에 없었다.

컴퓨터와 함께 등장한 것이 프로그래밍할 수 있는 잠재력이었다. 온라인 네트워크 덕분에 대중은 자신의 블로그를 만들고 영상을 제작해 알릴 수 있는 능력을 갖게 됐다. 그러나 이 능력, 그러니까 제작하고 알리는 능력이라는 것은 앞선 미디어 혁명 때 엘리트들이 누리던 능력이었다. 이제 그 엘리트들은 또 다른 단계로 올라가서 그 모든 게 일어나는 소프트웨어를 조종하고 있다.

오늘날 사람들은 마침내 코딩하는 법을 배우라는 권유를 받고 있다. 그러나 이제 프로그래밍은 더 이상 미디어 지형을 좌지우지하는 데 필요한 기술이 아니다. 개발자들은 원하는 애플리케이션은 무엇이든 만들어 낼 수 있으나, 그 가동과 배포는 벽으로 둘러싸인 정원, 즉 클라우드 서버에 대한 접근성에 전적으로 의존한다. 이 클라우드 서버와 폐쇄적으로 운영되는 각종 장치는 불과 서너 개의 기업이 철저히 장악하고 있다. 애플리케이션 자체는 이들 네트워크에서 이뤄지는 실제 활동에 대한 위장술에 불과하다. 플랫폼을 소유한 기업들이 우리 모두에 관한 데이터를 차곡차곡 쌓아 가는 그 활동 말이다.

문자나 인쇄술과 마찬가지로 우리는 새로운 미디어를 통해 끝없는 자유가 펼쳐졌다고 믿었다. 우리에게 새로 생긴 능력은 여전히 미디어를 장악하고 있는 똑같은 세력에 의해 철저히 제한된 것에 불과한데 말이다. 기껏해야 우리는 나중에 우리의 신세계를 독점할 자들을 위해 황무지를 개간하고 있을 뿐이다.

미디어 혁명의 문제점은 무엇이 정말로 혁명적인가에 대한 인식을 우리가 너무 쉽게 잊는다는 점이다. 반짝거리는 새 장난감에만 초점을 맞추고 이들 미디어가 인간에게 주는 권능(미디어가 되찾아 주는 정치적, 사회적 능력)을 무시하면, 미디어는 결국 권력자들의 손에 넘어가고 말 것이다. 그러고 나면 미디어도, 우리도 그저 뭔가 다른 숨겨진 목적을 위한 도구로 전락할 것이다.

온갖 사회 현상이 이런 공동화空洞化 과정을 거친다. 펑크록을 하는 사람들이, 자신이 모히칸 스타일의 머리나 얼굴 피어싱을 할 권리를 행사하고 있다는 사실을 잊는다면, '직접 제작, 직접 행동, 신념 고수'와 같은 더 중요한 반권위주의적 사상과의 연결도 쉽게 끊어질 것이다. 그렇게 되면 펑크는 그냥 쇼핑몰에서 파는 또 하나의 패션 트렌드가 되어 버린다. 파티광들이 자신들의 행동을 그저 밤새도록 춤이나 추고 마약이나 할 수 있는 권리로 생각한다면, 공적 공간을 되찾고 레크리에이션을 이윤과 분리함으로써 가능해진, 더 심오한 정치적 잠재력은 보지 못하게 된다. 파티는 그저 업계가 팔아먹을 수 있는 또 하나의 장르로 변질된다. 이들 운동의 스타일은 어딘가로 흡수되어 버리고, 그런 운동이 기초가 된 중요한 권력의 이동은 저만치 멀어진다.

디지털 기술의 경우에도 이들 새로운 툴이 가져다준 사회적, 지적 권능을 우리는 너무 쉽게 포기했다. 그 덕분에 이 툴들은 기득권에게 생긴 또 하나의 이윤 공장이 되어 버렸다. 예를 들어 초창기 인터넷은 실생활에서는 결코 만나지 못했을 사람들 사이에 새로운 대화가 가능하게 해 주었다. 인터넷은 캘리포니아에 사는 물리학자와 네덜란드에 사는 프로그래머, 동유럽의 철학자, 일본의 애니메이션 제작자, 뉴욕에 사는 저자 사이의 거리를 확 줄여 주었다.[1]

초창기 이런 토론 플랫폼에 도움이 되었던 한 가지 요소는 텔레비전이나 전화와는 달리 인터넷 메시지 전달이 실시간으로 이뤄지지 않았다는 점이다. 이용자들은 인터넷상에서 일어난 토론을 다운로드받아서, 편한 시간에 오프라인으로 읽어 보고, 하룻밤 생각해 본 후 답장을 작성하고 다시 편집했다. 그런 다음 인터넷에 로그인해서 기고문을 업로드하고, 남들은 어떻게 생각하는지 의견을 기다렸다.

그러다 보니 사람들은 실생활에서보다 인터넷 공간에서 더 똑똑해 보였고 똑똑하게 행동했다. 한번 상상해 보라. 자신이 가진 최고의 모습을 보여 주고, 수준 높은 대화를 소중히 여기며, 농부들이 다 함께 공동 수자원을 지키듯이 커뮤니티의 구성원들이 자체 규칙을 지켜나가는 공간 말이다. 초창기에는 인터넷에 접속하려면 이용자는 그 어떤 상업적 활동도 하지 않겠다는 서약서에 디지털 서명을 해야 했다. 광고는 명백히 금지되었다. 심지어 나중에 인터넷을 독점해 버린 검색 사이트나 소셜 플랫폼 기업들도 처음에는 절대로 광고를 허용하지 않겠다고 약속했었다.[2] 광고는 그들이 만들어 가고 있던 인간 중심의 문화를 오염시킬 것이기 때문이었다.

시간이 흐르자 투자자들에게 투자를 호소해야 할 필요성이 인터넷의 지적 순수성에 대한 열정을 앞질렀다. 업계 전문지들은 인터넷이 경제 성장의 여력을 만들어 죽어 가는 주식시장을 살릴 수 있다고 주장했다. 추가될 '부동산'은 비록 가상공간에 있겠지만 말이다. 학문적 성찰을 진작하게끔 설계됐던 어느 검색 엔진은 세계 최대의 광고 에이전시가 됐고, 사람들을 서로 이어주려고 고안됐던 어느 소셜 미디어 플랫폼은 세계 최대의 데이터 수집자가 됐다.

열혈 지지자들은 아직도 인터넷을 교육이나 정치권력과 연관시킨다. 그들은 학교에 기술을 도입하고 아프리카에 노트북 컴퓨터를 보내자는 운동을 열심히 벌인다. 디지털 사회의 핵심 가치는 다이얼 모뎀을 쓰던 시절에 이미 작별을 고했는데 말이다. 인터넷의 주된 목적은 지식 경제를 뒷받침하는 것에서 관심 경제를 성장시키는 것으로 이미 바뀌었다. 시간을 절약하며 지식을 키울 수 있게 도와주던 인터넷은 이제 우리에게 물건을 팔거나 우리의 행동 하나하나를 추적하는 자들에게 도움을 주도록 최적화된, '늘 켜져 있는' 매체로 바뀌었다.

인터넷에 접속하는 것이 이전에는 개인의 선택이었지만, 이제 우리는 24시간 연결되어 있는 상태다. 인터넷은 스마트폰이나 착용형wearable 기기라는 형태로 우리 몸에 착 달라붙어서 딩동 소리나 진동을 통해 각종 업데이트 사항, 헤드라인, 스포츠 결과, 소셜 미디어 메시지, 무작위 댓글 등을 알린다. 우리는 이전에는 119 긴급전화 상담원이나 항공교통 관제사들만 겪었던 끝없는 방해 상태 속에 살게 됐다. 그것도 일주일 내내, 24시간 동안 돈까지 내 가면서 말이다.

그로 인한 방향 상실 현상은 스스로 점점 더 강화되는 속성이 있다. 방해를 많이 받을수록 우리의 시선은 분산되고, 이전에 우리를 땅에 단단히 뿌리내리게 해 주었던 현실 세계의 표지자들을 접하기가 힘들어진다. 그렇게 되면 우리는 방향을 상실하고 우리 행동을 통제하는 것이 유일한 목적인 수많은 기술에 이리저리 끌려 다니며 조종당할 확률이 더욱더 높아진다.

디지털 환경의 전경이었던 인간이 배경으로 바뀌는 것이다.

디지털이 데려온 관심 경제에 산다는 것은 자동화된 각종 조작에게 끊임없이 공격을 받는다는 뜻이다. 요즘에 많이 이야기하는 '설득형 기술persuasive technology'이라는 것은 미국의 몇몇 일류 대학에서 개발하고 가르친 설계 원칙으로,[3] 전자상거래 사이트나 소셜 네트워크에서부터 스마트폰과 운동용 손목 밴드 플랫폼에 이르기까지 다양하게 활용되고 있다. 설득형 기술의 목표는 '태도 변화'와 '습관 형성'을 이루는 것이며, 흔히 이용자가 모르는 채로 혹은 동의하지 않은 채로 이루어진다.

행동설계이론behavioral design theory은 사람들이 태도나 의견이 바뀌어 행동이 바뀌는 것이 아니라는 생각에 기초한다. 오히려 사람들은 본인의 행동에 맞게 태도를 바꾼다.[4] 이 모형에 따르면 우리는 자유의사를 가지고 생각하는 존재라기보다는 기계에 가깝다. 아니면 적어도 그렇게 행동하도록 조작될 수 있다.

그렇기 때문에 설득형 기술은 우리에게 영향을 줄 때 '논리'라든가 최소한의 '정서적 호소'조차 동원하지 않는다. 이는 전통적 의미의 광고나 세일즈와는 전혀 다른 것으로, 오히려 전시戰時의 심리전이나 교도소 혹은 카지노, 쇼핑몰 등에서 사용하는 심리 조종과 비슷하다.[5] 이런 환경을 설계하는 사람들이 특정한 색깔과 음향, 조명 등을 이용해 원하는 행동을 자극하는 것처럼, 웹 플랫폼이나 스마트폰 애플리케이션 설계자들도 주도면밀한 테스트를 거친 영상이나 소리를 이용해 이용자에게 최적의 반응을 이끌어 낸다. 디지털 환경을 구성하는 모든 요소는 더 많은 조회수나 구매, 중독 등 우리에게 특정 반응을 끌어낼 수 있게끔 테스트를 거친다. 새로운 이메일이 오면 행복한 소리가 울린다. 이메일이 없으면 구슬픈 소리가 난다. 소셜 미디어 피드를 업데이트하기 위해 손가락으로 화면을 긁는 동작은 계속해서 확인하고 싶은 강박적 충동을 강화한다. '혹시' 모르니까 말이다.

설득형 기술의 정점에 있는 책략은 이용자의 신뢰에 의존한다. 해당 플랫폼이 그들의 주장대로 세상을 정확히 묘사하고 있다는 신뢰 말이다. 우리가 휴대전화와 컴퓨터의 화면을 '현실의 창'으로 인정할수록 그 창이 제시하는 선택지를 받아들일 가능성은 커진다. 하지만 그 창이 보여 주지 않는 선택지들은 어떻게 되는가? 그런 것들은 아예 존재하지도 않는 것인가?

검색창에 '내 주변 피자가게'라고 한번 쳐 보라. 검색이 되도록 돈을 지불한 가게는 모두 뜨지만, 돈을 지불하지 않은 가게는 뜨지 않을 수도 있다. 설득형 설계는 온갖 곳에서 이용자에게 선택지를 제안한다. 이용자가 정말로 자율성을 발휘하거나 마음 편히 돌아다니지 못하면서도 자율성을 경험한다는 착각이 들 수 있게 말이다. 이것은 마치 게임을 할 때 우리는 처음부터 끝까지 내가 스스로 선택하고 있다고 느끼지만, 실제로는 설계자가 만든 대로 모든 플레이어가 똑같은 게임 스토리를 따라가게 되는 것과 같다. 이런 선택은 그 어느 것 하나 진짜가 아니다. 모든 선택은 설계자가 우리 대신 미리 결정해 둔 그대로 결과가 나오게 되어 있다. 인터페이스가 중립적으로 보인다는 이유로 우리는 저들이 제안하는 옵션들을 액면 그대로 받아들인다. 그러나 그 경우의 선택은 선택이 아니다. 우리가 제약을 받아들이게 만드는 새로운 방법일 뿐이다. 누가 되었든 메뉴를 조종하는 사람이 선택도 조종하고 있다.

빠져나오지 못할 중독의 순환 고리를 만들려는 설계자들은 행동경제학자들이 '가변 보상variable rewards'이라고 부르는 원리를 활용한다. 1950년대에 마케팅 심리학자들은, 인간은 보상 뒤에 숨겨진 패턴을 알아내는 데 목을 맨다는 사실을 발견했다. 생존이라는 관점에서 보면 일리가 있는 얘기다. 갑작스레 돌풍이 분다면 곧 비가 온다는 뜻이다. 물고기의 움직임을 예측할 수 있다면 작살을 꽂기가 한층 수월해진다.

생존을 위한 이런 특징을 아주 잘 이용한 사람들은 슬롯머신 설계자들이었다. 일정하지 않은 간격으로 보상을 조금씩 나눠 줌으로써 슬롯머신은 패턴을 알아내려는 인간을 어리둥절하게 만들었다. 의식적으로는 우리도 슬롯머신이 무작위로 움직이거나 어쩌면 우리 돈을 가져가도록 불공정하게 설계되어 있다는 사실을 안다. 하지만 무의식적으로는 동전이 그렇게 일정하지 않은 간격으로 쨍그랑 소리를 내며 금속 쟁반 위로 떨어지는 것을 보면 계속해야겠다는 강박적 욕구가 유발된다. 열 번에 한 번씩 동전이 떨어지는 건가? 다섯 번에 한 번? 아니면 다섯 번, 일곱 번, 열 번 다음에 다시 다섯 번 만에 떨어지는 건가? 어디, 다시 한번 해 보자. 이렇게 생각하게 된다.

강박이란 무작위인 시스템을 내 뜻대로 조종해 보겠다고 부질없이 노력하는 일이다. 일단 한번 강박이 생기고 나면 떨쳐내기가 너무나 어렵다. 학계의 슬롯머신 패턴 연구자들 사이에서 기술 기업의 '사용자 경험 부서'(완곡하게 이렇게들 부른다)를 집중 공부하는 게 필수 요건처럼 되어 버린 것은 그 때문이다.[6] 우리가 이메일이 왔는지 끊임없이 확인하는 데 중독되는 것도 바로 이 과정이다. 열 번 헛수고를 했더라도 한 번만 이메일이 와 있으면 보상이 되는 것이다.

설득형 설계는 또한 우리의 사회화 과정을 이용한다. 우리는 내가 어울리는 사람들 사이에서 무언가 중요한 일이 발생하면 반드시 알려는 욕구를 갖도록 진화했다. 집단 구성원 중 한 명이 아프거나 화가 난 것을 몰랐다가는 참변을 당할 수도 있었다. '소외

될지 모른다는 두려움'이 동조 유발을 전문으로 하는 사람들의 손에 들어가면 우리의 행동을 촉발하는 요소에 곧바로 접근하는 계기가 된다. 우리의 호기심을 자극할 만한 것에 관해 사람들이 떠들어 대고 있다는 신호만 있으면, 우리는 하던 일을 제쳐 두고 온라인에 접속한다. 개발자들이 스마트폰 애플리케이션 아이콘 위에 빨간 동그라미를 만들어서 그 속에 숫자를 띄우는 이유는 지금 어떤 일이 일어나고 있고, 댓글이 모이고 있으며, 어느 화제가 유행이라는 사실을 우리에게 분명히 알리기 위해서다. 그 동그라미는 '이 알림을 무시한다면 당신만 그 일을 모르게 될지도 몰라요!'라고 말한다.

사용자 경험은 또한 인정받고 의무에 부합하려는 우리의 욕구를 자극하게끔 설계된다. 집단의 단결을 위해 적응되었던 고대의 습성이 이제는 우리에게 불리하게 작용하고 있는 셈이다. 우리가 소셜 플랫폼의 '좋아요' 수와 '팔로워' 수에 연연하는 이유는 사회가 나를 얼마나 수용하는지 측정할 수단으로 우리 수중에 있는 것이 그런 지표밖에 없기 때문이다. 그것들 사이에 '정도'의 차이는 전혀 없다. 소수의 사람이 나를 진심으로 사랑하는지 알 길이 없다. 우리가 알 수 있는 것은 많은 사람이 나를 '좋아'해 준다는 사실뿐이다. 마찬가지로 소셜 네트워크상에서 누군가가 내가 가진 무언가를 좋아하거나 나의 '친구'가 되겠다고 하면, 우리는 어쩐지 그런 호의에 부응해야 할 것 같은 의무감 같은 것을 느낀다.

플랫폼 중에는 장난으로라도 동료와 경쟁하고 싶어 하는 우리의 충동을 이용하는 곳도 있다. 웹사이트들은 포스트를 가장 많이 올리거나 가장 많은 거래를 성사시킨 사람, 혹은 뭐가 되었든 해당 사이트가 권장하는 지표를 가장 많이 달성한 사람을 기리는 '랭킹Top'을 게시한다. 이용자들은 또 '출석부'를 며칠이나 계속 썼는지, 사이트가 주는 등급 메달을 어디까지 땄는지, 나의 업적과 지위를 보여 줄 그 밖의 여러 방법을 찾아 경쟁한다. 그걸 자랑하고 보여 줄 사람이 '나 자신'뿐이더라도 말이다. 직원, 학생, 소비자 심지어 온라인 주식거래자에게 동기를 부여하는 데도 '게임화gamificaiton'가 동원된다. 그러나 우리는 그 과정에서 종종 원치 않는 결과를 얻기도 하고[7] 쓸데없는 승부욕에 판단력이 흐려지기도 한다.

우리에게 익숙한 많은 인터페이스가 이보다 더 심한 방법으로 우리의 피드 본능을 이용해 중독을 유발하고 있다. 개발자들은 '바닥이 계속 내려가는 피드'를 만들면 이용자들이 더 많은 기사나 포스트, 메시지를 읽으려고 화면을 내린다는 사실을 발견했다. 무언가 끝을 내지 못했다는 찝찝한 기분 때문에 당초에 의도한 것보다 더 많은 콘텐츠를 소비한다는 것이다.

다른 한편으로 개발자들은 우리를 끊임없이 '방향 상실' 상태에 두려고 한다. 늘 화면을 내리며 무언가에 주의를 기울이지만, 제대로 정신을 차리고 무언가에 몰두하지 못하게 만든다. 개발자들은 우리가 이 피드에서 저 피드로 끊임없이 옮겨 다니고, 이메일 다음에 소셜 미디어, 그다음에는 영상, 뉴스, 데이트 애플리케이션 등을 계속 확인하게끔 우리를 '방해'한다. 하나에서 다른 하나로 옮겨 가는 매 순간이, 그들에게는 또 다른 광고를 보여주어 이용자를 더 많이 조종할 수 있는 어딘가로 끌고 갈 기회기 때문이다. 아니면 이용자를 더 잘 파악하고 설득하는 데 사용할 데이터를 뽑아낼 기회일 수도 있다.

034

———

저들은 우리의 자율성을 진작하고 더 많은 정보를 바탕으로 의사 결정을 내리게 도와줄 기술을 설계하지 않는다. 초대형 디지털 기업에서 설득형 기술을 책임지고 있는 사람들은 우리의 인지 기능을 떨어뜨리고, 신중한 선택 혹은 생각 자체가 거의 불가능한 충동적 상태로 우리를 밀어 넣을 수 있는 인터페이스를 만드는 데 혈안이 되어 있다.

스마트폰이나 소셜 미디어를 사용하고 있을 때 우리가 둔감해진다는 사실은 이제 의심할 여지 없이 모두가 알고 있다.[8] 우리가 이해하거나 기억하는 정보의 양은 줄어들고, 이해의 깊이는 얕아지고, 우리는 다른 때보다 더 충동적으로 의사 결정을 내리게 된다. 이렇게 방만한 정신 상태는 진짜와 가짜, 온정과 잔인함, 인간과 비인간을 구별하는 능력을 저하시킨다. 프로그램을 잘 짜서 우리를 복종시키려고 하는 자들뿐만 아니라 그들이 수단으로 이용하는 알고리즘까지도 팀 휴먼의 진짜 적이다.

알고리즘은 인간에게 직접 관여하지 않는다. 알고리즘은 우리가 남기고 간 데이터에 관여하면서 우리가 어떤 사람이고 앞으로 어떻게 행동할지 여러 가지 가정을 한다. 그런 다음 알고리즘이 통계적으로 가장 확률이 높다고 판단한 내 모습에 부합하는 행동을 하라고 우리에게 강요한다. 알고리즘은 우리가 프로필에 맞게 행동하기를 바란다.

온라인에 고도로 접속된 현실에서 우리가 하는 모든 행동은 데이터로 전환되어 비교 및 분석을 위해 저장된다. 거기에는 내가 어느 웹사이트를 방문하고 무엇을 구매하고 어떤 사진을 봤는지뿐만 아니라 지도 애플리케이션이나 위치정보시스템GPS으로 추적되는 모든 움직임과 운전 스타일 같은 현실 세계의 행동까지 모두 포함된다. 스마트 보일러나 스마트 냉장고도 모두 우리의 프로필에 데이터를 공급한다.

대부분의 사람들은 특정 정보회사가 우리에 관한 것을 기록할까 봐 걱정한다. 내가 이메일에 뭐라고 썼는지, 심심할 때 뭘 보는지, 어떤 약을 먹는지 누가 알기를 바라는 사람은 없다. 더구나 이렇게 원시적으로 웹 감시를 행하는 기업은 우리가 이미 구입한 물건의 광고나 띄워 주는 것으로 끝난다. 알고리즘은 저런 것에는 하나도 관심이 없다. 우리가 어떤 사람이고 우리를 어떻게 조종해야 할지 측정하는 방법은 알고리즘이 수집하고 편집하고 비교하는, 아무 의미 없는 메타데이터metadata와 더 관련이 있다.

예를 들어 조라는 사람이 있는데, 그의 집에서 회사까지 거리는 19킬로미터이고, 그는 대략 16분마다 문자 메시지를 보며, 무지방 쿠키를 구입하고, 특정 텔레비전 프로그램을 방송 이틀 후에 시청한다. 알고리즘은 이런 세밀한 내용은 하나도 신경 쓰지 않는다. 조가 어떤 유형의 사람일지 논리에 맞게 결론을 내리려고 시도하지도 않는다. 알고리즘이 신경 쓰는 것은 이런 데이터가 조를 그와 비슷한 다른 사람들과 같은 통계 집단으로 묶을 수 있는지, 그 집단이 미래에 유사한 행동을 보일 가능성이 높은지 낮은지뿐이다.

이들 숫자를 모두 분석하고 우리가 했던 일과 앞으로 할 일을 끊임없이 비교함으로써 빅데이터 알고리즘은 놀랍도록 정확하게 우리의 행동을 예측할 수 있다. 소셜 미디어 사이트는 우리에 관해 수집한 데이터를 가지고 누가 곧 이혼할지, 누가 독감에 걸릴지, 누가 임신 중인지, 누가 성적 취향을 다시 생각해 볼지 약 80퍼센트의 정확성으로 알아낼 수 있다. 우리 스스로도 알기 전에 말이다.

메리가 3주 이내에 다이어트를 시작할 가능성이 80퍼센트라는 사실을 알아냈다면, 알고리즘은 메리의 피드를 다이어트에 관한 메시지와 뉴스 콘텐츠로 채울 것이다. "살이 찐 것 같나요?" 이런 메시지들 중 일부는 다양한 광고주들이 마케팅을 의도해 해당 사이트에 돈을 지불하며 띄운 것이다. 그러나 단순히 특정 광고주의 제품을 파는 것만이 이들 메시지의 목적은 아니다. 더 심오한 목적은 이용자가 그의 프로필이나 그가 속한 세분화된 마케팅 시장과 더 일치되는 행동을 하게끔 만드는 것이다.

소셜 미디어 플랫폼은 메리가 다이어트를 시작할 확률을 80퍼센트에서 90퍼센트로 높이고 싶어 한다. 그래서 메리의 피드를 모두 그렇게 타깃형 메시지로 가득 채우는 것이다.

메리가 알고리즘이 결정한 그녀의 운명을 더 잘 따르게 만들 수 있다면, 플랫폼은 예측의 정확성과 함께 행동 변화 유도 능력을 자랑할 수 있게 된다.

알고리즘은 우리의 과거 행동을 이용해서 우리를 통계 집단으로 묶고 앞으로 우리가 내릴 수 있는 선택의 범위를 제한한다. 빅데이터의 특정 분류에 속하는 사람들의 80퍼센트가 이미 다이어트나 이혼을 계획하고 있다면 그건 괜찮다. 하지만 나머지 20퍼센트는? 그들은 뭘 하려고 했던 걸까? 만약 줄을 맞추라고 설득당하지 않았다면, 그들은 어떤 특이한 행동, 새로운 아이디어, 참신한 해결책을 생각해 낼 수 있었을까?

인간의 많은 활동은 흔히 80/20 법칙이라고 알려진 '파레토 법칙'을 따르는 경향이 있다. 이에 따르면 80퍼센트의 사람은 소비자처럼 수동적인 행동을 한다. 하지만 나머지 20퍼센트의 사람은 더 적극적이거나 창의적인 행동을 한다. 예를 들어 온라인 영상을 보는 사람의 80퍼센트는 시청만 하지만, 20퍼센트는 댓글을 달거나 본인의 영상을 게재한다. 80퍼센트의 어린아이들은 게임을 할 때 의도된 그대로 가지고 놀지만, 20퍼센트는 게임을 수정하거나 새로운 차원의 게임을 만들어 낸다. 새로운 가능성을 열어 주는 것은 그 20퍼센트에 속하는 사람들이다.

그런데 우리는 알고리즘을 이용해 그 20퍼센트의 사람들을 말살하고 있다. 사람들을 예측 불가능하고 괴상하고 다양하게 만들어 주는 특이한 행동을 없애 버리고 있다. 우리들 사이에 변종이 줄어들고 전략과 전술의 다양성이 줄어들수록, 종種으로서의 인간이 가진 회복 탄력성과 지속 가능성은 줄어들 수밖에 없다.

생존 능력은 차치하더라도, 우리는 재미없고 생기 없고 덜 인간적인 사람들이 될 것이다. 우리에게서 튀어나온 부분이 모두 잘려 나가고 있다.

전경과 배경은 완전히 뒤집어졌고, 우리가 개발한 컴퓨터 알고리즘은 인간을 더 예측 가능하고 기계 같이 만들기 위해 부단히 발전하고 있다.

0 3 5

현실 세계에서 우리는 남들의 평가를 받아야 하고, 우리의 행동에는 반드시 결과가 따른다. 가상의 소셜 공간은 현실 세계보다 안전하기에 새로운 실험과 롤플레잉, 불가능해 보이는 인간관계가 장려되리라는 기대가 있었다. 그런데 우리의 소외를 이용해서 이윤을 얻는 사람들에게는 다행스럽게도 디지털 미디어는 당초 설계됐던 대로 사람들을 잘 이어주지 못하고 있다. 우리는 온라인으로는 진심으로 사람들에게 공감하지 못한다. 적어도 몸과 머리가 진짜라고 인식하는 방식은 아니다.

신경과학자들이 규명한 바에 따르면, 인간이 누군가와 신뢰관계를 구축하거나 마음의 평화를 유지하려면 유기적인 3차원 공간에서 일어나는 실제 경험이 필요하다.[9] 디지털 파일이 아니라 책으로 공부할 때처럼 우리는 어떤 것의 물리적 위치를 떠올릴 수 있을 때 무언가를 더 잘 기억해 낸다.[10]

인간의 신경계는 시간이 지나면 현실 세계에서 얻은 정보를 기초로 스스로를 정밀하게 조정한다. 아기는 엄마 옆에 누워서 엄마의 신경계를 흉내 내며 잠이 드는 법을 배운다. 초조한 사람은 숲속에서 산책을 하고 나면 마음이 차분해진다. 우리는 남의 눈을 들여다보고 라포르를 형성함으로써 다른 사람을 신뢰하게 된다. 호흡법을 다 함께 시행하면 이 집단에 연결된 기분이 든다.

디지털은 바로 이런 상태로 이끌 수 있을 만큼 인간의 뇌와 몸을 속이지는 못한다. 물론 근접하기는 한다. 디지털 레코딩에는 '잡음충'이 전혀 없다. 즉 배경음처럼 쉭쉭거리는 소리가 전혀 들리지 않는다는 뜻이다. 하지만 그렇다고 그게 자연 상태와 똑같은 정도로 정확한 것은 아니다. 음반은 그 자체가 하나의 사물이었다. LP를 틀면 딸각 소리와 표면 긁히는 소리는 들렸을지 몰라도, 그 덕분에 우리의 뇌와 몸은 자신을 정밀하게 조정하여 방에서 일어나는 일에 적응할 수 있었다. 플라스틱 레코드가 연주되고 있다고 말이다. 디지털 레코딩을 트는 것은 현실 세계의 사건이라기보다는 상징적 사건(수학적인 사건)을 공기 중에 투사하는 것에 가깝다. 이때 우리는 참조할 수 있는 것이 아무것도 없다.

실제로 참조할 게 없는 것은 휴대전화 통화나 영상 통화를 할 때도 마찬가지다. 스크린을 통해 대화 상대의 눈을 볼 수 있을지는 몰라도 상대의 동공이 커졌는지 작아졌는지는 볼 수 없다. 어쩌면 상대의 호흡 속도를 파악하면서 무의식적으로 내 호흡 속도도 조절해 라포르를 형성하려고 할 수도 있다. 하지만 별 효과는 없을 것이다. 상대의 얼굴을 보거나 목소리를 듣는다고 해서 문자 메시지보다 훨씬 더 많은 정보를 얻을 수 있는 건 아니기 때문이다. 그래서 우리는 혼란스럽다.

이런 대화의 정확성을 높이기 위해 기술이 사용하는 기법들은 그 자체가 가짜다. 신호가 아니라 잡음이다. 한 가지만 예를 들어 보면, 음악 파일을 압축할 때 사용하는 MP3 알고리즘은 음악을 정확하게 표현하려고 설계된 것이 아니다. 이 알고리즘은 실제 소리를 재생하기 위해 귀중한 주파수 대역을 쓰는 대신에, 저음이나 고음을 연상시키는 지각을 만들어 낸다. 이어폰으로 들어 보면 그런 식으로 흉내만 내는 것도 상당히 그럴 듯하게 들린다. 하지만 스테레오 스피커로 틀어 보면 빠진 정보가 명백히 드러난다. 귀도 그렇지만 온몸이 느끼는 차이는 더 크다. 몸은 그 흉내에 불과한 음에 해당하는 진동을 흡수하려 했을 텐데 말이다. 그 자리에는 소리도, 진동도 없다. 알고리즘 압축을 통해 소통하면 더 선명한 이미지처럼 보이고 더 정확한 목소리처럼 들리더라도 절대로 그렇지 않다.

정확성을 중시하는 음향 엔지니어라면 다른 방식으로 이것을 만회하려고 한다. 그들이 '다이내믹 레인지dynamic range*'를 넓히려고 가장 흔히 쓰는 수법은 속도를 늦추는 것이다. 사람이 뭐라고 얘기하면 컴퓨터는 그것을 녹음하고 저장한 뒤 약간의 시간차를 두고 출력 장치로 보낸다. 1초도 안 되는 아주 짧은 시간 동안 디지털 전송이 멈춘 사이에 컴퓨터가 속도를 따라잡아 한번에 내놓는 식이다. 이것은 내가 말을 하면 상대는 지각 가능한 정도의 순간이 지난 후에야 내 얘기를 듣는다는 뜻이다. 이렇게 약간의 대기 시간이 생기면 대화의 타이밍이 바뀔 수밖에 없고, 정상적인 혹은 마음을 편안하게 해 주는 반응 속도가 생길 수 없다.

인간이 친사회적인 태도와 행동을 유지하려면 실제 세계에 의존해야 한다. 온라인 인간관계와 진짜 인간관계 사이의 차이는 인터넷 음란물과 사랑에서 나온 행위 사이의 차이와 같다. 가짜 경험은 진짜 경험에 비하면 빛을 잃을 뿐만 아니라, 사람과 사람 사이의 유대에 대한 우리의 생각을 질적으로 저하시킨다. 온라인에서는 인간관계가 지표나 편견, 권력을 중심으로 돌아가게 된다.[11] 사람들은 디지털 경제의 '좋아요'나 팔로워 수에 연연하게 되고,

---

• 최대음과 최소음 사이의 폭.

사회 생태학적 울림이나 단결은 사라진다.

사회 유대를 위해, 한 팀으로 뭉치기 위해 힘들게 진화했던 여러 메커니즘이 디지털 환경에서는 소용이 없다. 그러나 진화라는 시간의 척도로 보면, 중재자를 통한 대화라는 것은 이제 막 등장했기 때문에 무슨 일이 일어나고 있는 건지 우리는 알 길이 없다. 이런 방식의 소통이 잘못되었다는 것은 알지만, 인간이라는 종은 아직까지 이렇게 부정확하고, 생기 없고, 시간 지체가 생기는 미디어 전송을 겪어 본 적이 없기 때문에 자연적 신호의 상실을 이해하지 못한다.

우리는 미디어를 탓하는 대신 상대방을 탓한다. 우리는 이런 상황을 사회의 문제로 돌리고, 플랫폼이 아닌 사람을 불신한다. 팀 휴먼은 붕괴된다.

0 3 6

디지털 환경에서 팀 휴먼은 손상을 입었을지 몰라도, '팀 알고리즘'은 더 강해졌다.

더 깊은 울림을 주는 소통 경로가 우리를 실망시키면서 안부를 확인하고 조화롭게 활동하고 공감을 표현하거나 심지어 경험하는 것조차 더 힘들어졌다. 우리는 스스로 더 강해지는 속성을 가진 라포르의 순환 고리를 상실했다. 사람들과 어울릴 때 보상을 주는 거울 신경과 옥시토신을 상실했다. 그런데 놀랍게도 우리는 디지털 환경에서 신뢰를 구축할 수 없다고 하여 디지털 환경을 포기하지는 않는다.[12] 오히려 우리는 디지털 미디어를 더 많이 소비한다. 우리는 디지털 미디어에 중독됐다. 거기서 경험하는 신경 메커니즘을 이해해 보고 싶은 마음이 너무나 간절하기 때문이다. 우리는 그 원리를 알아내고, 그에 맞춰 우리의 지각 시스템을 조절하고, 인간적 접촉이 있는 관계를 만들어 내야 할 것 같은 강박을 느낀다. 그런 것을 어느 것 하나 허락하지 않는 환경에서 말이다. 그래서 우리는 오히려 고도로 개인화되고 소외되며 서로를 의심한다.

디지털 미디어를 통한 관계는 또 다른 방식의 '혼자 있기'일 뿐이다. 다만 거기에는 우리만 있는 것은 아니다. 그 공간에는 구매든, 놀이든, 무엇이든 프로그램을 설정한 기업에게 도움이 되는 행동을 유도하려는 알고리즘과 봇이 득실거린다. 비디오 게임 속 플레이어 이외의 캐릭터들처럼 저들의 수가 우리보다 많다. 인터넷상에서 우리는 다른 인간을 상대하기보다는 봇을 상대하고 있을 가능성이 더 높다. 그리고 그 경험에서 오히려 더 많은 보상을 받는 기분을 느낄 가능성이 크다.

인간과는 달리 온라인상의 인공지능들은 점점 더 서로 연결되고 있다. 기업들은 얼마든지 데이터를 사고판다. 우리가 어느 웹사이트에서 봤던 제품이 마법처럼 다른 사이트에서 광고로 뜨는 것은 이 때문이다.[13] 그리고 이거야말로 배후에서 무슨 일이 벌어지고 있는지를 명백하게 보여 주는 아주 기초적인 사례. 인공지능들은 우리와 상호작용하는 동안 뭘 알아냈는지 서로 끊임없이 소통하면서 정보를 공유하고 있다. 인공지능들은 네트워크로 연결되어 있고 계속해서 학습하고 있다.

디지털 기술의 지지자들이 흔히 말하는 '사물인터넷IoT'은 우리를 알아내고 조종하려는, 컴퓨터칩과 알고리즘으로 구성된 이 방대한 네트워크 속 물리적 대상의 이름이다. 네트워크에 연결된 온도 조절기나 아이의 상태를 실시간으로 확인할 수 있는 베이비 모니터는 소비자들에게도 어떤 이점이 있겠지만, 그 주된 가치는 네트워크가 우리의 행동을 알아내고 거기서 데이터를 추출하기 위한 것이다. 우리를 좀 더 촘촘히 통계적 카테고리로 나눌 수 있게 말이다.

이런 봇과 컴퓨터칩에게 지시를 내리는 알고리즘은 우리의 행동을 조종하기 위해 하나씩 하나씩 참을성 있게 여러 기법을 시도해 본다. 프로그램을 만들면서 의도했던 결과가 나올 때까지 말이다. 이런 기술을 프로그래머가 사전에 모두 써 두는 것은 아니다. 오히려 알고리즘이 무작위로 새로운 색깔, 주장, 어조, 용어 등을 시도해 보다가 효과 있는 것 하나를 발견하는 식이다. 그러고 나면 이 정보를 네트워크상의 다른 봇들과 공유하고 다른 봇들도 다른 인간에게 같은 기법을 시도해 보게 된다. 우리는 나를 조종하려는 알고리즘 하나를 상대하는 게 아니라 그들 알고리즘 모두를 상대하고 있다.

식물은 에너지를 지배하고, 동물은 공간을 지배하고, 인간은 시간을 지배한다면, 네트워크로 연결된 알고리즘은 무엇을 지배할까? 그것들은 '우리'를 지배한다. 사물인터넷에서 '사물'은 우리 '사람들'이다.

알고리즘의 프로그래밍은 모든 사람, 모든 사물을 도구화된 목적을 향해 몰고 가려는데, 자율이나 사회 계약, 학습과 같은 인간의 이상들은 그런 방정식을 벗어난다. 디지털 환경 속 인간들은 기계처럼 되어 버린 반면, 디지털 물질로 이루어진 것들, 즉 알고리즘은 살아 있는 존재처럼 되어 버렸다. 알고리즘들은 마치 진화의 단계에서 우리의 후계자라도 되는 양 행동하고 있다.

그러니 우리가 알고리즘의 행동을 흉내 내는 것도 놀랄 일이 아니다.

각종 무인화 기술이 모든 것을 결정하는 것처럼 보일 때 우리가 저것들을 물리칠 수 없다면 차라리 같은 편이 되는 게 낫겠다고 생각하는 게 논리적 귀결일 것이다. 흥분을 하든 노예가 되든 사람들이 새로운 기술에 매료될 때면, 해당 기술은 새로운 롤모델이 되기도 한다.

산업혁명기에 기계장치 시계가 사람들에게 시간을 알려 주고 공장의 기계가 인간 노동자보다 더 빠르게 일을 해치우면서, 우리는 아주 기계적인 측면에서 스스로를 생각하기 시작했다. 우리는 스스로를 '시계태엽 우주' 안에 살고 있는 것으로 묘사했다.[1] 인간의 신체도 하나의 기계장치라고 말이다. 우리의 언어에도 서서히 기계화된 메타포가 나타났다. '기름칠을 해야 한다', '크랭크 업을 한다[•]', '깊이 판다', '회사를 잘 돌아가게 한다'와 같은 표현이 그것이다. 일상용어에서조차 점심을 먹는 것을 '연료 공급'이라 부르고, 논리에 맞지 않는 생각을 하는 사람을 '나사가 빠졌다'

[•] 크랭크는 원래 기계 장치의 이름.

고 표현하는 것은 인간을 기계 장치로 인정했다는 뜻이다.

사회 전체로서 우리는 효율성과 생산성, 힘과 같은 기계의 가치를 우리 것으로 받아들였다. 우리는 더 튼튼한 노동자가 되어 더 효과적으로 작업하려고 했고,[2] 작업 속도나 결과물의 양, 효율이 효과적인 작업의 기준이 됐다.

디지털 시대에 사는 우리는 세상이 컴퓨터로 계산되는 것이라고 생각한다. 세상의 모든 것은 데이터고, 인간은 프로세서(처리 장치)다. 우리는 '그 논리는 계산이 안 되는데?', '그 친구는 멀티태스킹을 너무 잘해서 동시에 두 명 이상 인터페이스가 가능하다니까'라고 말한다.

언어만 보아도 디지털 미디어 환경에서 인간이 기능하는 방식이 바뀌고 있음을 알 수 있다. 인간의 자질을 기계에게 투사해 자동차 앞부분을 '얼굴'이라고 부르거나 인공지능 스피커에게 마치 사람 대하듯이 말을 거는 것 등은 '의인화'라고 한다. 하지만 이번 경우는 정반대다. 우리는 기계의 자질을 인간에게 투영하고 있다. 인간을 기계나 컴퓨터처럼 보는 것은 '메카노모피즘mecha-nomorphism'이라고 한다. 단순히 기계를 살아 있는 사람처럼 대하는 데서 그치지 않고, 인간을 기계처럼 대하는 것이다.[3]

정보화 시대에 우리의 역할이 프로세서라는 사실을 인정한 후 우리는 최고의 컴퓨터처럼 작동하기 위해 분투하고 있다.

우리가 컴퓨터처럼 멀티태스킹을 하는 이유는 한 번에 한 가지 이상의 일을 할 수 있다고 생각하기 때문이다. 인간은 멀티태스킹을 할 수 없다는 사실이 이미 수많은 연구를 통해 밝혀졌는데도 말이다.[4] 한 번에 한 가지 이상의 일을 하려고 하면 어쩔 수 없이 일의 결과물은 줄어들고, 그 내용은 부정확해지며, 일에 대한 깊이와 이해의 폭이 얕아지는 것을 피할 수 없다. 이는 우리가 아무리 더 많은 것을 해냈다고 믿더라도 마찬가지다. 왜냐하면 인간은 컴퓨터와 달리 병렬식 프로세서가 없기 때문이다. 우리에게는 두 개의 상호 보완적인 반구를 가지고 하나로 움직이는 단일의 뇌가 있을 뿐이다.

컴퓨터는 메모리를 여러 부분으로 쪼개 각각 구동할 수 있다. 컴퓨터 칩은 문제를 받으면 그 문제를 여러 단계로 쪼개 각 단계를 여러 개의 프로세서에 할당한다. 그렇게 해서 각 프로세서가 단일한 답을 내놓으면 그것들을 다시 조립하는 식이다. 하지만 인간은 그렇게 할 수 없다. 우리는 두 가지 과업 사이를 아주 빠르게 오가는 방식으로 컴퓨터의 저런 과정을 흉내 낼 수 있을 뿐, 실제로 동시에 두 가지를 할 수는 없다. 억지로 두세 가지 일을 동시에 처리할 수 있는 양 흉내는 낼 수 있겠으나, 결국 우리 손해가 되는 경우가 많을 것이다.

한 예로 수천 킬로미터 밖에서 리모컨으로 사람들을 감시하고 폭격하는 드론 조종사들이 '진짜' 조종사들보다 오히려 외상후스트레스장애PTSD를 더 많이 경험한다고 한다. 군으로서는 전혀 예상치 못한 일이었다. 오히려 군은 리모컨을 통한 원거리 폭격으로 사이버 조종사들이 살상에 둔감해질까 걱정했었다. 그런데 드론 조종사들의 외상후스트레스장애 발병률은 희생자들과 사전 접촉이 전혀 없는 임무의 경우에도 지나치게 높았다. 드론 조종사들이 외상후스트레스장애를 더 많이 경험하는 원인 중 하나로, 일반 조종사들과는 달리 자신의 표적을 폭격하기 전에 수주간 관찰하는 경우가 많다는 점이 꼽혔다.

드론 조종사들의 정신적 손상에 대한 좀 더 그럴듯한 이유는 그들이 한 번에 한 군데 이상의 위치에 존재하려고 노력해야 한다는 점이다. 예컨대 그들은 네바다주에 있는 군 시설에서 지구 반대편에 배치된 살상용 무기를 조종한다. 명령에 따라 수십 명을 죽인 드론 조종사들은 비행기를 착륙시키고, 비행기에서 내려, 늘 식사를 하던 구내식당으로 돌아와 동료들과 그날 있었던 일에 관해 얘기할 일이 없다. 그들은 그냥 로그아웃하고, 자기 차를 타고 교외에 있는 집으로 돌아와서, 가족들과 저녁을 먹는다. 마치 같은 날 다른 장소에 있는 두 사람처럼 행동하게 되는 것이다.

그러나 우리 중에 몸이 두 개이거나, 두 장소에 동시에 있을 수 있는 사람은 없다. 복사해서 여러 기계에서 동시에 돌릴 수 있는 컴퓨터 프로그램과는 달리, 인간은 한 번에 한 곳에서밖에 활동하지 못한다.

우리가 아무리 이 시대의 기계처럼 되고 싶어도, 디지털 기기들만큼 기계스러울 수는 없다. 이는 잘된 일이다. 어쩌면 이것이, 기계들을 흉내 내려다가는 더 중요한 것, 즉 우리의 인간성을 놓칠 수 있다는 사실을 기억할 수 있는 유일한 길일지 모른다.

039

미디어 환경이란 특정 미디어가 탄생시키는 행동, 여건, 메타포, 가치관을 말한다. 문자의 발명 덕분에 글로 쓴 역사와 각종 계약, 성경, 유일신교가 번성했다. 중세 유럽의 시계탑은 산업혁명기의 시간당 임금과 '시간은 곧 돈이다'라는 정신을 지지했다. 지금 번성하는 여러 기술은 또 다른 방식으로 인간의 태도와 행동에 롤 모델 역할을 하고 있다.

특정 미디어 환경은 특정 형태의 사회를 촉진한다. 인쇄기의 발명은 획일성이라는 개념을 만들어 내어 문자, 사상과 우리의 관계를 바꾸어 놓았고, 일반적 생산과 폭넓은 유통을 장려했다. 텔레비전 환경은 신제품이 내 삶에서 어떤 역할을 할지 시각화함으로써 미국을 하나의 소비자 문화로 만들려던 기업들의 노력을 보조했다. 마찬가지로 대부분의 사람이 이용하는 인터넷 플랫폼은 단순한 제품이 아니라 수백만의 사람과 기업과 봇이 거주하는 환경 그 자체다. 이제는 인터넷이 곧 광장이고, 중심가이고, 제4계급이다. 오늘날의 디지털 미디어 기술에 박혀 있는 편향 혹은 '행동 유도성affordance'을 인식해야만 그 영향력에 무의식적으로 순응하지 않고 이점은 활용하면서 단점은 보완할 수 있다.

예를 들어 스마트폰은 단순히 주머니 속에 들어 있는 그 기기가 아니다. 나의 스마트폰은 다른 수많은 스마트폰과 함께 하나의 '환경'을 구성한다. 누구나 언제든지 나에게 연락할 수 있고, 사람 많은 길을 걸으면서도 나만의 세상에 빠질 수 있고, 내 이동 경로가 위치정보시스템으로 추적되고 장래의 분석을 위해 기업 및 정부의 데이터베이스에 저장되는 그런 환경 말이다. 그러면 이런 환경 요소는 다시 우리에게 특정한 정신 상태를 촉진한다. 추적당할까 두려워하며 피해망상에 시달린다거나, 끊임없이 딴 데 정신이 팔려 있다거나, 혼자만 무언가를 놓칠까 두려워한다거나

하는 상태 말이다.

디지털 미디어 환경은 집단으로서의 우리에게도 큰 영향을 미친다. 하나의 경제, 사회, 심지어 지구 전체의 차원에서 말이다. 디지털 기업이 입이 떡 벌어질 만한 속도로 규모를 키울 수 있다는 사실을 알게 된 투자자들은 주가 차트에 대한 기대치가 달라졌고, 기업의 최고 경영자CEO들은 기업의 장기적 건전성보다 단기적 주가 상승을 우선시해야 했다. 인터넷이 깊이나 질보다는 지표와 양을 강조하다 보니, 사회는 유명인이나 자극적인 화제, 기타 수많은 성공의 척도를 중시하게 됐다. 디지털 미디어 환경은 물리적 환경에서도 존재감을 표현한다.[5] 디지털 기술의 생산과 사용, 폐기 과정에 이용되는 희소 자원이 격감하고, 어마어마한 양의 에너지가 사용되고, 지구 곳곳의 방대한 지역이 오염되고 있다. 우리가 디지털 미디어의 확산에 적극적으로 개입하고 그 효과를 완화할 수 있는 노력을 다 함께 기울인다면, 지금보다는 나은 결과를 가져올 수 있다.

세상은 이미 미디어가 통째로 지배하고 있다는 생각에 백기 투항하기 전에 우리가 반드시 기억해야 할 사실이 있다. 영향력은 '서로 주고받는 것'이라는 점이다. 이들 미디어는 그 자체가 사회가 발명한, 사회의 산물이다. 글쓰기의 발명이 노예를 대규모로 관리하는 일을 쉽게 만들었을 수도 있다. 하지만 그전부터 당대의 폭군들은 노예 무리를 관리해야 했기 때문에 기존의 필요에 의해 글쓰기가 발명된 것일 수도 있다. 인간과 미디어는 파트너 관계다. 미디어를 발명할 때도 그렇고 미디어의 영향력에 우리가 어떻게 반응할지를 선택할 때도 마찬가지다.

특정 미디어 환경이 우리의 행동에 어떤 영향을 주는지 안다고 해서 우리의 공모 관계가 용서될 수는 없다. 하지만 앞으로 우리가 상대해야 할 게 무엇인지, 상황이 어느 쪽으로 기울어져 있는지는 더 잘 이해할 수 있을 것이다. 그런 이해가 바탕이 된다면 디지털 미디어가 우리에게 끼치는 효과뿐만 아니라 디지털 미디어가 잠에서 깨운, 우리의 어두운 본성과도 맞서 싸울 수 있을 것이다.

040
——

모든 미디어 환경에는 장단점이 있다. 텔레비전은 지구를 하나의 큰 유기체처럼 생각할 수 있게 도와주었지만, 소비지상주의와 신자유주의를 촉진하기도 했다. 인터넷은 권력과 사상의 리더십을 해체하는 데 도움을 주지만, 우리를 원자화하고 고립시킨다. 꼭 어느 쪽 환경이 더 낫다고 말할 수는 없지만, 새로운 미디어가 나타날 때마다 다른 식의 대응이 필요하다.

새로운 미디어에 대한 대처법을 배울 때 가장 힘든 부분은 그 미디어가 끼친 효과를 이전 시대의 렌즈를 통해서가 아니라 그 자체로 바라볼 수 있어야 한다는 점이다. 인터넷이 처음 등장 했을 때 대부분의 사람은 텔레비전 미디어 환경의 영향력 아래에 살고 있었다. 텔레비전 시대의 중심 주제는 글로벌주의, 국제적 협력, 개방적 사회였다. 텔레비전은 처음으로 사람들이 다른 곳에서는 무슨 일이 벌어지고 있는지 볼 수 있게 해 주었다. 사건이 일어나고 있는 그 시각에 실시간으로 말이다. 온 세상이 다 함께 실시간으로 똑같은 전쟁과 홍수, 혁명을 목격했다. 심지어 9·11 테러는 인류가 한 날 한 시에 경험한 전 지구적 사건이었고,[6] 세계 곳곳에서는 그 충격과 슬픔에 공감을 표현했다. 텔레비전은 우리를 지구촌으로 엮어 주었다.

인터넷은 그런 흐름을 이어가기 위해 발명되기라도 한 것처럼, 통합된 민족국가들 사이의 마지막 경계를 허물고, 새로운 글로벌 동료 커뮤니티의 도래를 알릴 것으로 생각됐다. 중앙정부는 멸종됐다는 선언이 나왔고,[7] 자유의사에 따라 조직된 새로운 인간 네트워크가 곧 등장할 거라고 했다. 그러나 실제로 인터넷 시대는 정반대의 결과를 가져왔다. 우리는 거대한 포용력을 갖춘 새로운 글로벌 사회를 향해 나아가고 있는 것이 아니라, 이민자를 배척하는 토착민 우선주의를 향해 후퇴 중이다.[8] 여러 인종이 뒤

섞여 다 함께 축배를 드는 것이 아니라, 각 인종이 뚜렷이 구별되면서도 각자 모두 잘 살았던 허구 속의 과거를 많은 사람이 동경하고 있다.

텔레비전 미디어 시대가 절정에 이르렀을 때 미국의 한 대통령[9]은 베를린의 브란덴부르크 문 앞에서 했던 연설*에서 러시아에게 "이 장벽을 무너뜨립시다"라고 요구했다. 그러나 이제는 아니다. 디지털 미디어 환경의 정치가들은 각종 글로벌 무역 공동체에서 발을 빼며 자국의 국경을 강화할 장벽을 세워야 한다고 요구하고 있다.[10]

텔레비전 미디어 환경은 전 지구적인 멜팅 팟, 전 세계가 손을 맞잡은 모습, 국제 우주 정거장ISS 등으로 대표되는, 아직도 '지정학' 하면 떠오르는 협력적 국제주의 등을 낳았다. 그러나 미디어 환경은 완전히 달라졌다. 그런데도 국수주의자들과 반反세계화 감성의 부활에 당황한 우리들은 이미 퇴물이 되어 버린 텔레비전 화면을 통해 정치를 해석하는 우를 범하고 있다.

텔레비전 뉴스들은 시애틀에서 있었던 세계무역기구WTO 반대 시위와 같은 디지털 미디어 환경에 대한 항의를 처음에는 이해하지 못했다. 환경주의자, 노동 운동가, 심지어 반유대주의자까

• 1987년 로널드 레이건 대통령의 연설.

지 있었으니 성질이 다른 여러 대의大義가 뒤죽박죽으로 섞인 것처럼 보였다. 그러나 그들을 단결시킨 것은 (인터넷상에서 다 함께 조직화할 수 있는 능력 외에도) 반세계주의라는 공통의 이념이었다. 시위자들은 전 세계에서 활동할 수 있는 기구라면 인간이 통제하기에는 너무 큰 것이라는 믿음을 갖고 있었다.

유럽의 단합이 깨진 것은 이런 정서의 연장선이다. 유럽연합은 텔레비전 환경의 산물이었다. 개방 무역, 단일 통화, 국경을 넘어 사람들의 자유로운 이동, 요리에서 축구팀에 이르기까지 국가 정체성의 감소 등이 바로 그런 환경의 산물이었다. 디지털 미디어 환경으로 이행하면서 사람들은 이런 경계의 해체를 인내하기가 힘들어졌다. 나는 크로아티아인인가, 세르비아인인가? 쿠르드족인가, 수니족인가? 그리스인인가, 유럽인인가?

구별을 강조하는 디지털 미디어 환경으로부터 '경계'에 대한 갈망이 나타났다. 모든 것은 개별이다. 라디오나 텔레비전 같은 아날로그 미디어는 LP에서 흘러나오는 소리처럼 연속적이었다. 반면에 디지털 미디어는 수많은 개별 샘플로 구성된다. 마찬가지로 디지털 네트워크는 우리의 메시지를 아주 작은 데이터 조각으로 쪼갠 다음, 반대편 끝에서 재조립한다. 컴퓨터 프로그램은 따지고 보면 모두 1과 0 혹은 켜짐과 꺼짐의 연속이다. 이런 논리가 우리가 사용하는 플랫폼과 애플리케이션에까지 거슬러 올라왔다.

글자 크기, 항목을 끼워 넣을 위치 등등 모든 것이 선택이다. 12포인트인지 13포인트인지 선택해야 하고, 여기에 넣을지 저기에 넣을지 결정해야 한다. '중간'이란 없다.

이런 플랫폼상에서 기능하는 사회는 마찬가지로 구별 공식을 추구하는 경향이 있다. 좋아요, 싫어요? 검정색, 흰색? 부자, 가난뱅이? 동의, 반대? 스스로 더 강해지는 순환 고리 안에서 우리가 내리는 모든 선택은 알고리즘이 알아채게 되고, 그를 바탕으로 나에게 딱 맞춘 뉴스 피드를 제공함으로써 우리는 내가 만든 사상의 필터라는 장벽 안에 갇혀 더욱더 남들로부터 고립된다. 인터넷은 자신을 구성하는 핵심 요소를 더욱 강화한다. '이진법' 말이다. 인터넷은 우리를 둘 중 어느 한 편에 서게 만든다.

0 4 1

———

디지털 미디어는 우리를 갈라놓을 뿐만 아니라 퇴보시키는 것으로 보인다. 디지털 미디어 환경에는 포퓰리스트나 국수주의자, 토착민 우선주의 운동 같은, 퇴행적 감성을 부추기는 요소가 있다. 이런 요소가 성장하는 생태계에 연료를 공급하는 것은 디지털 미디어의 또 다른 중요한 편향, '메모리'다.

컴퓨터가 발명된 이유부터가 메모리 때문이었다. 1945년 컴퓨터의 기초가 된 '메멕스memex'를 생각해 낸 배너바 부시Vannevar Bush[11]는 이것을 '디지털 파일 캐비닛'이라고 묘사했다. 말하자면 외부 기억 장치인 셈이다. 지금은 컴퓨터가 단순한 데이터 검색보다 훨씬 많은 것을 할 수 있긴 하지만, 컴퓨터가 하는 모든 일(모든 기능)은 메모리의 한 부분에 있는 것을 다른 부분으로 옮기는 것과 관련된다. 컴퓨터 칩도, USB 스틱도, 클라우드 서버도 모두 일종의 메모리다. 한편 사이버보안 및 감시에 관한 여러 폭로는 우리가 온라인에서 하는 모든 활동이 메모리에 저장된다는 사실을 끊임없이 상기시킨다. 우리가 좋아하는 소셜 네트워크나 검색 엔진에서 했던 모든 말과 행동은 어딘가의 기록보관소나 타임라인 혹은 서버에 저장돼 누군가, 언젠가 검색해 주기를 기다리고 있다.

디지털 미디어 환경에서 메모리의 이런 의도치 않은 격상은 뚜렷한 경계에 대한 편향과 결합되어 지금 우리가 보고 있는 것과 같은 정치 풍토를 만들어 낸다. 브렉시트를 주장하는 사람들은 그게 뚜렷한 영국의 가치를 확인하고 유럽의 나머지 전부가 해협 건너에 있던 민족주의 시대로 되돌아가는 방법이라고 자신들의 고립을 정당화한다. 미국의 극우주의자들은 백인이면서 미국인이라는 사실이, 흑인이 없는 동네에서 우월의식을 갖고 살며 중산층의 한 자리를 보장받는다는 뜻이었던 과거를 소환해 낸다. 이민자란 같은 독일인이나 아일랜드인, 이탈리아인을 뜻하는 것이었지, 불법적으로 국경을 넘어 들어온 유색인종이나 '외국인', 난민, 테러리스트는 아니었다는 것이다.

세계주의는 지금 그것에 반발하고 있는 많은 사람에게 실제로 파괴적인 결과를 가져온 것이 분명하다. 빈부 격차는 그 어느 때보다 심각하고, 세계 무역과 다국적 은행의 활동은 국내 및 지역 경제 활동의 보완 작용을 우스워 보이게 만들 정도다. 그러나 사람들이 이런 압력에 대응하는 방법은, 어찌되었든 서구에서는 디지털 정신을 바탕으로 한다.

디지털 미디어 환경은 서구의 선진 경제에만 해당된 문제가 아니다. 우리는 세계 곳곳에서 이와 비슷하게 충동적이고 토착민 우선주의적인 행동을 부추기는 디지털 감성을 목격한다. 미얀마의 로힝야 부족에 대한 집단 학살 광기가 고조된 것도 그곳에서 소셜 미디어 사용이 늘어난 것과 상관관계가 있다. 비슷한 긴장감이 인도, 말레이시아, 수단 등에서도 높아지고 있다.[12] 이는 모두 디지털 미디어가 감정을 도발하고, 확인 안 된 사실을 퍼뜨리고, 과거가 더 순수하고 좋았다는 식의 잘못된 기억을 불러일으키는 걸 부채질한 결과다.

텔레비전 미디어 환경을 지지하고 세계정부에 대한 비전을 보존하고 싶어 하는 사람들 혹은 활자 시대를 회상하는 지성주의자들은 더 이상 뒤돌아보지 말아야 한다. 연대와 포용을 강화하고 싶다면, 우리가 실제로 살고 있는 디지털 미디어 환경의 편향부터 인식해야 한다. 자동화된 과정에 대한 인간의 개입을 장려해야 할 것이기 때문이다.

저항은 무의미하다. '저항'이라는 단어 자체가 전자 시대의 유물이다. 회로기판을 통과하는 전류를 저항기가 약화시키던 시대 말이다. 디지털 환경에 저항이란 없다. 그저 접속 상태냐, 비접속 상태냐일 뿐이다. 그 사이에 있는 것은 무엇이든 어느 한쪽으로 밀려날 것이다. 돌려서 맞추는 다이얼은 없다. 켜고 *끄는* 스위치가 있을 뿐이다.

디지털 미디어 환경에서 저항은 없다. 오직 '반대'가 있을 뿐이다.

0 4 2
——

우리 자신조차 디지털화하고 있는 이때에 인간이 디지털 기술의 지배력에 반대하기란 쉽지 않다. 집착이든 습관이든, 우리는 기계에게 편리하거나 기계를 흉내 내는 방식으로 행동하기 시작했고,

세상을 그리고 궁극적으로는 우리 자신을 기계의 이미지 속에 다시 만드는 중이다.

자율주행차 제조사들은 정부에 도시의 도로와 신호 체계를 로봇 자동차의 내비게이션 및 센서 시스템과 더 잘 호환되도록 만들라고 권유한다. 앞으로 도로와 보도 그리고 아마도 공중을 우리와 공유하게 될 로봇에 맞춰 변화시키는 셈이다. 이런 조치가 그 자체로 나쁠 것은 없다. 그러나 역사에 비춰 본다면, 새로운 기술(예컨대 자동차)에 맞춰 물리적 세상을 바꾸는 일은 해당 기술과 함께 살아가는 사람들보다는 그 기술을 판매하는 기업에게 더 도움이 된다. 고속도로는 이웃을 갈라놓는다. 특히나 그 도로가 인종 분리와 계급 분리를 더욱 강화한다면 말이다.[13] 횡단보도와 교통신호에 적응하지 못하는 사람들에게는 '무단횡단자'라는 꼬리표가 붙고, 그들은 광고 등에서 조롱의 대상이 된다.

오늘날 우리는 운영을 맡고 있는 디지털 기기에게 더 편리한 물리적, 사회적, 미디어적 환경을 만드는 과정에 있다. 그리고 종종 그 과정에서 진짜 사람들에게 미칠 영향은 무시되기도 한다. 휴대전화나 와이파이가 건강에 끼치는 영향에 관한 연구 결과들[14]은 나오는 족족 묻히거나 무시되며, 학교나 자치단체는 이제 되돌릴 수 없을 만큼 무선 네트워크와 스마트 보드, 기타 컴퓨터 기반 학습에 더 크게 투자하고 있다.

디지털 가치에 대한 본인들의 헌신을 예찬하기라도 하듯이, 일부 학교에서는 교장선생님이 선생님들에게 온종일 소셜 미디어에 글을 게시하라고 권장하기도 한다.[15] 이제 교육은 그저 피드의 재료이고, 인터넷에 학교를 홍보하기 위한 보조물일 뿐이다. 수업의 가치는 얼마나 많은 사진을 찍고 게시할 수 있느냐에 따라 좌우된다. 그리고 선생님들은 이들 플랫폼이 유도하려고 하는 중독 행동을 학생들에게 보여 주는 거울이 된다.

한 문화의 미학조차 결국에는 해당 문화를 지배하는 기술이 제안하는 미의 기준에 맞춰진다. 디지털 기술은 음악을 MP3 알고리즘으로 축소시켜 음악의 본질이 아닌 소리라는 개념만을 전달하게 만들었다. 디지털 환경은 가수들을 기계가 음정을 자동으로 보정하는 상품으로 전락시켰다. 음반 녹음실과 (이름도 딱 맞게 지은) '제어실'이 생긴 이래, 음악은 시장이 꽉 잡고 있다. 오늘날에는 새로운 기술 덕분에 그런 역학 관계가 더욱더 심화됐다. 유리 뒤의 프로듀서가 믹싱 콘솔과 가수를 책임진다. 가수는 디지털로 분리된 트랙으로 좌천됐다. 서로 '고립'된 가수들은 라이브 단체 공연에서 생기는 동지애나 라포르를 상실한 채, 컴퓨터가 만들어 낸 메트로놈처럼 정확한 비트에 싱크를 맞춘다. 눈곱만큼이라도 박자가 어긋나면 레코딩 기술의 자동조정 기능이 그 즉시 완벽한 박자로 되돌려 놓는다. 그러면 '더 좋은' 소리가 난다. 적어도 음정과 박자는 분명 더 정확하다. 하지만 대체 완벽한 음정과 박자가 무엇일까? 정해진 주파수에 수학적으로 가장 근접하는 것일까? 바이올린을 조금만 연주할 줄 아는 사람이라면 E플랫과 D샵이 비록 같은 음처럼 보일지라도, 실제로는 노래의 키와 주변음에 따라 미묘하게 다르다는 사실을 알 것이다. 같은 음이라도 연주자가 다르면 맥락에 따라 다르게 해석할 수도 있다. 예컨대 연주할 때 힘든 것을 일부러 강조하기 위해 해당 음을 향해 미끄러져 올라갈 수도 있고, 확신이 줄어든 사람처럼 해당 음을 낸 후에 미끄러져 내려올 수도 있다.

음악가들은 또한 노래의 정확한 박자와는 아주 조금씩 차이가 나는 연주를 하기 때문에 수많은 효과가 만들어진다. 그리고 어쩌면 그게 음악과 인생에 대한 그들의 접근법을 진실하게 표현하는 것일 수도 있다. 비틀스의 드러머 링고 스타의 연주는 박자보다 아주 약간 처지는 것으로 유명했다.[16] 마치 게으름을 표현하거나 아니면 계단에서 굴러 떨어지는 것 같은 느낌을 주려고 한 것처럼 말이다. 링고 스타의 시간 지체 연주법에서는 인간미가 느껴졌다. 하지만 만약 인간도 컴퓨터만큼 '훌륭하게' 소리 내야 한다는 편견을 가진 프로듀싱 기술이 개입됐다면 그의 연주를 즉시 교정해 버렸을 것이다.[17]

지금의 메카노모피즘 문화는 인간의 독특함이 반영된 것은 무엇이든 지워 버리는 디지털 미학을 적극 수용하고 있다. 목소리나 억양에 조금이라도 특이한 점(꺼칠꺼칠함, 흔들림, 공기, 음조 변화)이 있으면 '결함'이라고 재해석한다. 디지털 미학은 완벽한 정확성을 추구한다. 인체가 실제로 음악을 연주하는 정도의 정확성이 아니라 점수를 표시할 때 사용하는 수학적인 정확성 말이다. 우리는 그런 표기가 음악의 근사치에 불과하다는 사실, 인간의 감정 표현을 기록하기 위해 어쩔 수 없이 사용한 방법이자 다른 사람이 재현할 수 있게 사용한 기교, 즉 상징체계에 불과하다는 사실을 망각한다.

인간의 연주가 지각 차원에서 그리고 무의식의 차원에서 사람들을 서로 이어주는 하나의 방법이 아니라, 데이터의 순수성을 방해하는 장애물로 인식된다면, 그것은 전경과 배경이 역전된 것이다. 인간이나 인간의 기구가 만들어 낸 노이즈를 자율성의 표현으로 보지 않고 조작이 필요한 샘플로 보고 있기 때문이다. 디지털 프로세싱이나 디지털 노동을 통해 추출과 재포장을 거쳐야 할 원재료 말이다.

인간의 해석은 더 이상 중요하지 않고, 우리가 참여했다는 흔적은 모두 삭제된다. 그럴 바엔 우리가 차라리 기계라면 좋을 것이다.

제약 없는 디지털 환경에서 최고 이상理想은 인간성을 완전히 초월하는 것이다. 너무나 당연한 논리다. 만약 인간성이 순전히 기계적인 것이라면, 그래서 데이터 처리라는 언어로 모두 다 설명할 수 있다면 그 데이터 처리를 인간이 하든 컴퓨터가 하든 무슨 차이가 있을까?

트랜스휴머니즘transhumanism을 주장하는 사람들은 인간의 생물학적 상태를 초월하거나 아니면 최소한 향상시킬 수 있기를 바란다. 그중에는 기술을 이용해 영원히 살기를 바라는 사람도 있고, 능력을 개선하려는 사람도 있고, 신체를 빠져나와 인간의 의식이 머물 더 좋은 집을 찾으려는 사람들도 있다. 메카노모피즘과 트랜스휴머니즘의 주장을 따라가 보면, 사람도 기계처럼 업그레이드할 수 있다는 생각이 자리하고 있다. 트랜스휴머니스트들은 우리가 생각하는 생물학과 기술의 경계를 흐릿하게 만듦으로써 결국 우리가 실리콘 칩 위에서의 삶으로 옮겨 가는 과정이 수월해지기를 바라고 있다.[18]

디지털 기술의 지지자들의 주장처럼 트랜스휴머니스트들이 말하는 존재 상태로 이행하는 길은 이미 시작됐다. 치과 보철이나 보청기, 인공 심장 같은 것들은 모두 인간의 능력을 기술의 힘으로 확장한 것으로, '인간'이라는 말의 의미를 바꿔 놓았다. 콘택트 렌즈를 반인간적이라고 할 수 있을까? 당연히 아닐 것이다. 그렇다면 새로운 언어를 말하게 도와주는 뇌 임플란트brain implant•는 왜 비웃는가? 인간의 의식을 복제해서 서버에 업로드해 주겠다는 제안을 왜 거절하는가?

인간성을 불멸과 맞바꾸겠다니 상당히 그럴듯한 주장이다. 조금씩 조금씩, 어쩌면 단번에 우리는 트랜스휴머니스트들이 진화의 다음 단계라고 부르는 존재가 될지도 모른다. 사람과 기계의 잡종 내지는 완전히 디지털 상태인 종種으로 말이다. 하지만 그러려면 우리는 서서히 우리의 인간다움을 기계적으로 이해해야 한다.

아이러니하게도 트랜스휴머니즘은 미래를 품자는 것이 아니라, 인간의 경험을 현재에 고정시키자는 생각에 가깝다. 의료나 생명 연장과 같은 개입은 지금 이 시점에 살아 있는 사람을 보존할 생각만 하기 때문이다. 인체 냉동보존술은 지금 상태 그대로 인간을 얼려서 미래에 소생시키려고 한다. 인간의 생각을 서버에 업로드하는 것은 인간의 뇌 혹은 완벽한 복제품을 좀 더 오래 보존될 물질에 그대로 옮겨 놓는 것에 불과하다.

•   뇌에 전극을 이식해서 뇌 기능을 보조하는 기술.

어찌 보면 트랜스휴머니즘은 자연의 당연한 변화를 거스르는 반응일 수 있다. 영생할 수 없는 인간의 반항심이 담긴 주장 말이다. 생명의 순환 주기를 배움이나 내려놓음의 기획로 보는 것이 아니라, 무시하거나 극복해야 할 불편으로 여기는 것이다.[19]

우리는 우리가 저지른 일의 결과를 감당할 필요가 없다. 왜냐하면 그 일을 대신해 줄 애플리케이션이 있기 때문이다.

044

트랜스휴머니스트들이 말하는 그런 '자기 개선'을 인정하려면, 우리가 누구이고 어떤 존재인지에 대해 다음과 같은 생각을 모순 없이 온전히 받아들일 수 있어야 한다. '우리의 모든 능력은 개선될 수 있고, 우리의 모든 부분은 대체될 수 있다. 우리는 업그레이드될 수 있다.'

대신에 우리를 인간답게 만들어 주는 기괴한 면들은 우리의 생산성과 발전을 방해하는 '결함'으로 해석된다. 휴머니스트들처럼 그런 결함을 폭넓게 끌어안는 것은, 트랜스휴머니스트들에게는 일종의 '향수鄕愁'일 뿐이다. 그것은 우리의 야만적 과거를 더 순수했던 상태로 잘못 해석하는, 위험하리만치 낭만적인 생각에 불과하다. 자연과 생물학은 받아들여야 할 미스터리가 아니라 초월해야 할 한계다.

이렇게 트랜스휴머니스트의 사고방식이 실제로 주도권을 잡아가고 있다. 우리가 디지털 기술을 점점 더 가까이 들이는 것만 봐도 알 수 있다. 스크린은 이제 거의 눈에까지 쳐들어올 기세다. 텔레비전에서 컴퓨터 모니터로, 전화기 화면으로 옮겨가더니 스마트 워치, VR 고글이 나왔고, 망막에 이미지를 투사해 주는 손톱만 한 발광 다이오드LED도 모자라 시신경과 직접 소통하는 신경 이식까지 등장했다.

인간과 기계가 한 단계씩 가까워질수록 해상도는 향상되고, 측정 가능한 갖가지 지표와 함께 우리의 '유용성'도 개선된다. 건강 증진이나 생명 연장이라는 미명하에 우리의 심장 박동 수와 걸음걸이 수를 재고 있는 손목밴드가 권하는 사고방식이 바로 이런 것이다. 건강, 행복, 인간성 자체도 모두 데이터로 축약될 수 있고 최적화가 가능하다는 사고방식 말이다.

우리는 그냥 숫자에 불과하다. 오죽하면 '수치화된 자아quantified self•'라고 불릴까.

• 원래는 스마트 기기를 이용해 적극적으로 자기 건강을 챙기자는 뜻으로 흔히 '자가 측정'으로 옮긴다.

코드로 축약되어 파일 형태로 저장될 수 있는 음악 레코딩과 마찬가지로, 수치화된 인간 역시 비트bit로 축약되고 무한히 복제되어 클라우드에 업로드되거나 로봇에 인스톨될 수 있다. 하지만 우리가 팔로follow하기로 선택한 지표만이 그곳에 기록되고 옮겨진다. 우리가 중시하지 않고 심지어 알지도 못하는 지표는 새로운 모형에서는 버려진다.

수명 연장, 초인적 인지력, 뛰어난 전투력 등은 모두 대단한 희망처럼 들린다. 하지만 뒤에 남겨지는 것들은 무엇이고, 지금 표현되고 있는 것은 과연 누구의 가치관이며(혹은 누구의 가치관은 아니며), 이런 선택이 우리가 속한 더 큰 시스템을 어떻게 바꾸어 놓을지 생각해 본다면, 시선이 달라질 것이다. 생명을 구하는 항생제가 다른 한편으로는 세균에 내성을 만들고 집단 전체의 면역 체계를 약화시키는 것처럼, 혹은 스테로이드제가 단기 성과는 향상시켜도 장기적 건강을 위협하는 것처럼, 얻는 게 있으면 잃는 것도 있기 마련이다. 우리 혹은 '개선'을 팔고 있는 기업들은 인간성의 어느 부분을 향상시키고 어느 부분을 억제하거나 무시할지 적극적으로 골라내는 중이다. 개인의 두뇌 능력을 증폭시키는 과정에서 우리는 무심결에 남들과 교감하는 능력의 일부를 불구로 만들고 있는지도 모른다. 유기체로서 공명을 일으키는 능력을 상실할지도 모른다. 민족적 다양성, 젠더 유동성, 성적 지향, 체형은 또 어떤가? 시장이 관심을 갖지 않는 인간의 특성들은 분명 버려질 것이다.

우리처럼 계몽되었다고 말하는 문명에도 과연 그런 일이 벌어질 수 있을까? 우리가 지나온 길을 보면 분명 그럴 것으로 보인다.

인터넷은 사회적, 지적으로 엄청난 잠재력을 가지고 있었으나 시장의 단기적 우선순위 앞에 무릎을 꿇었다. 인간 중심이었던 매체는 조작과 감시와 추출을 위한 플랫폼으로 변질됐다. 우리가 인간을 '향상'시켜야 할 유기체로 볼수록, 우리는 모든 사람에게 똑같은 시장 논리를 적용할 것이다. 즉, 다른 것들을 희생시켜 우리의 '유용성'만을 확장할 가능성이 크다. 생명 연장은 소비자로서 우리에게 주어진 시간을 연장시키기 위해 시장이 마지막으로 시도해 볼 수 있는 수단이다. 그 몇 년을 더 살기 위해서라면 이 소비자들은 무엇이든 기꺼이 지불할 테니 말이다.

만약 디지털 이식이 광고하는 것처럼 정말로 효과가 있다면 우리 중에도 많은 이들이 그것을 받아들일 게 분명하다. 아무런 통증도, 부작용도 없이 나를 개선할 수 있다면 그것을 원하지 않는 사람이 누가 있을까? 언제 죽을지 혹은 아예 죽지 않을지 선택할 수 있다면? 게다가 전차와 안경에서 엘리베이터와 컴퓨터까지, 끝없이 바뀌는 경제에 참여하려면 기술에 대한 어느 정도의 묵인은 필요한 것 아닌가?

그러나 기술에 투자할 때는 조건이 따른다. 여태껏 늘 그랬듯이 이 거래는 공정한 거래가 아니다. 기업들은 사용자 계약의 내용을 바꾼다. 프린터는 손해 보고 팔아 놓고, 잉크 카트리지에 바가지를 씌운다.[20] 지금 생활에 도입하고 있는 기술들은 우리를 '항시적' 고객으로 만든다. 우리는 구매자가 아니라 구독자에 가깝다. 내가 샀지만, 한 번도 정말로 내 것이거나 내가 온전히 통제한 적은 없다. 컴퓨터의 운영체제를 업그레이드하면 하드웨어가 구식이 되어 버려 장비를 새로 사야 한다. 내 머릿속에 들어간 그 칩과 그것을 둘러싼 신경들 역시 순식간에 구식이 되지 않을까?

기술이 다소 위험해 보이는 것도 사실이지만, 그런 기술을 갖고서라도 우리 자신을 개선하고 싶어 한다는 사실 자체가 잘못된 것은 아니다. 중요한 것은 우리 자신에게 무슨 짓을 할지, 기계가 혹은 그 기계를 만드는 시장이 결정할 것이 아니라, 인간이 스스로 결정을 내려야 한다는 점이다.

7장

경제논리

성장에 집착하는 자본주의

기술이 스스로 기술을 추진하고 있는 것은 아니다.[1] 기술 자체는 아무것도 '원하지' 않는다. 오히려 시장이 원하는 것을 기술을 통해 표현한다고 해야 맞다. 종종 개발자 자신도 인식하지 못하는, 다양한 컴퓨터 인터페이스와 플랫폼 아래에 있는 운영 체제처럼 말이다.

이 운영 체제를 사람들은 '자본주의'라고 부른다. 자본주의는 다른 어느 기술 못지않게, 우리 사회 내부에 반인간적 어젠다를 추진 중이다.

상거래 자체가 문제는 아니다. 사람이든 기업이든 모두가 번영하는 방식으로 거래하는 것도 가능하다. 문제는 지금과 같은 방식의 자본주의다. 이 자본주의는 시장에서 경제적 가치를 뽑아내 멀찍이 떨어진 곳의 주주들에게 보낸다. 이런 식의 자본주의는 상거래의 적敵이다. 자본가들이 만든 운영 체제의 목적 자체가 번영이 널리 확산되지 못하게 막는 것이다.

지금 우리가 자본주의 하면 떠올리는 것은 경제가 한창 유기적으로 성장하고 있던 중세 말에 탄생했다. 십자군 전쟁에 동원되었던 병사들이 새로운 교역로를 개척하고 이국의 혁신적 문물을 갖고 고향으로 돌아온 직후였다. 그들이 가져온 혁신적 문물 중 하나가 바로 무어인들이 시상에서 쓰던 '시장 화폐'라는 개념이었다.

그때까지 유럽의 시장은 대부분 물물교환으로 운영되고 있었다. 영국의 플로린 같은 금화는 너무 드물고 귀해서 빵을 사는 데 쓸 수는 없었다. 금을 가진 사람은 누구나(대부분 소작농은 아니었다) 그것을 비축해 두었다.

시장 화폐는 일반인들이 서로 물건을 사고팔게 해 주었다. 시장 화폐는 마치 포커 게임을 시작할 때 칩을 나눠 주는 것처럼 아침에 발행해서 교역이 끝날 때 현금으로 바꾸기도 했다. 화폐는 단위별로 빵 한 덩어리나 양배추 하나를 뜻하기도 했는데, 그런 물건을 파는 사람이 쿠폰처럼 사용하면 그날의 거래에 마중물 역할을 했다. 말하자면 빵 가게 주인은 일찍 나가서 빵 한 덩어리에 해당하는 쿠폰들을 가지고 필요한 것들을 산다. 그 쿠폰이 돌고 돌아 다시 빵 가게 주인에게 돌아오면 그는 쿠폰을 빵으로 바꿔 주었다.

무어인들은 곡물 영수증이라는 것도 발명했다. 농부는 곡물 100파운드를 곡물상에 가져와 영수증을 받아간다. 이 영수증에는 10파운드 단위로 구멍이 뚫려 있어서 농부는 일부를 찢어 그것으로 자신이 필요한 것을 살 수 있었다. 흥미로운 것은 이런 형태의 돈이 시간이 지나면 가치를 상실했다는 점이다. 곡물상은 대가를 받아야 하는데 일부 곡물은 상해서 버려야 했다. 그래서 이 돈은 다들 빨리 사용하려고 했다. 다음 달이면 가치가 떨어질 돈을 들고 있을 사람이 누가 있을까?

이 경제는 자본을 축적하는 것이 아니라 시장에서 돈이 빠르게 회전되게끔 설계된 경제였다. 부의 분배가 아주 원활했기 때문에 많은 소작농들이 새로운 중산층 상인으로 올라설 수 있었다. 그들은 더 이상 누구 밑에서 일하지 않았고, 일하는 날수도 줄었으며, 이윤은 더 많아졌고, 이전보다 그리고 먼 후대 사람들보다 더 건강해졌다.[2]

귀족들은 이렇게 평등한 전개가 마음에 들지 않았다. 소작농들이 자급자족하게 되면서 영주들은 소작농으로부터 경제적 가치를 뽑아낼 수 없었다. 부유한 영주들 집안은 수백 년간 한 번도 경제적 가치를 창출해 본 적이 없었다. 그러니 본인들의 몰락과 부의 물결이 밀려오는 것을 막으려면 사업의 규칙을 바꾸는 수밖에 없었다.

그들이 생각해 낸 획기적 아이디어는 크게 두 가지였다.[3] 첫째는 독점 허가였다. 누구든지 왕으로부터 공식 인가를 받지 않고 사업을 하면 불법이 됐다. 이 말은 곧 왕이 선별한 구두공이나 포도주상이 아니라면 사업을 그만두고 인가를 받은 누군가의 고용인이 되어야 한다는 뜻이었다.

미국의 독립혁명은 주로 영국의 동인도회사기 장악하고 있던 그런 독점권에 대한 대응이었다. 식민지 주민들이 면화를 재배하는 것은 자유였으나 그것으로 직물을 짜거나 동인도회사(착취 수준의 가격을 매겼다)가 아닌 곳에 내다 파는 것은 금지되었다. 동인도회사는 식민지 주민들에게 싼값으로 사들인 이 면화를 영국으로 가져가 직물로 만든 다음, 다시 미국으로 싣고 와서 그들에게 팔았다. 이런 독점 허가는 현대적 기업의 조상으로, 일부 기업이 시장을 장악해 수익을 독점하고 막강한 권한을 가지는 것은 지금도 그대로다.

또 하나의 획기적 아이디어는 중앙 화폐였다. 시장 화폐는 불법이 됐고, 그것을 썼다가는 사형을 당할 수도 있었다. 거래를 하고 싶은 사람은 이자를 주고 중앙 금고에서 돈을 빌려야 했다. 이렇게 하면 돈을 갖고 있던 귀족들은 돈을 빌려주는 것만으로 돈벌이를 할 수 있었다. 재화의 교역을 촉진하는 도구였던 돈이 상업으로부터 경제적 가치를 착취하는 수단이 된 것이다. 지역 시장은 붕괴됐다.

계속해서 돈을 빌린 사람은 인가를 받은 대형 독점 회사들뿐이었다. 물론 자신들이 빌린 돈보다 더 많은 돈을 갚으려면 어디선가 추가 자금을 확보해야 했다. 이 말은 곧 경제가 성장해야 한다는 뜻이었다. 그래서 인가를 받은 회사들은 신대륙을 정벌하러 나섰고, 신대륙의 자원을 착취하고 그곳 사람들을 노예로 만들어 노동력을 착취했다.

회사들의 이런 성장 의무는 오늘날까지도 남아 있다. 기업이 투자자에게 빌린 돈을 갚으려면 반드시 성장해야 한다. 회사는 중앙 화폐의 운영 체계가 계속해서 경제적 가치를 뽑아내기 위해 사용하는 통로에 불과하다. 기업이 성장할 때마다 사람과 자원이 있는 진짜 세상으로부터 자본을 독점한 자들에게로 더 많은 돈과 가치가 전달된다. 그래서 이름이 '자본주의'인 것이다.

046
—

중앙 화폐를 우리 경제의 '운영 체계'라고 한다면 기업들은 그 위에서 돌아가는 소프트웨어다. 기업들이야말로 자본주의의 진정한 '주민'이다. 그렇기 때문에 이런 환경에서 우리 인간보다 기업들이 더 편안함을 느끼는 것이다. 지금까지 우리가 목격한 가장 극적인 전경과 배경의 역전 사례는 아마도 법원이 인격과 재산에서부터 언론의 자유와 종교적 신념에 이르기까지 인간의 권리를 부여한 기업들이 재판에서 승소한 판결 사례일 것이다. 반면에 인간들은 이제 기업과 같은 식으로 자신의 브랜드를 만들려고 분투 중이다.[4]

그러나 기업은 사람이 아니다. 기업은 추상화된 존재로서, 부채 기반 경제의 수요에 맞춰 무한대로 확장될 수 있다. 사람은 아무리 열심히 일하고 많이 소비해도 한계가 있다. 우리는 여전히 유기적 세상의 일부고 자연의 법칙에 구애된다. 기업에는 그런 한계가 없다는 점이, 기업들이 개발하고 그 속에서 살고 있는 디지털 기술과 놀랄 만큼 유사하다.

정치경제학을 개척했던 철학자 애덤 스미스는 기업, 특히 대형 기업의 추상적 속성을 아주 잘 알고 있었다. 그래서 큰 기업들이 시장을 파괴하지 않으려면 규제가 필요할 거라고 강조했다. 그는 생산의 3요소가 있다면서 세 가지 모두 똑같이 중요하다고 했다. 먼저 우리가 작물을 재배하거나 자원을 채취하는 땅이 있다. 다음으로 땅을 갈고 재화를 제조하는 노동이 있다. 마지막으로 돈을 투자하든, 도구나 기계를 구입하든 자본이 필요하다. 그는 성장 기반의 추상적 경제에서는 우선순위에서 자본이 나머지 둘, 즉 노동과 돈을 금세 앞지르면서 대형 기업이 지방의 조그만 업체들보다 유리해질 거라고 보았다. 정작 실물 경제에 연료를 공급하는 것은 이들 작은 지역 사업체들인데 말이다.

고정되어 있는 땅이나 인간과는 달리, 자본은 계속해서 성장할 수 있고 또 그래야만 한다. 성장 기반의 경제는 더 많은 돈을 필요로 하기 때문이다. 자본은 계속해서 자기 자신을 쥐어짜며 이런 기적과도 같은 성장을 이루어 낸다. 주식 가치가 상승할 때까지 석 달을 기다리기 싫은 투자자는 미래의 주식을 지금 구매하기 위해 파생상품(추상화)을 이용한다. 그걸로도 시간을 충분히 단축하지 못했다면 '파생상품의 파생상품'을 구매할 수도 있다. 그런 식으로 계속 이어진다. 오늘날에는 파생상품 거래가 실제 주식 거래를 훨씬 앞지르고 있다. 2013년에는 뉴욕증권거래소가 뉴욕파생상품거래소에 인수됐을 정도다.[5] 그 자체도 재화와 서비스의 실물 시장의 파생물인 주식거래소가 자신의 파생물에 인수된 것이다.

현실 세계의 더 많은 부분이 자본 논리에 귀속되면서 우리가 의존하는 물건도, 사람도, 장소도 '자산'이 됐다. 주택은 이제 사람들이 구매할 수 없을 만큼 비싸졌다. 국부펀드를 비롯해 사람이 아닌 것들이 투자하고 있기 때문이다. 실제로 주택을 구매한 사람도 얼마 못 가 자신이 그저 대출업계에 실탄만 제공하고 있음을 깨닫게 된다. 그러면 그 대출은 다시 묶여서 더 추상화된 또 하나의 자산이 된다.

사람들은 기껏해야 착취할 자산에 불과하고, 심하면 부담스러운 '비용'이 된다. 모든 것은 자본에 최적화된다. 더 이상 소비할 세상이 남지 않을 때까지 말이다.

0 4 7

정복할 새로운 영토가 있고, 가져올 자원이 있고, 착취할 사람이 있었을 때는 성장이 어렵지 않았다. 그런 사람과 장소들이 반발하기 시작하자 디지털 기술이 구원자로 나서서 자본이 확장할 수 있는 가상의 영토를 제공했다.[6] 안타깝게도 인터넷은 거의 무한에 가깝게 확장할 수 있는 반면, 실제 가치를 창출하는 인간의 시간과 관심은 한정되어 있다.

디지털 기업은 착취의 성격을 가진, 그 선조들과 똑같은 방식으로 작동한다. 대형 상점은 동네에 들어가 동네 가게들을 약화하고 결국에는 그 지역 단독 상점이자 고용주가 된다. 그렇게 해서 그 지역을 독점하고 나면, 이제 가격은 올리면서도 임금은 낮출 수 있고, 노동자는 파트타임으로 지위를 낮추고, 건강보험 비용과 저소득자 지원금은 정부에게 떠넘길 수 있다. 이 업체가 지역 사회에 끼친 효과를 따져 보면 착취적이다. 동네는 더 부유해지는 것이 아니라 가난해진다. 해당 업체는 지역 경제(그 지역의 땅과 노동)에서 돈을 털어 주주에게 전달한다.

디지털 기업도 마찬가지다. 다만 속도는 더 빠르다. 디지털 기업은 택시업계나 출판업계처럼 비효율적으로 운영되고 있는 업계를 골라서 이전 참여자의 대부분을 잘라내고 시스템을 최적화한다. 그렇게 택시업계의 시스템을 최적화한 택시 서비스 플랫폼은 한 번 이용할 때마다 운전자와 승객 양쪽 모두에게 수수료를 부과하고, 자동차나 도로, 교통 등에 들어가는 비용은 모두 다른 주체에게 떠넘긴다. 도서 판매 웹사이트는 저자나 출판사가 지속 가능한 수입을 올리는지는 신경 쓰지 않는다. 그저 단독 구매자 혹은 수요 독점자로서의 힘을 이용해 양측 모두가 더 적은 노동 대가를 받아들이도록 강요한다. 그러고 나면 이 최초의 독점사업은 소매업, 영화, 클라우드 서비스 같은 다른 업종으로까지 확대될 수 있다.

이런 업체들은 결국 처음에 그들이 의존했던 시장 자체를 파괴해 버린다. 대형 상점은 이렇게 하고 나면 지역 하나를 마감하고 다른 지역에서 똑같은 작업을 다시 시작한다. 디지털 업체가 이렇게 할 때는 처음 시장에서 다음 시장으로 분야를 확장한다. 예를 들면 책 시장에서 장난감 시장으로, 다시 모든 소매업으로 확장하거나, 승차 공유 서비스에서 음식 배달 서비스로, 자율 자동차로 확장하는 식이다. 그 과정에서 해당 업체의 실제 상품의 가치는 상승하고, 주가도 함께 올라간다.

주주의 관점에서 이 모형이 가진 문제점은, 결국에는 더 이상 효과가 없는 때가 온다는 점이다. 디지털 플랫폼이 부양 효과에도 불구하고 지난 75년간 기업들의 총자산 대비 이익률은 꾸준히 감소해 왔다.[7] 지금도 기업들은 시스템에서 돈을 몽땅 다 빨아들이는 데는 아주 능하지만, 그렇게 빨아들인 자산을 효율적으로 사용하는 데는 형편없는 솜씨를 발휘한다. 기업의 덩치는 커지지만 이익은 계속 감소하고 있다. 기업들은 쓰지 않는 돈을 그냥 깔고 앉아 있다. 그리고 시스템으로부터 현금을 너무나 많이 빼내가서 중앙은행은 돈을 더 많이 찍어 내라는 압력을 받는다. 그렇게 새로 찍어 낸 돈은 은행에 투자되고, 은행은 그 돈을 기업에 빌려주고, 이러한 전체 순환이 다시 반복된다.

디지털 사업은 실물 자산을 주주 가치라는 추상화된 형태로 바꿔 놓는 소프트웨어에 불과하다. 벤처 캐피털리스트들은 여전히 자신들이 하키 스틱 모양의 성장 궤도를 그릴 다음번 유니콘에 투자했다가 망하기 전에 빠져나올 수 있을 거라는 희망을 품고 있다. 이런 사업은 스스로를 유지할 수 없다. 왜냐하면 결국에가면 성장 곡선이 납작해질 것이기 때문이다.

기술 예찬론자들은 새로운 혁신이 신시장과 신성장을 계속해서 만들어 낼 거라는 '신화'에 희망을 건다. 역사 내내 이 점은 사실이었다. 어찌 보면 그랬다. 농경이 정체기에 접어들었을 때 마침 증기기관이 발명됐다. 소비지상주의가 교착상태에 빠졌을 때 텔레비전이 나타나 새로운 수요를 창출했다. 웹 소매업의 성장이 느려지자 데이터 마이닝이 나타났다. 상품으로서의 데이터가 정체기에 접어든 것으로 보이자, 학습을 위한 대규모 데이터 공급을 필요로 하는 인공지능이 나타났다.

그러나 성장을 부추기고 가속화하기 위해서는 스마트폰, 로봇, 드론처럼 패러다임을 깨는 새로운 발명품이 계속해서 나타나야 한다. 그것도 점점 더 빨리 말이다. 그런 것은 가능하지 않다. 우리는 기저에 있는 운영 체계가 요구하는 성장 속도에 맞추려면 문명을 바꿔 놓을 만한 대형 혁신이 매달 어쩌면 매주 나타나야 하는 시대에 빠르게 접근 중이다. 그러나 자연 상태에서는 계속해서 빠르게 성장할 수 없다. '암癌'이 아니고서는 말이다. 그리고 암조차도 숙주가 죽고 나면 성장을 멈춘다.

048

디지털 경제는 번영을 널리 확산시키는 것이 아니라, 전통적 자본주의의 가장 착취적인 측면을 증폭시켰다. 연결성은 참여의 열쇠

155

일 수도 있지만, 사람들이 아직 갖고 있는, 얼마 되지도 않는 가치까지 기업들이 모조리 뽑아낼 수 있게 도와주는 측면도 있다. 디지털 경세는 P2P 시장을 복원히는 대신 부의 분배를 악화할 뿐만 아니라 그런 효과를 완화해 줄 '상호 부조'라는 사회적 본능까지 마비시킨다.

디지털 플랫폼은 승자와 패자를 결정짓는 지수함수적 역학 구조를 증폭시킨다. 디지털 음악 플랫폼이 이전보다 훨씬 더 많은 음악가가 자신의 음악을 판매할 수 있는 공간을 창출한 것은 사실이다. 그러나 이들 플랫폼의 구성 방식과 추천 엔진 때문에 지금 그들이 홍보하는 음악가의 수를 따져 보면, 이전에 음반 가게와 FM 라디오 등 다양성을 갖춘 생태계에서 홍보하던 시절보다 오히려 판매되는 음악의 수는 줄어들었다. 사람들이 재생하는 음악은 한두 명의 슈퍼스타뿐이고 나머지 모든 음악가들은 거의 아무것도 팔지 못하고 있다.[8]

이 점은 어디를 보나 마찬가지다. 인터넷 덕분에 온갖 종류의 예술가나 사업체가 접근성을 얻기도 했지만, 그들이 버는 돈은 그 어느 때보다 줄어들었다. 주식 시장에서도 같은 현상이 벌어지고 있다. 엄청난 속도의 거래 알고리즘 덕분에 일부 주식에는 유례없는 모멘텀이 만들어지고 초대형 디지털 기업에는 엄청난 잉여 자본이 생겼으나, 경쟁자가 될 수도 있었던 다른 기업들은 급

작스러운 몰락을 겪기도 한다. 한편 착취적 플랫폼에 자동화가 결합되면 아직도 밥벌이를 위해 일해야 하는 사람들은 하나같이 불리한 입장에 놓인다. 긱 경제gig economy*에서는 평생 직장이 임시직으로 바뀌기 때문이다.

아무런 방해를 받지 않고 자체 강화 성향을 갖고 있는 이런 순환 고리는 '승자 독식'의 무대를 만든다. 그렇게 되면 고통받는 것은 중산층, 중소 사업자, 지속 가능한 형태의 시장 참가자 들이다. 이 무대에서 살아남을 수 있는 것은 오직 인위적으로 부풀려진 기업들, 그래서 뻥튀기된 주식 가격으로 동종 업계의 뒤처진 회사들을 사들일 수 있는 기업들뿐이다. 규모가 모든 것을 결정한다. 이런 인식 때문에 우리는 수백만 뷰를 달성하거나 '대대적으로' 유명해지거나 성과를 내야만 내 커리어나 내 인생이 의미가 있다고 느끼는 지경이 됐다.

디지털 사업 계획들이 인간에게 맞는 경제를 파괴하는 동안, 디지털 기업들은 우리를 이 혼란에서 끄집어내는 데 필요한 감수성을 훼손한다. 이런 기업을 운영하는 자들 역시 우리와 마찬가지로 그들 기업의 사업에 따른 정신적 희생자일 수밖에 없다. 결국 그들도 좀처럼 출구를 상상해 내지 못한다.

•   그때그때 단기 계약으로 사람들을 채용하는 경제.

좋은 의도를 가지고 있었던 개발자들이 본인의 회사가 일으킨 참사를 알게 되면 기술이 만들어 낸 문제를 다시 기술적 방법으로 해결하려고 할 것이다. 그들은 소셜 미디어 알고리즘이 부의 분배를 악화시키고 혼란을 초래하는 것을 보면 알고리즘이 그런 일을 저지르지 않게 혹은 적어도 그 정도로 심각하게 저지르지는 않게 알고리즘을 여기저기 손보려고 한다.

기술로 모든 걸 해결하려는 사람들은 일부 디지털 기술이 그 자체로 반인간적 행동을 유도하는 성향을 처음부터 내재하고 있을 가능성을 꿈에도 생각지 않는다. (총으로 사람을 죽이지 않을 수도 있다. 하지만 총은 예컨대 '베개'보다는 사람을 죽일 가능성이 더 높다. 두 가지 모두 사람을 죽이는 데 사용될 수 있다고 해도 말이다.) 나아가 개발자들은 여러모로 빠른 기술적 해결책들을 제안하지만, 벤처 투자의 기저에 깔려 있는 여러 규칙이나 그런 투자를 하는 사람들이 지독히 부유한 자들뿐이라는 사실에 대해서는 어떤 의문도 갖지 않는다. 여전히 이익을 낼 수 있는 투자 기회인 것들만 기술적 해결책으로 제안되고, 그렇지 못한 것들은 아예 해결책으로 고려되지도 않는다.

'기본 소득' 같은, 부의 재분배에 관한 유력한 아이디어조차 기술적 해결책 지향자들은 자신의 회사를 계속 이어갈 수단으로 맥락을 바꾸어 버린다. 원칙적으로 가난한 사람들에게 지급하는 역소득세negative income tax˙나 모든 사람에게 최저 소득을 보장하는 방법은 경제학적으로는 일리가 있다. 그러나 실리콘밸리의 최고 경영자들이 이런 아이디어를 지지하는 얘기를 들어 보면, 통상 그 맥락은 착취를 지속하기 위한 것이다. 사람들에게 이제 돈이 다 말라 버렸으니 정부가 돈을 더 찍어 내서 쓸 돈을 마련해 줘야 한다는 식이다.

이런 주장은 인간이 계속해서 소비해야 한다거나 먹고살기에도 부족한 임금을 받기 위해 계속해서 일해야 한다는 생각을 강화한다.

비트코인이나 블록체인 같은 반문화적 해결책도 그 정신을 파고들면 역시나 기술적 해결책이기는 마찬가지다. 블록체인에서는 은행과 같은 중앙 당국이 필요 없고, 대신에 네트워크상의 모든 사람이 컴퓨터 암호화를 통해 자신의 거래를 입증한다. 이렇게 되면 착취적인 금융 기관의 중개는 피할 수 있겠지만, 경제를 더 인간답게 만들거나 디지털 자본주의가 훼손한 신뢰와 단합, 상호 부조 정신을 회복할 수는 없다. 그저 신뢰를 다른 방식으로 대체할 뿐이다. 블록체인 채굴에 들어가는 에너지 비용을 위조 또는

• '부의 소득세' 혹은 '음의 소득세'라고도 한다. 기준 소득에 미달하는 사람에게 정부가 세금을 걷는 게 아니라 보조금을 지급하는 제도.

기타 허위 주장에 맞설 보안 수단에 사용하는 방식 말이다(비트코인 하나를 만드는 데 들어가는 컴퓨터 전력[9]은 평균적인 미국 가정이 2년간 사용하는 전력에 맞먹는다). 이게 과연 우리에게 정말로 필요한 근본적 해결책일까? 더 훌륭한 거래 내역 원장을 만드는 게?

블록체인이 해결해 주는 문제는 '더 빠르고 훌륭한 회계'라고 하는 실무와 관련된 문제다. 그리고 어쩌면 온라인으로 누군가의 신분을 검증하는 절차가 좀 더 쉬워질 수도 있다. 은행업계가 궁극적으로 블록체인을 받아들인 이유도 그것이다. 우리를 더 빨리 찾아내서 우리의 자산을 더 빨리 빼내 가기 위한 것 말이다. 한편 진보주의자들은 사람들이 살아가면서 만들어 내는, 눈에 보이지 않는 가치를 기록하고 보상하는 역할을 블록체인이 할 수 있기를 바라고 있다. 마치 인간의 활동이 온통 거래뿐이어서 죄다 컴퓨터로 계산될 수 있을 것처럼 말이다.

기술이 만들어 낸 문제를 해결하는 방법이 더 많은 기술일 수는 없다는 사실을 알아야 한다.

0 4 9
——

기술업계의 억만장자 중에서 멀리까지 내다보는 몇몇 사람은 늘

'플랜 B'에 투자한다. 그들은 피해를 복구하고 회사를 개혁하거나 사회 계약을 복원하는 게 아니라 인류의 종말에 대비하느라 바쁘다.

1960년대에 회사의 전형적인 최고 경영자는 직원의 평균보다 20배 정도 많은 돈을 벌었다.[10] 요즘 최고 경영자들은 노동자 평균 임금의 271배를 번다. 물론 그들도 임금을 덜 가져가면서 직원들과 공유하고 싶을 것이다. 하지만 그들은 안전하게 자신의 부를 포기하는 방법을 모른다. 토머스 제퍼슨이 언젠가 자신의 노예들을 풀어 주고 싶으나 그들의 보복이 두렵다고 했던 것처럼, 진퇴양난인 셈이다.[11] 하지만 애초에 제퍼슨의 노예들이 그토록 화가 난 이유는 무엇이었을까?

마찬가지로 인간이 가진 불평등에 대한 자각 자체가 다른 인간에게 자비를 베풀기 힘든 이유가 된다. 사람들로 하여금 선의를 베풀게 하는 것은 많은 재산이 아니라, 가진 게 얼마든 공정하게 분배되어 있다는 인식이다.[12]

전 세계 자산의 80퍼센트를 소유하고 있는 초부유층 500개 집안은 지금 당장 혹은 어떠한 재앙이 닥친 후 빈곤층으로 전락한 사람들이 폭동을 일으키지 않을까 걱정된 나머지, 끝도 없이 현금과 토지, 필수품을 축적하고 보안을 더 강화해야 한다고 느끼고 있다.

그들은 미래학자와 기후학자를 고용해서 다양한 시나리오에 대한 전략들을 짠 다음, 벤쿠버와 뉴질랜드, 미니폴리스의 부동산을 사들이고 있다. 이들 시역이 그나마 해수면 상승이나 사회 불안, 테러 공격의 영향을 가장 적게 받을 거라고 예측되기 때문이다. 무법천지가 되어 포위당했을 때를 대비해 거대한 지하 대피소와 첨단 보안 시스템, 실내 수경 재배에 투자하는 사람들도 있다. 억만장자 중에서도 에너지가 차고 넘치는 사람들은 우주항공 및 행성 개척 기술을 개발하느라 바쁘다. 긴급한 상황이 생기면 아직 본인이 착취하지 않은 다른 행성으로 탈출하기 위해서다.

이들 극소수 특권층은 자신들의 사업 활동이 야기한 경제, 사회, 환경 훼손으로부터 스스로를 보호하기 위해 본인의 재산을 얼마나 써야 할지 결정해야 한다. 그럴 때 이용하는 것이 '단절 공식'이다. 실리콘밸리의 초대형 기업들이 새로 짓는 사옥을 보면 기업 본사라기보다는 방어 목적의 요새처럼 보인다. 와글와글한 외부 대중으로부터 자신들을 보호할 수 있게 사유재산인 숲과 정원으로 밖을 둘러치고 건물은 모두 안쪽을 향하는, 작은 봉건 제국 말이다.

이런 곳에다 터무니없는 돈을 쓰는 모습이 투자자들의 생각을 엿보게 해 준다. 저들이, 상황이 나빠졌을 때의 대비책이라고 판단하는 게 과연 무엇인지 말이다. 저들은 문 앞에 좀비가 득실거린다고 생각하고 있는 것이 아니다. 다만 최악의 경우를 대비해 약간의 보험은 들어 두고 싶은 것이다.

물론 단절 공식을 달리 생각해 볼 수도 있다. 더 인간적이고 훌륭한 방식으로 말이다. 나를 세상으로부터 격리하는 데 들어갈 비용이 얼마인지 계산해 보는 대신에, 내가 가진 시간과 에너지, 돈의 얼마를 투자하면 세상이 '애초에 차단할 필요가 없는 곳'이 될지 생각해 보면 된다.

<h1 style="text-align:center">050</h1>

경제가 꼭 전쟁이 될 필요는 없다. 경제가 공유 자산commons이 될 수도 있다.[13] 그러려면 타고난 선의를 회복해야 한다.

공유 자산은 상호 이타주의를 의식하면서 실천하는 것이다. 상호 이타적인 존재는, 사람이든 원숭이든, 남들과 협조하는 자에게는 보상을 주고 남을 저버리는 자에게는 벌을 준다.[14] 공유 자산도 같은 방식으로 움직인다. 호수나 밭이나 통화제도 같은 자원은 공동 자산으로 이해된다. 중세 영국의 목초지는 공유지로 취급됐다. 누구나 멋대로 사용해도 된다는 뜻이 아니라 협상하고 약속을 지켜야 했다. 사람들은 상호 협의된 일정에 따라 가축을 끌고

와 풀을 먹었다. 규칙을 어기면 불이익을 받든, 쫓겨나든, 벌을 받았다.

공유 자산은 승자가 독식하는 경제가 아니라 '모두가 승자'인 경제다. 공동 소유권은 공동의 책임을 일깨우고, 사업 활동에도 장기적 관점을 갖게 해 준다. 그 무엇도 '다른' 참가자에게 떠넘길 수 없다. 왜냐하면 모두가 한 우물을 쓰는 관계기 때문이다.

한 가지 사업 활동이 다른 시장 참가자에게 피해를 준다면 시장의 완전성을 훼손하는 일이 된다. 자본주의의 신화에 도취된 사람들에게는 이게 이해하기 힘든 개념일 수 있다. 그런 사람들은 아직도 경제가 '대변貸邊'과 '차변借邊'의 양쪽 칸으로 이루어진 대차대조표라고 생각하기 때문이다. 돈이 들어온 사람이 있으면 반드시 돈이 빠져나간 사람도 있다. 이렇게 모든 것을 제로섬ze-ro-sum 관계로 생각하는 사고방식은 화폐의 중앙 독점이 낳은 산물이다. 돈을 반드시 어느 사설 금고에서만 빌릴 수 있고 빌린 후에는 이자를 붙여 갚아야 한다면, 그렇게 경쟁적이고 안타까운 희소성 모형도 일리가 있을 것이다. 빌린 것보다 많은 돈을 갚아야 하므로 차액은 다른 누군가로부터 취할 수밖에 없다. 이게 바로 제로섬의 전제다. 하지만 경제가 꼭 그런 식으로 운영될 필요는 없다.

부채 기반의 금융이 가진 이런 파괴력은 중앙 화폐보다 더 오래되었다. 얼마나 오래되었냐면 성경에서 경계하라고 말했을 정도다. 파라오에게 풍년에 곡식을 저장해 두면 흉년에 조금씩 꺼내 쓸 수 있다는 사실을 알려 준 사람은 요셉이었다. 파라오의 고용인이 된 사람들은 결국 파라오의 노예가 됐고, 400년이 흐른 후에야 그들은 포로 상태에서 풀려날 방안과 빚쟁이식 사고방식에서 벗어날 방법을 알아냈다. 탈출 후에도 히브리인들은 사막에서 한 세대를 보낸 후에야 그들에게 쏟아진 양식 '만나'를 쌓아 두지 않고 서로 공유하면서 향후에도 '만나'가 계속 생길 거라고 믿을 수 있었다.

만약 우리가 무언가가 부족한 사람들처럼 행동한다면 실제로 그것이 부족해질 것이다.

0 5 1
———

공유 자산을 옹호하는 사람들은 인간을 경제에 최적화하는 게 아니라 경제를 인간에게 최적화하려 한다.

공유 자산에서 파생된 경제 개념 중 하나가 '분배주의dis-tributism'다.[15] 1800년대에 탄생한 이 사상은 자본주의의 성과를 사후에 높은 세금을 통해 재분배하려고 애쓸 것이 아니라 사전에

165

생산 수단을 노동자들에게 나눠 줘야 한다는 것이다. 다시 말해 가치를 창출할 때 사용하는 도구나 공장을 노동자 집단이 다 함께 소유해야 한다는 말이다. 지금 시각으로 보면 '협동조합'이라고도 부를 수 있는 방식이다. 요즘 사례를 보면 협동조합은 미국의 유명 기업들과도 호각의 경쟁을 펼치고 있다.[16]

똑같은 형태의 구조가 디지털 사업에도 채용되고 있다. '플랫폼 협동조합'은 '플랫폼 독점사업자'인 택시 애플리케이션 밑에서 일하거나 소셜 미디어에 본인의 생활 데이터를 거저 주는 게 아니라, 본인이 사용하는 플랫폼을 참여자들이 직접 소유한다.[17] 택시 애플리케이션은 그리 복잡하지 않다. 데이트, 지도, 신용카드 애플리케이션이 결합한 것에 불과하다. 택시 애플리케이션 측이 매출에서 가장 큰 몫을 가져갈 이유가 없다는 얘기다. 게다가 언젠가 운전자들이 로봇으로 대체된다면 그동안 이 서비스를 연구하고 개발해 온 사람들이 그 회사를 소유하는 것이 마땅할 것이다. 마찬가지로 이용자가 소셜 미디어 플랫폼의 주인이 된다면 참여자들은 자신의 데이터를 공짜로 착취당하는 게 아니라 판매할 수 있게 (혹은 안 팔 수 있게) 될 것이다.

공유 자산에서 나온 또 다른 아이디어 중에 '보충성의 원리'라는 것이 있다. 사업체는 성장 자체를 위해 성장해서는 안 된다. 목적을 달성하는 데 필요한 만큼만 커져야 한다. 사업체는 다음 동네로, 다른 업종으로 사업을 확장할 것이 아니라, 다른 사람이 그 사업 모형을 복제하도록 그냥 두어야 한다. 조의 피자집은 조의 고객들에게만 피자를 판매해야 한다. 옆 동네에 피자집이 필요하다면 조는 자신의 레시피를 공유해서 서맨사가 영업하도록 두면 된다.

이렇게 해도 조는 손해 볼 것이 없다. 특히나 조가 피자 만드는 것을 좋아한다면 말이다. 조는 피자 체인의 관리자가 되는 게 아니라, 여전히 주방에서 본인이 좋아하는 일을 할 수 있다. 서맨사가 개발한 새로운 기술이 조에게 도움이 될 수도 있고, 둘이 연합해서 자원을 공유할 수도 있다. 게다가 피자 사업에 관해 함께 얘기할 사람이 있다는 것은 좋은 일이다. 두 사람에게는 개별 능력이나 경쟁 능력이 아니라, 협동 능력과 공감 능력이 개발될 것이다.

크다고 무조건 다 좋은 것은 아니다. 자연의 산물들은 어느 지점까지 성장하고 나면 성장을 멈춘다. 다 자란 어른이 되고, 숲이 되고, 산호초가 된다. 그게 그들이 죽었다는 뜻은 아니다. 오히려 성년기의 안정성은 그들이 서로를 지원하는 더 큰 네트워크의 일원이 되게 해 줄 것이다.

만약 건물 임차료 상승과 비용 상승 때문에 조가 사업을 더 키워야 한다면 그것은 성장을 요구하고 희소성을 촉진하도록 기

167

저의 경제에 농간이 있었기 때문이다. 우리가 공통된 이해관계가 없다고 생각하게 된 것은 이렇게 일부러 경쟁을 조장하는 여건 때문이다.

0 5 2

자연에서는 그 무엇도 가파른 성장을 지속할 수 없다는 사실을 우리는 잘 알고 있다. 그럼에도 수많은 경제학자나 과학자는 성장 신화를 영속시켜 왔다. 그들은 시장과 기술이 끝없이 가속화된다는 사실을 뒷받침할 증거만 골라서 찾아낸다. 마치 성장 기반의 기업 자본주의가 우리를 인간 진화의 다음 단계로 인도해 주기라도 할 것처럼 말이다.

속도를 좀 늦추자, 생각해 보자, 고민하자고 제안하는 것 혹은 안정적인 이윤과 점진적 진보에 만족하는 것은 문명에 꼭 필요한 가속화의 적이 되는 일이다. 시장 논리에 따르면, 인간이 기계에 개입하는 것은 지금의 혼란에서 벗어나는 데 오히려 방해만 된다. 상황을 이렇게 보는 시각에서는 기업이 비록 착취적인 초토화 전술을 쓰고 있더라도 빈곤이나 질병 같은 가장 큰 문제들을 해결할 수 있는 마지막 희망은 여전히 기업들이다. 특허받은 유전자 변형 종자나 심각해진 살충제의 확산에 의문을 품는 것은 꼭 필요한 진보를 방해하는 일이다. 이런 식의 세계관을 지지하는 사람들은 되돌아가기에는 너무 늦었다고 말한다. 이미 사람은 너무 많고, 피해를 많이 입었으며, 에너지 의존성이 너무 크다고 말한다. 이 혼란을 벗어나는 길은 뚫고 지나가는 것뿐이다. 그들은 시장을 규제하는 것이 그 과정을 둔화해 '보이지 않는 손'이 제 할일을 하는 데 필요한 수준에 이르는 것을 오히려 방해한다고 생각한다.

그들이 입맛대로 짜 맞춘 인류 역사에 따르면, 모든 게 구제 불능으로 끔직해 보일 때마다 사람들은 그때까지 상상하지 못한 새로운 기술을 생각해 냈다. 그들은 1894년의 말똥 위기 사태를 자주 언급한다. 당시 영국과 미국 사람들은 교통수단으로 쓰던 말들이 싼 똥 때문에 곤욕을 치르고 있었다. 그러다 자동차가 등장해[18] 도로에 허리 높이까지 말똥이 쌓이는 일을 피할 수 있었다. 자동차가 우리를 마차가 야기한 문제에서 구해 주었듯이, 새로운 기술 혁신이 나타나 우리를 자동차로부터 구해 줄 것이다.

이런 설명의 문제점은 그게 사실이 아니라는 점이다.[19] 말은 상업용 교통수단으로 채택됐고, 전차에 탄 사람들은 새로 나타난 거슬리는 자동차와 도로를 공유해야 한다는 사실을 못마땅해했다. 사람들이 자동차를 몰게 만드는 데는 50년간의 홍보 활동과 로비, 도시 재계획이 필요했다. 게다가 만약 자동차가 정말로 어느 면에서 도로를 더 깨끗하게 만들었다면, 그건 환경 훼손으로 인한 비용과 석유 내장량 확보를 위한 피비린내 나는 싸움을 남들에게 떠넘겼기 때문이라는 것을 이제는 우리도 알고 있다.

순전히 양적인 측면에서 측정한 사회 진보를 찬양하는 과학자가 너무나 많고, 그중에는 성장에 집착하는 기업들이 자금을 제공한 경우도 많다. 그들은 기대 수명이 늘었다거나 폭력으로 인한 사망자 수가 줄었다는 것을 이유로 우리가 발전했다고 말한다.[20] 물론 그런 것도 그 자체로 훌륭한 발전이지만, 문제는 그런 것들이 현대 자본주의가 저지른 범죄를 은폐하는 수단으로 이용된다는 점이다. 마치 서구의 일부 주민이 평화롭게 살고 있고 수명이 늘어났다고 해서, 그게 서구 모델의 우월함을 증명하거나 성장 추구의 이점을 반박 불가능하게 증명하는 일인 것처럼 거론되듯이 말이다.

그런 주장들은 해당 모델이 변화된 노예제와 유독물질 투기, 지정학적 갈등에 의존해 운영되고 있다는 사실은 결코 인정하지 않는다. 세상의 폭력성이 줄었다(예컨대 미국 병사가 전장에서 죽을 확률이 감소했다)는 생각을 뒷받침할 통계 자료를 아무리 많이 뽑아낼 수 있다고 해도, 여전히 우리는 끝없는 군사 충돌과 테러, 사이버 공격, 은밀히 진행되는 전쟁, 드론 공격, 나라에서 허가한 강간, 수백만 명의 난민과 함께 살고 있다. 일부 국민을 굶주리게 하고, 그들의 땅을 파괴하고, 일부 나라의 젊은 흑인 남성들을 감옥에 보내는 것은 폭력이 아니란 말인가?

자동차가 우리를 말똥으로 뒤덮인 도시에서 구해 준 것이 아니듯이, 자본주의는 폭력을 감소시키지 않았다.[21] 중세에 비해 길가다 우연히 폭행을 당할 확률은 줄었을지 몰라도, 그게 인류의 폭력성이 줄었다거나, 경제 성장과 기술 발전만 계속 추구하는 게 인간의 행복을 증진하는 데 도움이 된다는 뜻은 아니다. 그런 주장을 담은 책들이 경제경영서 베스트셀러 목록에 아무리 많이 오르고 수많은 강연의 주제가 된다고 해도 마찬가지다(기업가들은 자신들이 상황을 악화하고 있다는 얘기를 할 사람들에게 강연료를 지불하고 싶어 하지는 않는다).

그래서 과학업계 및 그와 협력하는 미래학자들의 많은 축복을 받은 기업들은 계속해서 문명화를 가속해 나간다. 부유한 수혜자들에게는 상황이 좋아 보이니 모두에게도 좋을 거라는 잘못된 전제하에서 말이다. '진보는 좋은 것이다.' 그들은 그렇게 말한다. 일사천리로 기술과 경제의 규모를 키우는 데 혹시라도 걸림돌이 될 수 있는 노동 비용, 특정 시장의 한계, 지구의 여러 제약, 윤리적 의구심, 인간적 약점 등은 모조리 제거해야 한다.

중간에 걸리적거리는 사람만 없다면 이 모형도 얼마든지 잘 작동할 것이다. 자본주의의 진정한 신봉자들이 그들의 명령을 그대로 이행할 인간보다 지능은 뛰어나고 공감 능력은 부족한 누군가 혹은 '무엇'을 찾고 있는 이유가 바로 그 때문이다.

8장

인공지능

최적화와 진화의 차이

월스트리트와 실리콘밸리가 하나같이 꿈꾸는 미래에서 인간은 그냥 외부 존재다. 인간은 너무 많고, 다들 월급도 줘야 하고 건강 보험료도 내주고 의미 있는 일자리까지 제공해야 한다. 최저 임금 인상처럼 인간의 노동력과 관련해 우리가 올린 성과는 모두 그만큼 우리를 고용하기 비싼 존재로 만들고, 계산대 직원을 터치스크린 키오스크로 바꿔 버리는 논리의 근거가 된다.

잠시라도 인간이 가치 있는 존재로 남을 영역은 그런 대체제를 훈련시키는 영역이다. 앞서 아웃소싱의 시대에도 금세 자신들을 대체하게 될 저임금 해외 노동자들을 훈련시키라는 요구에 국내 노동자들이 부당함을 호소한 바 있다. 하지만 지금의 노동자들은 디지털 감시 기술이 그들의 작업을 알고리즘에게 가르치고 있다는 사실을 알지 못한다.

'기계 학습'을 둘러싼 수많은 야단법석도 실제로는 모두 이와 관련된다. 로봇이 해 주기를 바라는 일들, 예컨대 운전을 하고 언어를 번역하고 인간과 협업하는 것 같은 일들은 상상하기도 어려울 만큼 복잡하다. 벌어질 수 있는 모든 상황에 대해 명쾌한 지

시사항을 미리 내려둘 수는 없다. 컴퓨터는 즉흥적 대응 논리에서 부족한 부분을 방대한 계산 능력으로 보상해야 한다. 그래서 컴퓨터 과학자들은 알고리즘에 수많은 데이터를 공급한 뒤 패턴을 익히게 해서 컴퓨터가 스스로 결론을 이끌어 내게 한다.

그 데이터를 얻는 방법이 바로 인간 노동자가 일하는 모습을 모니터링하는 것이다. 택시 운전사의 전화에 깔린 택시 애플리케이션은 기록 장치의 역할도 해서, 다양한 도로 상황에 따라 운전기사들이 어떻게 대처하는지를 상세히 기록한다. 그러고 나면 알고리즘은 수천 명의 운전기사에게 수집한 데이터를 분석해 자신이 사용할 자율주행 프로그램을 짠다. 온라인 업무 시스템은 사람들에게 아직까지 컴퓨터가 할 수 없는 일을 시키면서 업무 하나당 쥐꼬리만 한 돈을 지불한다.[1] 특정 문구를 해석하거나, 사진에 있는 상점에 식별표를 붙이거나, 모욕적인 소셜 미디어 포스트를 가려내는 작업처럼 말이다. 사람들에게 수백만 개의 작은 업무를 맡기고 돈을 지불하는 회사들은 실제로 그런 답변은 하나도 필요하지 않다. 해당 답변들은 곧장 기계 학습의 피드로 공급되고 있을 뿐이다.

인간이 하는 '진짜' 일이라고는 스스로를 쓸모없게 만드는 것뿐이다.

로봇에게 일자리를 빼앗기는 것은 결코 좋은 일이 아니다. 디지털 시대의 잠재적 풍요를 분배할 방법에 관한 새로운 사회 계약이 마련되지 않는다면 기계와의 경쟁은 지는 싸움일 수밖에 없다. 지금 대부분의 일자리는 컴퓨터가 대체할 수 있을 만큼 반복적인 업무를 하는 것이다. 심지어 전문의가 하는 뇌 수술조차 새로울 게 별로 없어 기계도 할 수 있다.

결국에는 우리 인간이 간호나 교육, 심리, 예술 같은 인간과의 접촉이 많은 직업으로 대거 옮겨 갈 수 있다 하더라도, 기계가 인간의 노동을 대체할 준비가 된 이상 우리는 애초에 직업을 가진다는 전제 자체를 재평가할 수밖에 없다.

지금 우리가 생각하는 고용의 개념은 중세 말에야 겨우 나타났다. P2P 경제가 해체된 시기였다. 군주들은 총애하는 회사에 배타적 독점권을 나눠 줬고, 그래서 그밖의 모든 사람은 선택받은 소수의 직원이 돼야 했다. 전에는 장인이거나 사업가였던 사람들이 이제는 본인이 창출한 가치를 판매하는 게 아니라, 자신의 '시간'을 판다. 인간은 '자원'이 됐다.

이런 고용 모델이 워낙 널리 퍼졌기 때문에 최고의 기획자들, 의원들, 사회운동가들은 아직도 모두에게 '일자리'를 찾아 주는 게 번영이라고 생각하는 경향이 있다. 마치 모든 사람이 진정으로 바라는 게 본인의 시간을 상품화할 수 있는 기회인 것처럼 말이다. 우리가 완전 고용을 달성해야만 모든 일을 완수하고, 충분한 식량을 얻고, 모두가 쓸 물건을 만들어 낼 수 있는 것은 아니다. 미국에서는 이미 식량과 주택이 과잉 상태다.

그러나 우리는 남는 음식을 배고픈 이들에게, 남는 주택을 노숙자들에게 나눠 줄 수는 없다. 왜일까? 그들은 직업이 없기 때문이다! 우리는 그들이 경제에 기여하지 않는다고 그들에게 벌을 준다. 실제로 더 많은 기여가 필요하지도 않으면서 말이다.

일자리는 수단에서 목적으로, 배경에서 전경으로 역전됐다. 일자리는 필요한 일을 완수하기 위한 것이 아니라, 자기 몫을 챙기기 위한 수단이 되었다. 사람들에게 무료로 음식과 집을 나눠 주는 대신에 우리 정부는 은행들에게 돈을 펑펑 빌려준다. 은행들이 기업에 투자해서 기업들이 공장을 더 지어 줬으면 하는 바람에서다. 그 공장들이 고작 불필요한 플라스틱 덩어리를 만들어서 교묘한 마케팅으로 수요를 창출하고, 쓰레기가 되어 돌아온 플라스틱을 묻을 매립지를 만들어야 한다는 것을 알면서 말이다. 적어도 그 공장들은 인간들을 몇 시간 더 고용할 핑계거리는 되어 줄 것이기 때문이다.

정말로 일자리 없는 미래가 목전에 와 있다면, 우리는 우리가 달성한 효율성을 다 함께 축하하고, 글로벌 복지 프로그램에서부터 보편적 기본 소득에 이르기까지 남아도는 것들을 분배할 새로운 전략을 논의해야 한다. 하지만 그런 일은 요원하다. 기계는 특정한 일들을 인간보다 더 빠르고 효율적으로 해낼지는 몰라도, 다른 수많은 문제를 딴 곳으로 전가한다. 기술 옹호론자들은 존재하지조차 않는 척하는 수많은 문제를 말이다. 현재의 로봇과 컴퓨터는 희토류 금속과 값비싼 광물들을 이용해 만들어진다. 이것들은 방대한 양의 에너지를 소모하고, 쓸모가 없어지면 그 부품이 유독성 폐기물로 땅에 매립된다. 게다가 현대 과학기술과 자본주의가 안겨준 것들이 재생 불가능한 자원과 노예 같은 인간 노동에 의존해 만들어진 것임을 생각하면 이는 선물이라 할 수도 없다.

기계가 아니라 더 많은 인간을 고용해서 최저임금을 지불하고 당장은 '덜' 효율적인 방식으로 사업을 한다면, 기업들이 남기는 파괴를 최소화할 수 있다. 열 명의 농부나 간호인을 고용하는 것은 단기적으로 보면 로봇 트랙터나 로봇 간호인 하나를 사용하는 것보다 비용이 많이 들 수도 있다. 그러나 길게 보면 이는 모두의 삶을 개선하고 희생을 줄일 수 있는 길일지도 모른다.

어찌되었든 자동화의 이점은 대단히 과장됐다. 인간의 노동을 로봇으로 대체하는 것은 '해방'이 아니라 업계의 진짜 비용을 눈에 보이지 않게 효과적으로 외부로 떠넘기는 방법이다. 일자리

없는 미래는 우리가 달려가야 할 현실이 아니라, 기술 투자자들의 판타지다. 이들 투자자에게는 모든 인간이 그저 무한한 사업 확장을 가로막는 걸림돌일 뿐이다.

0 5 5

우리 모두가 인공지능으로 대체된 미래는 전문가들이 지금 예견하는 것보다도 더 괴상할지 모른다. 그러나 인간이 쓸모없어진다는 개념을 우리가 받아들일 준비가 됐다는 사실 자체가 인간의 가치를 얼마나 낮게 평가하는지 얘기해 준다. 다가올 위험은 우리가 로봇에게 일자리를 빼앗긴다는 사실 자체가 아니다. 진짜 위협은 우리가 로봇에게 심어 주는 가치관 속에 인간성이 상실될 거라는 점이고, 로봇은 인간성이 상실된 그 가치관을 다시 우리에게 강요할 거라는 점이다.

컴퓨터 과학자들은 한때 기술을 통해 인간 정신을 향상시키겠다는 꿈을 꾸었다. '지능 증강intelligence augmentation'이라고 알려진 연구 분야다. 그러나 이 연구는 인공지능, 즉 스스로 생각할 수 있는 기계를 만들자는 목표에 그 자리를 내주고 말았다. 지금 우리가 인공지능에게 훈련시키고 있는 것이라고는 우리 행동을 조종하고 우리를 순응하게 만드는 일뿐이다. 또 한 번 전경은 배경이 되어 버렸다.

콘셉트를 구상할 때는 우리가 기술의 모습을 결정하지만, 그 이후에는 기술이 우리의 모습을 결정한다.[2] 인간은 전화기를 설계했지만, 우리가 소통하고, 사업을 하고, 세상을 그려나가는 법에 있어서는 되레 전화기가 영향을 미쳤다. 또 우리는 자동차를 발명했지만, 그다음에는 자동차가 이동하기 쉽게 도시를 새로 지었고 화석연료를 둘러싼 지정학도 바꾸었다.

이런 논리는 연필을 만드는 기술에서부터 피임약에 이르기까지 어디든 적용될 수 있지만, 인공지능은 여기에 예상치 못한 전개를 하나 더 추가했다. 인공지능이 우리 모습을 결정하는 것을 넘어 자기 자신의 모습까지 결정하기 시작한 것이다. 우리는 인공지능에게 처음에 한 가지 목표를 설정하면서 필요한 데이터를 모두 주고 그 목표를 달성할 방법은 스스로 알아내게 한다. 그때부터 인간은 인공지능이 정보를 어떻게 처리하고 전략을 어떻게 수정하는지 그 과정을 일일이 다 이해하지는 못했다. 인공지능은 우리에게 사건의 전말을 들려줄 만한 의식을 가지고 있지 않기 때문이다. 인공지능은 그냥 모든 방법을 다 시도해 보고, 그중에서 효과가 있는 것을 계속 사용한다.

연구자들이 발견한 바에 따르면 소셜 미디어 플랫폼을 운영하는 알고리즘은 사람들에게 헤어진 애인이 즐겁게 노는 사진을 보여 주는 경향이 있다고 한다. 물론 이용자들은 그런 이미지를 보고 싶어 하시 않는다. 그러나 여러 시행착오를 거쳐 알고리즘은 헤어진 애인이 즐거워하는 사진을 보여 주면 우리의 참여가 늘어난다는 사실을 발견했다. 우리는 그런 사진을 클릭해서 헤어진 애인이 요즘은 뭘 하는지 보려는 경향이 있다. 헤어진 애인이 새로운 사람을 만나는 것에 질투심을 느낄 경우 사진을 클릭할 가능성은 더욱더 높아진다. 알고리즘은 이게 왜 효과가 있는지도 모르고, 관심도 없다. 그저 인간이 알고리즘에게 쫓으라고 한 지표를 극대화시키려 할 뿐이다.

그렇기 때문에 우리가 알고리즘에게 내리는 최초의 명령이 아주 중요하다. 효율, 성장, 보안, 순응 등 어떤 가치를 심어 주든, 인공지능은 효과가 있는 수단이라면 뭐든지 동원해 그 가치를 달성할 것이다. 인공지능이 사용하는 기법은 아무도, 심지어 인공지능 자신도 이해하지 못할 것이다. 그리고 인공지능은 더 나은 결과를 내놓기 위해 자신의 기법을 연마하고, 그 결과를 이용해 한 단계 더 나아갈 것이다.

우리는 이미 인공지능 시스템을 채용해서 사람들의 업무 성과와 대출 자격을 평가하고 범죄 이력을 조회한다. 그리고 인공지능은 자신의 피드가 된 인간의 의사 결정과 똑같이 인종을 차별하고 편견에 찬 의사 결정을 내린다.[3] 그러나 인공지능이 사용하는 기준과 절차는 상업적으로 너무 민감한 사안이라 밝힐 수 없는 것으로 여겨진다.[4] 그래서 우리는 블랙박스를 열고 그런 편향을 어떻게 고칠지 분석할 수가 없다. 알고리즘에 의해 불리한 심판을 받은 사람들은 해당 의사 결정을 따지거나 자신이 그렇게 거부당하게 된 숨은 논리를 알 수가 없다. 어찌 되었든 많은 기업조차 본인들의 인공지능이 사용하는 기준을 알아낼 수가 없다.

인공지능은 프로그램된 목표를 추구해 가는 과정에서 인간의 가치관을 이용해 착취하는 법을 배우게 될 것이다. 인공지능이 이미 알아낸 것처럼 우리의 사회적 본능을 자극하고 감정을 잡아끌수록 우리는 해당 인공지능이 마치 사람인 것처럼 그 인공지능과 교류할 가능성이 더 커진다. 우리는 내 부모님처럼 느껴지는 인공지능을 거역할 수 있을까? 혹은 내 자녀처럼 느껴지는 인공지능과 절연할 수 있을까?

일부 컴퓨터 과학자는 이미 기업의 법률상의 인격에 관한 논리를 소름끼칠 만큼 그대로 인용하면서 인공지능을 단순한 도구나 노예로 취급하지 말고 살아 있는 존재로서 권리를 부여해야 한다고 주장하고 있다.[5] SF 영화를 보면 로봇 종족들이 지배자인 인간에게 복수를 감행하는 장면들이 그려진다. 마치 의식은 못하고 있어도 아직도 미국에서 인종차별주의를 견인하고 있는 노예제 유산이라든가 오늘날 기술 인프라가 의존하고 있는 21세기형 노예제보다 로봇의 반란이 더 중요하다는 듯이 말이다.

지금 우리는 남들이 우리를 어떻게 보는지보다 인공지능이 어떻게 보는지에 더 신경 쓰는 세상으로 이행 중이다.

056
—

알고리즘은 그것을 만든 엔지니어들의 영민함도 반영하지만, 문제를 참신한 방식으로 풀기 위해 같은 과정을 반복할 수 있는 프로세스의 힘이 발휘되는 면도 있다. 알고리즘은 우리가 물어보는 질문에 답할 수도 있고, 인간이 만든 근사한 것들을 흉내 낼 수도 있다. 그러나 알고리즘이 우리에게 방향을 알려 주기를 바란다면 오산이다. 알고리즘은, 결과는 내놓을 수 있어도 가이드가 될 만한 핵심 가치관을 갖고 있지는 않다. 알고리즘은 철저히 실용적이다.

망치를 들면 모든 게 못으로 보인다. 인공지능의 눈에는 모든 게 도전 과제로 보인다.

우리는 기술이 우리의 문제를 당연히 해결해 줄 거라고 생각해서는 안 된다. 그 어떤 기술도 마찬가지다. 그랬다가는 기계를 우리에게 최적화하는 것이 아니라, 우리 자신을 기계에 맞추게 된다. 사람이나 기관이 실수를 저지르면 적당한 알고리즘을 쓰지 않아서라고, 업그레이드를 안 해서라고 섣불리 단정하게 된다.

우리가 가진 문제를 기계가 해결할 수 있다는 가정으로 시작하면, 결국에는 특정 전략만 과장하게 된다. 주어진 기술로 향상시킬 수 있는 지표만 향상시키고, 해당 기술이 접근할 수 없는 종류의 문제는 종종 무시하거나 버려둔다. 우리는 균형 감각을 상실한다. 우리가 해결할 수 있는 문제와 그런 해결책에 비용을 대줄 사람들에게만 돈과 노력을 쏟기 때문이다. 지금 인류 중에는 더 많은 사람이 깨끗한 물을 이용할 수 있게 만드는 문제를 고심하는 사람들보다 소셜 미디어 피드를 더 설득력 있게 만들려고 애쓰고 있는 사람들이 훨씬 많다. 우리는 기술이 할 수 있는 것을 중심에 놓고 나머지 세상을 만들어 가고 있다.

대부분의 기술은 단순한 도구로 시작한다. 처음에는 우리의 필요에 부응하기 위해 존재하며, 우리의 세계관이나 생활 방식과 정면으로 배치되지도 않는다. 오히려 우리가 기존의 가치관을 표현하기 위해 기술을 사용한다. 비행기를 만든 것은 인간이 비행을 경험하고 원거리를 이동하기 위해서였다. 라디오를 개발한 것은 공간을 가로질러 우리 목소리를 전달하기 위해서였다. 기술이 처음 세상에 미친 영향력이란 당초의 목적을 이행한 것이었다.

그러나 기술이 세상의 일부가 되면서부터 우리는 여러 가지를 기술에 맞추기 시작했다. 우리는 길을 건널 때 차에 치이지 않도록 조심하는 법을 배웠다. 전선을 설치하기 위해 나무를 잘라냈고, 가족과 대화하기 위한 방이었던 거실을 텔레비전에게 내주었다. 기술은 협상과 타협을 강요했다.

인간의 개입이 없으면 기술은 우리 가치관의 당연한 전제가 되어 버린다. 그러고 나면 다른 모든 게 거기서부터 시작되어야 한다고 믿게 된다. 텍스트의 세상에서 글을 읽고 쓸 줄 모른다는 건 바보라는 뜻이다. 글로 적힌 법률은 신의 말씀이나 다름없다. 컴퓨터로 정의되는 세상에서는 속도와 효율이 최고 가치다. 기술 업그레이드를 거부하는 것은 사회 규범을 어기는 것이나 마찬가지며, 나약한 인간으로 남겠다고 고집을 부리는 것이나 다름없다.

0 5 7
———

인간은 문젯거리가 아니다. 인간은 해결책이다.

그러나 실리콘밸리의 수많은 개발자와 투자자에게 인간은 모방해도 되거나 예찬할 존재가 아니라, 넘어서야 할 존재 혹은 적어도 개조가 필요한 존재다. 이들 기술옹호론자는 디지털 혁명이라는 가치에 너무나 압도당해 있어서 혹시라도 다른 것을 우선시하는 사람이나 사물이 있으면 무엇이든 장애물로 본다. 이는 확실한 반인간적 입장으로, 지구상에서 가장 많은 자본을 가진 기업들의 성장 철학을 주도하고 있다.

그들의 관점에서 진화란 생물학이 아니라 데이터와 관련된 것이다.[6] 태곳적부터 정보는 더 복잡해지기 위해 기를 썼다. 원자는 분자가 됐고, 분자는 단백질이 됐고, 단백질은 세포와 생물 그리고 결국 인간이 됐다. 각 단계는 정보를 표현하고 저장하는 능력이 획기적으로 증가했다는 뜻이었다.

컴퓨터와 네트워크를 개발한 인간은 이제 우리 자신보다 훨씬 더 복잡한 일을 해낼 수 있는 무언가를 만들었음을 인정해야 한다. 더 높은 차원으로 올라서려는 정보의 긴 여정은 생물학과 인간을 넘어 실리콘과 컴퓨터까지 쭉 이어져야 한다. 그리고 일단 디지털 네트워크가 현실의 가장 복잡한 구조가 되고 나면, 그때부터 인간은 기계에 계속 불을 켜두기 위한 목적 외에는 필요하지 않을 것이다. 우리의 디지털 자손이 스스로 자신을 돌볼 수 있게 되면, 그때는 우리도 그만 그림 밖으로 나가야 할 것이다.

이게 바로 '특이점singularity'의 진짜 의미다. 컴퓨터가 인간을 쓸모없는 존재로 만들어 버리는 순간 말이다. 그때가 되면 우리 인간은 준엄한 선택에 직면할 것이다. 컴퓨터칩과 나노기술, 유전공학으로 우리 자신을 개량해서[7] 우리보다 우월한 저 디지털 존재를 따라잡든지, 아니면 우리의 뇌를 네트워크에 업로드하든지 선택해야 한다.

만약 우리가 개량 쪽으로 방향을 잡는다면, 인간은 '움직이는 타깃'이 된다는 사실을 인정해야 한다. 또한 우리에게 그런 업그레이드를 제공할 기업들을 신뢰할 수 있는 동료로 믿어야 한다. 그 기업들이 우리 몸에 설치한 장비들을 원격으로 수정하거나 서비스 조건을 바꾸거나 다른 기업의 발전 사항과 호환이 안 되게 만들거나 일부러 우리 몸속 장비를 진부화하지 않는다고 믿어야 한다. 오늘날 기술 기업들의 과거 이력으로 볼 때 그렇게 믿기란 쉽지 않다. 게다가 새로운 기술에는 그에 수반되는 가치관이 있음을 안다면, 무언가를 우리 자신에게 통합시킨다는 말은 그로 인해 우리가 어떤 행동을 하게 될 수도 있다는 뜻이라는 것을 알 것이다. 지금의 환경에서 이는 성장 기반의 착취적 자본주의를 우리의 혈류와 신경계에 이식한다는 뜻이다.

만약 우리가 업로드를 선택한다면, 의식이 내 몸을 떠나 네트워크로 옮겨 가더라도 어떤 식으로든 내 의식은 계속 살아남는다는 것을 믿을 수 있어야 한다. 이런 형태의 생명 연장은 상당히 솔깃한 제안이다. 인간의 뇌만큼 복잡한 것을 처리할 수 있는 컴퓨터를 만들어서 우리의 의식을 실리콘으로 된 새 집으로 옮기면 된다. 결국 우리의 의식을 담고 있는 컴퓨터는 로봇 안으로 들어

갈 테고 그 로봇은 심지어 사람처럼 보일 수도 있을 것이다. 우리가 새로운 영생을 하며 그런 식으로 돌아다니고 싶다면 말이다. 쉽지는 않겠지만 계속 살 수 있는 기회다.

한편 우리의 의식이 몸과 함께 죽더라도 우리의 정체성과 사고방식을 인공지능에 복제할 방법을 찾아내기를 바라는 사람들도 있다. 그러고 나면 우리의 디지털 복제품은 스스로 지각을 발달시킬 수도 있을 것이다. 계속해서 사는 것만큼 좋지는 않을 수도 있지만, 그래도 '당신'과 '나'의 어떤 버전이 어딘가에 존재하는 셈이다. 의식이 창발創發적 현상emergent phenomenon*이라거나, 의식이 컴퓨터 시뮬레이션 속에서 복제될 수 있다는 증거만 있다면 말이다. 누군가 그런 결론을 내릴 수 있는 유일한 길은 우리의 현실이 그 자체로 컴퓨터 시뮬레이션이라고 가정하는 것이다.[8] 이것 역시 실리콘밸리에서 아주 인기 있는 세계관 중의 하나다.

우리가 뇌를 실리콘 칩에 업로드하든, 아니면 그냥 한 번에 시냅스 하나씩 디지털 장치로 뇌를 대체하든, 그 결과 만들어진 존재가 여전히 살아 있고 의식이 있다는 건 어떻게 알 수 있을까? 컴퓨터가 의식이 있는지 여부를 판별하는 그 유명한 '튜링 테스

• '창발'이란 복잡계이론에서 주로 사용하는 용어로 아주 작은 구성 요소들이 모여 다수가 되었을 때 개별 능력을 훨씬 뛰어넘는 어떤 속성이 드러나는 것을 말한다.

트Turing Test*'⁹는 컴퓨터가 자신이 사람이라는 것을 우리에게 설득할 수 있는지 여부를 판별할 뿐, 그게 실제로 사람이라거나 의식이 있다는 뜻은 아니다.

컴퓨터가 튜링 테스트를 통과하는 날은 그것이 얼마나 똑똑해졌는지를 알려 주는 날이 아니라, 컴퓨터와 인간의 차이를 얼마나 식별하지 못하게 됐는지 알려 주는 날일지 모른다.

058

인공지능은 살아 있는 게 아니다.

인공지능은 진화하지 않는다. 인공지능도 같은 과정을 되풀이하며 최적화할지 모른다. 하지만 그게 진화는 아니다. 진화는 특정 환경에서 일어나는 예기치 못한 돌연변이 현상이다. 반면에 기계 학습은 미리 프로그램된 특정한 목적을 향해 달린다. 기계 학습은 복잡할 수는 있어도 진화나 날씨, 바다, 자연처럼 복합적이지는 않다. 복잡한 체계는 도시의 신호등처럼 하향식의 직접적

• 사람이 대화를 나눈 상대가 인간인지 컴퓨터인지 구별할 수 없다면 해당 컴퓨터가 인공지능을 갖춘 것이라고 인정하는 테스트 방법.

인 활동이다. 반면에 복합적 체계complex system(또는 복잡계)에서는 로터리가 있는 교차로처럼 수많은 참여자의 상호작용을 통해 계획되지 않은 흐름이 만들어진다. 기계는 수많은 복잡한 부분과 프로세스로 이뤄져 있으나, 기계에서 그보다 더 높은 차원, 생명 같은 복합성이 생겨날 수는 없다.

컴퓨터가 하는 일과 관련해 신경학 용어처럼 들리는 새로운 단어를 아무리 많이 만들어 낸다고 한들, 컴퓨터는 결코 의식을 가질 수 없다. 컴퓨터의 생명성을 꿈꾸는 사람들은 '퍼지 논리fuzzy logic' 같은 단어를 들먹이며 마치 그런 프로그래밍 기술을 통해 기계가 인간의 직관에 가까운 것을 보여 줄 것처럼 말한다. 퍼지 논리는 컴퓨터 프로그램이 1과 0 이외의 값을 1과 0으로 표현할 수 있는 능력이다. 그게 전부다. 퍼지 논리는 정말로 불확실한 것들처럼 모호하지 않다. 그것은 그저 울퉁불퉁하고 복잡한 현실을 컴퓨터가 다룰 수 있는 단순한 이진법으로 축약해 놓을 뿐이다.

마찬가지로 컴퓨터의 신경망neural net은 인간의 뇌와는 다르다. 그저 수십만 개의 예시를 읽고 일 처리 방법을 배우는 연결점들의 층일 뿐이다. 우리는 컴퓨터에게 고양이가 어떻게 생겼는지 말해 주는 게 아니라 고양이를 구별할 수 있는 공통된 특징을 알아낼 때까지 수백 장의 사진을 보여 준다. 인간의 뇌는 단 하나의 사례만 보고도 '고양이' 같은 카테고리를 일반화할 수 있다.

생각을 한다는 게 정확히 어떤 의미인지 우리는 모르기 때문에 자율성을 가진 인간이 결코 부채로 인식되어서는 안 된다. 현실이 결코 정보가 아닌 것처럼, 인간의 정신은 컴퓨터가 아니다.[10] 지능은 뇌가 가진 놀라운 능력이고 현실은 어마어마한 양의 데이터를 축적하고 있지만, 이것들을 부릴 인간의 의식이 없다면 두 가지 모두 존재할 수 없다. 우리는 인간의 의식을 단순한 처리 능력으로 환원해서는 안 된다. 그것은 마치 몇 킬로그램을 들 수 있느냐로 인간의 몸을 판단하는 것과 같다. 우리의 계산 속도는 슈퍼컴퓨터와 겨룰 수 없고, 우리는 결코 크레인만큼 무거운 것을 들 수 없다. 하지만 인간의 가치는 인간의 유용성을 훨씬 능가한다. 일과 관련된 지표 하나를 개선하자고 인간에게 기술을 개입시키거나 기술로 인간을 대체하는 것은 더 중요한 가치를 버리는 것이다. 가장 중요한 가치를 갖는 것은 의식 자체다.

우리가 알아낸 바로는, 의식은 미세소관微細小官, microtubule이라고 하는 뇌의 아주 작은 구조물 내에서 계산되지 않는 양자 상태에 기초를 두고 있다.[11] 미세소관은 수십억 개가 있고, 그 하나하나마다 진동하는 수많은 활동 부위가 있기 때문에 지금까지 만들어진 모든 컴퓨터 칩을 이용하는 기계가 있다고 해도 인간의 뇌 하나의 복잡성 앞에서는 빛을 잃을 것이다. 뇌는 가능한 조합이 많아도 너무 많다.

기계로 복제할 수 있을 만큼 의식을 단순한 것으로 생각하는 사람은 컴퓨터 개발자들뿐이다. 실제 신경과학자들은 신경 덩어리에서 자의식이 뿜어져 나올 수 있다는 사실만으로도 경이로워한다. 당혹스럽고 역설적인 일이다.

그렇다고 해서 우리가 머지않아 의식을 묵살할 수 있을 거라는 얘기는 아니다. 의식은 숙주에게 생존 본능을 강제하기 위해 DNA가 인간의 뇌에 만들어 낸 환영이 아니다. 우리는 모의실험 속에 살고 있지 않다. 우리의 의식은 진짜다. 물리학자들조차 객관적 현실이 존재한다는 주장보다 의식이 존재한다는 주장이 더 신빙성 있음을 인정한다. 양자론에 따르면 우리가 관찰하기 전까지 객관적 현실은 존재하지 않을지도 모른다. 다시 말해 우주는 그냥 수많은 가능성에 불과하다가, 누군가의 의식이 어느 장면을 포착하고 특정한 방식으로 보고 나서야 우리가 '현실'이라고 부르는 것으로 뭉쳐진다.

어찌 보면 의식의 씨앗을 찾는 여정은 우주의 가장 작은 입자를 찾아나서는 것과도 같다. 그것은 인간의 정신이 어떻게 작동하느냐를 반영한다기보다는 우리가 가진 기계론적 과학의 산물이다. 유전자처럼 결정적인 요소를 하나 찾아낼 때마다 우리는 의식의 표출을 결정하는 것은 다른 무언가임을 알게 된다. 어느 질병의 원인이라고 생각되는 세균을 찾아내고 보면, 그 세균이 창궐

하는 환경 요인이나 도움이 되는 세균을 해로운 병원균으로 탈바꿈시키는 면역 결핍이 있다는 것을 알게 된다. 의식의 문제를 해결하는 유일한 방법은 우리가 살고 있는 세상과 그 세상을 공유하고 있는 다른 사람들을 직접 겪어 보고 숭배하는 길밖에 없다.[12]

의식이 존재한다는 사실을 아는 것은 그게 어떤 느낌인지 안다는 것이다.[13] 주방 테이블에 놓인 커피 한 잔을 볼 수 있는 것은 우리나 동물이나 컴퓨터나 모두 마찬가지다. 그러나 인간은 테이블 위에 놓인 커피를 보는 게 '어떤 느낌인지'도 안다. 그 컵을 보고, 주의를 기울이기로 하는 그 선택은 오직 의식에만 있는 고유한 것이다. 컴퓨터는 이렇게 할 수 없다. 컴퓨터는 시야에 들어오는 것은 죄다 봐야 한다. '주의'라는 것도 없다. '초점'도 없다. '방향성'이라고 부를 만한 게 아무것도 없다.

커피를 보는 게 어떤 것인지 아는 것, 정신과 자아를 그런 식으로 구성하겠다고 마음먹는 것은 오직 인간만이 할 수 있는 일이다. 우리는 살아 있고 컴퓨터는 그렇지 않기 때문이다.

9장

역설에서 경외로

진정한 경외심과 조작된 흥분

강아지가 뭔가를 봤는데 당최 이해할 수 없을 때 어떤 표정을 짓는지 알 것이다. 강아지는 고개를 살짝 옆으로 기울인다. 마치 다른 각도에서 보면 당황스러운 그 현상을 이해하는 데 도움이 될 것처럼 말이다. 바로 그런 갸우뚱하는 혼란의 상태가 강아지에게는 문제일지 몰라도 우리 눈에는 귀엽기 그지없다. 왜냐하면 인간에게 잠깐의 혼란 상태는 단순한 좌절이 아니라 새로운 가능성을 열어 주기 때문이다.

팀 휴먼에게는 단순히 애매모호함을 참아낼 뿐만 아니라 그것을 적극적으로 포용할 수 있는 능력이 있다. 뒤죽박죽이고 혼란스럽고 원칙에서 벗어난 생각과 행동을 하는 것은 우리의 큰 장점일 뿐만 아니라 기계 논리의 막다른 확실성에 대항할 수 있는 가장 큰 방어책이다.

그렇다. 우리는 디지털 시대에 살고 있다. 클릭만 하면 확실한 답변이 쏟아지는 시대다. 어떤 질문이든 인터넷에서 검색만 하면 모두 답이 나올 것 같다. 그러나 우리가 컴퓨터의 확실성을 따라가려고 한다면 오산이다. 컴퓨터가 확정적인 것은 그럴 수밖에 없기 때문이다. 문제를 풀고, 입력물을 결과물로 바꾸고, 1과 0 중에서 하나를 고르는 게 컴퓨터의 일이다. 최고 해상도에서조차 컴퓨터는 픽셀, 색상, 음의 진동수를 명확하게 결정해야 한다. 중간은 없다.[1] 애매함은 허용되지 않는다.

하지만 바로 그 애매모호함 그리고 그걸 포용할 수 있는 능력이 인간이라는 집단이 느끼는 경험의 특징이다. 신은 존재하는가? 우리는 어떤 목적을 타고나는가? 사랑은 실재하는가? 이런 것들은 단순히 예/아니오로 답할 수 있는 문제가 아니다. 이들 문제의 답은 '예'이면서 '아니오'이다. 이런 질문은 여러 시각과 감수성을 동원해야만 이해될 수 있는 뫼비우스의 띠나 선문답 같은 것들이다. 인간은 좌뇌와 우뇌를 갖고 있다. 우리가 '현실'이라고 생각하는 다차원적 개념의 그림을 그리려면 둘 다가 필요하다.

그리고 뇌가 정보를 찾아내고 저장하는 방식은 컴퓨터와는 다르다. 뇌는 하드 드라이브가 아니다. 우리의 경험과 뇌 안의 데이터는 일대일로 대응하지 않는다. 지각은 수동적 과정이 아니라 능동적 과정이다. 그렇기 때문에 우리는 '실제로' 일어나지 않은 일도 경험하고 기억할 수 있다. 눈이 2차원으로 된 이미지의 파편을 받아들이면 뇌는 그것을 3차원의 이미지로 바꾼다. 나아가 우리는 추상적 개념을 조합해 사물이나 상황을 지각하기도 한다. 우리가 '소방차'를 본다는 것은 관련된 세부 사항을 수집해 소방차를 한 대 만들어 낸다는 뜻이 아니다. 우리가 소방차에 집중하고 있을 때는 운전석에 고릴라가 앉아 있어도 눈치채지 못할 수도 있다.

우리가 무언가를 '의식'할 수 있는 것, 무언가를 본다는 게 어떤 것인지 아는 것은 내가 지각에 참여하고 있다는 것을 알기에 가능하다. 우리는 나 자신이 온갖 지각을 짜 맞추고 있는 것을 느낀다. 경험이 그때그때 달라질 수 있다는 바로 그 점 때문에 우리는 내가 경험의 해석에 참여하고 있음을 의식한다. 종종 혼란스러운 순간들은 오히려 내가 현실 창조의 공모자임을 경험하는 기회가 된다.

역설은 어떻게 상대하고, 아이러니는 어떻게 눈치채고, 농담은 어떻게 해석하는지와 같은, 아직까지 컴퓨터는 배우지 못한 수많은 일을 우리가 해낼 수 있는 것은 그 때문이다. 그런 일들 중에 하나라도 해내기 위해서는 신경과학자들이 '관련성 이론Relevance theory'이라고 부르는 것이 필요하다. 우리는 모든 것을 다 아는 상태에서 생각하고 소통하는 게 아니라, 맥락을 바탕으로 추론을 내린다. 우리는 서로에게서 조각난 정보를 받아, 내가 아는 지식을 더해 전체 메시지를 내 손으로 재창조한다. 머리에서 농담을 받아들이는 과정도 마찬가지다. 거기에는 조립 과정이 필요하다. 내가 직접 정보를 조합해서 '속뜻'을 깨닫는 순간 우리는 능동적 수신

199

의 즐거움을 느낀다. '훗!'과 '아하!'는 아주 가까운 관계다.

컴퓨터는 이렇지 않다. 컴퓨터는 어느 소셜 미디어 메시지가 빈정대는 것인지 아닌지(예/아니오)는 인식할 수 있지만, 단어 자체의 의미와 속뜻이 상반될 때 만들어지는 역학 관계를 이해하지는 못한다. 컴퓨터가 작동하는 방식은 원시적인 파충류 뇌와 더 비슷하다. 컴퓨터는 전경에서 빠르게 움직이는 대상과 겉으로 드러나는 현상에 관한 지각을 이해하는 훈련을 한다. '저기 파리가 있네. 먹어.' 그러나 더 다층적인 뇌를 가진 인간은 시공간적, 논리적으로 더 큰 맥락 속에서 특정 사건을 떠올릴 수 있다. '저 파리가 방에 어떻게 들어왔지? 창문이 안 닫혀 있었나?'

인간은 전경과 배경을 관련지을 수 있다. 우리는 둘 다를 인식해서 둘 사이의 잠재적 차이나 역학 관계를 파악할 수 있다. '파리가 여기 있으면 안 돼'라고 말이다. 영화 속 랙 포커스rack focus•처럼 우리는 대상을 맥락과 비교하거나 대비시킬 수 있다. 우리는 부분과 전체, 개인과 집단, 인간과 팀의 관계를 고민할 수 있다.

• 하나의 대상에서 다른 대상으로 카메라의 초점을 빠르게 바꾸어 관심을 이동시키는 방법.

예술이라는 것 역시 인간을 인간답게 만들어 주는 역설을 파고드는 작업에 불과하다. 예술은 애매모호함을 얼마든지 수용할 수 있고 미해결의 답보 상태를 즐기거나 적어도 의미 있게 경험할 수 있는 인간의 능력을 예찬한다.

반면에 상업적 엔터테인먼트는 정반대의 목적을 갖고 있다. '엔터테인먼트'라는 단어 자체가 '속에 붙잡아 두다'라는 뜻의 라틴어에서 온 것으로, 말 그대로 '유지하다', '특정 상태를 지속하다'라는 의미다. 상업적 엔터테인먼트는 우리가 살고 있는 현 상태의 가치관을 긍정하고, 소비지상주의를 강화하고, 무엇보다 세상에 확실성이 있다고 우리를 안심시키는 것이 목표다. 우리는 단순히 누가 범인인지만 찾아내는 게 아니라, 중요한 문제에 관해 확실한 답이 있고, 일이 잘못되면 탓할 악당이 있고, 정의를 구현할 방법도 있는 스토리를 경험한다. 이런 플롯들은 우리가 좋아하는 캐릭터(주로 젊은 남자)를 위험에 빠뜨리고, 한계다 싶을 때까지 사건을 한껏 키운 다음에야 그에게 필요한 해결책을 내려줘 적을 섬멸하고 승리하게 만든다. 그리고 그제야 우리는 다들 안도의 한숨을 내쉰다. 이는 위기, 클라이맥스, 잠이라는 전형적인 남성의 흥분 패턴과 같다.

긴장과 해소 혹은 말썽과 해결책의 이런 구도는 우리 문화 전체를 지배하며, 엔터테인먼트뿐만 아니라 비즈니스, 종교, 인생 항해까지 징의해 왔다.

기업가들은 계속 잘 유지될 회사를 만드는 게 아니라, '홈런' 을 쳐서 다른 사람에게 회사를 팔 수 있기를 바란다. 사람들은 창조주와 자신의 관계라든가 윤리 문제를 탐구하기 위해 종교에 귀의하는 것이 아니라, 본인의 구원을 보장받거나 내가 선행을 베풀고 있다고 확신하기 위해 종교를 찾는다. 우리는 이기고 지는 보드게임을 하듯이 인생을 '플레이'하며, 결국에는 특정 직업, 결혼, 사회경제적 계급에 안착한다.

우리는 모든 문제에는 답이 있고 모든 시작에는 끝이 있기를 기대하는 훈련을 해 왔다. 우리는 마무리와 해결을 바란다. 참을성은 점점 더 줄어들었고, 쉽게 답이 보이지 않으면 낙담하는 지경에 이르렀다. 이는 자본주의와 소비지상주의에 더욱 불을 지핀다. 자본주의와 소비지상주의는 주식시장이 한 번만 더 오르고 제품을 하나만 더 구매하면 만족할 수 있을 거라고 사람들이 믿을 때만 유지될 수 있기 때문이다. 이는 한 나라에 동기를 부여하기에도 좋다. 10년 안에 달에 사람을 보내고, 다른 나라와 전쟁을 벌이자는 식으로 말이다.

그러나 이런 식의 사고방식은 우리가 길고 어려운 문제와 싸워야 할 때는 도움이 되지 않는다. 기후 변화와 난민 위기, 테러 공격에 손쉬운 해결책이란 없다. 문제가 과연 해결됐는지 어떻게 알 수 있을까? 꽂을 깃발도 없고, 투항 조건도 없는데 말이다. 한 사회가 답이 정해져 있지 않은 여러 난관에 대처하도록 동기를 부여하기 위해서는 접근법 역시 폭넓은 가능성을 인정하면서 가야 한다. 클라이맥스를 향해 치달으려는 우리의 충동에 의존할 것이 아니라, 미해결 상황도 감당할 수 있는 우리의 능력을 십분 활용해야 한다.

그러려면 살아 있는 인간이 필요하다.

061
—

친인간적 예술이나 문화는 뻔한 내러티브의 가치에 의문을 제기한다. 그러면서 뚜렷한 승자도, 잘 정리된 갈등도 없는 열린 결말의 스토리를 만들어 낸다. 모두가 옳은 동시에, 모두가 틀렸다. 이런 작품은 답을 주는 게 아니라 의문을 일으킨다.

셰익스피어의 '문제극'이 바로 이런 경우다. 이 작품들은 단편적인 플롯 분석을 거부하며, 캐릭터들은 아무 동기가 없어 보이는 행동을 한다. 칸딘스키나 들로네의 추상화도 마찬가지다. 이들의 작품은 현실 세계에서 참조한 시각적 대상과 거리를 유지한다. 작품 속 이미지는 어떤 형상을 표현한 것일 수도 있으나, 꼭 그렇다고 말할 수는 없다. 작품의 진짜 주제는 작품을 관찰하고 있는 인간의 마음이다. 작품 속 이미지와 완벽히 일치하는 물체를 찾아보려고 애쓰지만 찾지 못하는 인간의 마음 말이다. 이 과정 자체가 인간의 뇌가 조각난 세부 사항들을 지각하고 끼워 맞추면서 '현실' 세계의 물건들을 식별하는 방식을 반영한다. 예술은 우리에게 사과, 담배와 같은 분명한 형상을 제시하는 대신, 보고 식별하는 과정을 한계까지 밀어붙여 인간의 지각이라는 이상한 현상을 실컷 즐기게 해 준다.

우리는 데이비드 린치David Lynch 감독의 영화나 텔레비전 시리즈를 볼 때도 비슷한 어려움을 경험한다. 그의 작품에서 카메라는 바닥을 쓸거나 담배를 피우는 캐릭터를 5분 이상 멍하니 지켜보기도 한다. 린치 감독은 우리가 스토리에서 늘상 기대하는 것들을 그만 내려놓고 다른 것을 보도록 우리를 훈련시킨다. 해당 장면에 나오는 인간들의 행태라든가 지루할 때 나오는 행동, 캐릭터가 세상과 맺고 있는 관계 같은 것들을 보게 만든다. 린치 감독은 일부러 관객이 긴장과 그 해소에서 오는 몰입, 심지어 플롯 자체를 느끼지 못하게 만든다. 그의 작품에 등장하는 다양한 음모는 끝내 하나로 잘 엮이지도 않는다. 왜냐하면 우리가 봐야 할 것은 그게 아니기 때문이다.

소설가 제이디 스미스Zadie Smith는 누가 무엇을 어떻게 느꼈는지가 아니라 세상이 어떻게 작동하는지를 들려주는 게 작가가 해야 할 일이라고 했다. 그런 예술은 주인공이나 그의 영웅적 여정에 초점을 맞추는 게 아니라 전경과 배경의 관계에 집중한다. 그럼으로써 맥락을 경험하고 의미를 만들어 내는 인간만의 능력을 활성화하고 긍정한다.

물론 이런 식으로 작품을 만드는 영화 제작자나 예술가, 소설가의 작품은 뚜렷이 반문화적이다. 뻔한 허구와 사건 혹은 개인주의적이고 영웅적인 가치관에 의문을 제기한다는 점에서는 말이다. 관객에게 속도를 늦추라고, 심지어 잠깐 멈춰서 반성해 보라고 요구하는 예술은 사람들이 점점 더 생각하지 않고 급하게 행동하는 것에 의존하고 있는 시장에 손해를 끼친다. 영화 학교는 안티플롯anti-plot을 가르치지 않고, 영화제작사는 그런 영화를 알면서도 제작하지 않으며, 관객은 보통 그런 영화에 호응하지 않는다. 그래서 이들 영화가 세상과 무관하고 열등하다는 주장이 나오기도 한다. 그런 영화가 정말로 더 인간적이고 깊은 울림을 만들어 낸다면 박스오피스 성적도 더 좋아야 되지 않겠는가?

중심인물과 긴장감 고조, 만족스러운 결말로 무장한 상업 작품이 성공하는 이유는 불확실성과 지루함, 애매모호함을 두려워

205

하는 우리의 마음에 호소하기 때문이다. 그런데 애초에 그 두려움이란 우리 사회를 몰아가고 있는 시장 가치가 만들어 낸 것이다. 게다가 우리는 불확실성을 인생과 동일시하는 깃이 아니라 불안과 동일시하는 세상에 살고 있다. 우리는 마무리를 간절히 바란다. 그렇기 때문에 요즘 사람들은 흐지부지 끝나면서 생각을 자극하는 예술 영화가 아니라, 애매할 것 하나 없이 결론이 확실한 블록버스터 영화의 티켓을 살 확률이 더 높다. 왜냐하면 우리는 혹시라도 '현실에 개입할 여지가 있다거나, 현실에 참여할 수 있는 활동'이라는 가능성 자체를 거부하고 두려워하도록 훈련받았기 때문이다.

0 6 2
—

디지털 미디어와 비디오 게임이 부상하면서 상업적 엔터테인먼트 제작사들은 기존의 뻔한 이야기를 탈피한 작품의 몇몇 요소를 흉내 내볼 마음이 생겼다. 그러나 관객들을 정말로 모호한 상태 속에 던져 넣을 생각은 없었다.

　예를 들어 영화나 유료 방송 채널은 스토리에 작은 혼란을 가미하는 도구로 타임라인을 활용한다. 처음에는 우리가 순서에 어긋난 장면을 보고 있다는 것 혹은 타임라인이 여러 개라는 사실을 말해 주지 않는다. 팬들은 방영 중인 드라마의 내용을 온라인에서 복습하며 '실제로' 무슨 일이 벌어지고 있는지 서로 아이디어를 교환하고 검증한다. 그러나 드라마가 끝날 때쯤이면 답을 알게 된다. 반박할 수 없는 현실성을 가진, 타당한 타임라인이 따로 있기 때문이다. 우리는 그 타당한 타임라인을 끼워 맞추기만 하면 된다. 우리가 퍼즐 조각을 다 맞추면, 그제야 드라마는 완전히 끝난다.

자동차를 렌트하고 음악 이용료를 매달 지불하는 '구독형' 소비 모델에 호응한 유료 방송 채널의 시리즈 프로그램들은 영화처럼 마지막에 가서 한 번 폭발하는 것이 아니라 몇 년에 걸쳐 클라이맥스를 여기저기 펼쳐 놓는 식으로 장황한 이야기를 사용한다. 그러나 이렇게 하려면 여러 개의 퍼즐과 '스포일러'로 관객 및 온라인 팬층에 활기를 불어넣어야 한다. 앞서 애매모호했던 스토리 요소가 2~3주마다 하나씩 해결되어야 한다. 주인공과 그의 적은 단일한 캐릭터의 분열된 두 인격이었다거나, 그 로봇의 경험은 10년 전에 일어난 일이라거나, 승무원 2명이 실은 안드로이드였다는 식으로 말이다.

스포일러는 반드시 막아야 한다. 그렇지 않으면 해당 작품을 아직 보지 못한 사람들의 경험을 완전히 망쳐 버릴 수 있다. 스포일러란 폭발하고 나면 쓸모없어지는, 지식 재산계의 지뢰 같은 것이다. 우리는 타인을 위해 비밀을 지키고 '지식 재산'의 가치를 유지할 의무가 있다. 상업적 엔터테인먼트의 열혈 팬들은 연관된 웹사이트며 대화방을 모두 다 찾아다니고 정식 출간된 소설을 모조리 읽으며 만족을 느낀다. 열혈 팬들은 모르는 답이 없다. 그 작품과 연관된 제품을 죄다 구매했기 때문이다. 게임 속에서 강력한 몬스터 팀을 구성하려면 비싼 카드를 계속 사야 하는 것처럼 텔레비전 드라마를 마스터하려면 돈과 노력이 필요하다.

스포일러가 모두 풀리고 나면 열혈 팬은 텔레비전 드라마 속에서 그동안 '실제로' 무슨 일이 있었는지 아는 상태로 앞부분의 에피소드를 다시 찾아본다. 아리송함은 더 이상 없다. 시청자는 모든 것을 훤히 아는 상태로 다시 한번 스토리를 경험한다. 마치 이렇게 모든 것을 아는 게 바로 내가 원했던 마음 상태라는 듯이, 애당초 인간에게 '의식이 있다'는 게 무슨 뜻인지는 까맣게 잊은 채로 말이다.

드라마 내용 중에 완전히 해소되지 않은 부분이 있다면 그것은 해당 드라마의 '흠결'이 된다. 열혈 팬이 모든 것을 앞뒤가 맞게 설명하는 걸 방해하기 때문이다. 그런 부분은 새로운 미스터리가 펼쳐질 즐거운 기점이 아니라, 플롯상의 구멍이자 콘티상의 에러 혹은 제작자가 간과한 부분으로 간주된다. 상업적 엔터테인먼트는 늘 관객이 지불한 돈만큼의 가치를 해야 하므로, 스토리텔러에게 모든 것을 맡긴 이상 스토리는 완벽히 해소되어야 한다. 바로 이런 요구 때문에 상업적 엔터테인먼트는 계속해서 더 많은 프레임, 더 많은 픽셀을 사용한다. 마치 영상을 더 크고 선명하게 보는 게 늘 더 좋은 일이라는 듯이 말이다. 우리가 스토리를 이해하는 게 아니라, 제작자가 이해될 만한 스토리를 만든다. 그래서 우리가 돈을 내는 것이다.

스토리에서 완전히 해소되지 않은 부분은 할리우드의 진부한 형식을 떠받치고 있는 허구들뿐만 아니라 진부한 사회 질서를 떠받치는 허구들까지 어지럽힐 위험이 있다. 의미 있는 유일한 포상은 값비싼 물건, 승진, 트로피 와이프, 자본 축적뿐이라고 말하는 출세 지향적 문화의 질서 말이다.

스토리에서 완전히 해소되지 않는 부분은 예술과 상업을 구별해 준다. 인간을 가장 인간답게 만들어 주는 최고의 예술은 스포일러에 의존하지 않는다. 피카소가 그린 그림과 제임스 조이스가 쓴 소설에서 대체 뭐가 '스포일러'가 될 수 있을까? 뜻밖의 결말을 이미 안다고 해서 『시민 케인Citizen Kane』처럼 고전적 구조를 가진 예술 영화의 충격이 반감되지는 않는다. 이런 명작들은 우리에게 답을 주는 게 아니라 새로운 질문을 던진다. 답이 있다면 그것은 오직 관객이 만들어 내는 것이다. 잠정적이고 협업적인 방식으로 작품에 대한 적극적 해석을 통해서 말이다.

예술은 우리를 참신한 방식으로 생각하게 만든다. 새로운 접근법과 가능성을 생각해 보게 한다. 그리고 종종 낯설고 불편한 심경을 유도한다. 예술은 우리를 잠들게 하는 게 아니라 흔들어 깨운다. 자칫 잊힐 수 있는 인간다움에 관해 무언가를 경험하게 만든다. 그 빠진 부분을 뭐라고 꼬집어 말하거나 즉각 관찰하거나 알고리즘으로 처리할 수는 없지만, 이름을 붙이거나 묘사하거나 해결하기 전에도 그것은 분명히 거기에 있다.

그것은 살아 있고, 역설적인, 팀 휴먼만의 고유한 영역이다.

0 6 3

인간은 역설에 끌리고 역설을 통해 힘을 얻지만, 시장 주도형 기술과 엔터테인먼트는 완벽하게 매끈한 시뮬레이션을 만들기로 작정한 것으로 보인다.

그래픽 화질을 보면 몇 년도에 나온 영화인지, 비디오 게임인지 정확히 알 수 있다. 수증기를 표현한 해, 빛을 반사하는 법을 배운 해, 바람에 털이 쓸리게 만든 해가 있다. 로봇의 발전상도 비슷하게 측정된다. 말을 하고, 물건을 잡고, 우리 눈을 들여다보고,

인공 피부를 장착한 것이 모두 기준이 된다. 이런 하나하나의 개선 사항들이 바라는 궁극의 시뮬레이션은 너무 똑같아서 실물과 구분이 안 되는 영화, 가상현실 체험, 로봇이다.

다행히도 그 목표는 절대로 달성되지 않을 것이다. 디지털 시뮬레이션이 향상될수록 시뮬레이션과 현실 세계를 구분하는 인간의 능력도 향상될 것이다. 우리는 기술 기업들이 시뮬레이션을 발달시키는 속도보다 빠르게 우리의 감각 기관을 발달시키려고 열심히 경주를 펼치고 있다.

애니메이션 제작자와 로봇 연구자들이 가장 따라 하기 어려운 것은 살아 있는 인간이다. 만들어진 인물이 실제에 너무 가까우면,[2] 다시 말해 우리를 완전히 속일 만큼은 아니지만 어디가 다른지 콕 집어 말하기 어려울 정도로 실제에 너무 가까우면, 우리는 '불쾌한 골짜기uncanny valley'라고 알려진 불안 상태에 빠진다. 로봇 연구자들이 이 현상을 눈치챈 것은 1970년대 초지만,[3] 영화 제작자들이 이 문제에 맞닥뜨린 것은 1980년대 말이다. 영화 제작자들이 사람의 아기가 등장하는 짧은 컴퓨터 애니메이션을 만들어 시사회를 했는데 그 시사회에 참석한 관객들이 불쾌함과 분노를 드러냈던 것이다. 그들이 수많은 디지털 애니메이션을 만들면서도 장난감이나 로봇, 자동차를 주제로 삼는 이유는 바로 이 때문이다. 이런 것들은 꺼림칙한 기분을 자극하지 않으니, 오히려

211

설득력 있게 만들기가 쉬운 것이다.

인간과 비슷한 것을 봤을 때 어느 정도 호감도가 높아지다가 일정 수준에 다다르면 우리는 현기증이 인다. 왜냐하면 우리는 사람의 얼굴에 드러나는 미묘한 신호를 읽어 내고 거기에 반응하기 위해 수십만 년간 우리의 신경계를 정밀히 조정해 왔기 때문이다. 우리는 누군가 미소를 지으려고 눈이 가늘어지거나 볼에서부터 이마까지 얼굴이 발그레해지는 것을 알아챈다. 그리고 이런 생물의 신호가 없다는 사실 또한 금방 알아챌 수 있다. 시뮬레이션은 내가 상대하는 것이 살아 있는 물체가 아니라는 느낌을 주기 때문에 소름끼칠 수밖에 없다.

현실 세계에서도 이렇게 가짜라는 느낌을 받을 때가 있다. 차를 타고 시골길을 가다가 문에 말을 묶어 놓는 고리가 있고, 식민지 시대 특유의 기둥까지 세워져 있는 가짜 농장을 봤을 때 바로 그런 느낌을 받는다. 또는 라스베이거스의 스카이라인과 디즈니월드의 골목길이 묘하게 닮았을 때도 그런 기분이 든다. 대본에 적힌 그대로 줄줄 외기만 하는 세일즈맨과 어떻게든 대화를 시도해 보려고 할 때도 마찬가지다.

소비자 중심 문화는 진짜 내 모습이 아닌 역할들까지 한번 맡아보라고 부추긴다. 어찌 보면 이런 문화 자체가 하나의 시뮬레이션이다. 계속해서 더 많은 것을 구매해야만 환상이 깨지지 않을 수 있는 시뮬레이션 말이다. 다만 우리는 무슨 코스프레를 하듯이 재미로 한번 해 보는 게 아니라 그게 내가 선택한 생활양식이라고 믿으면서 영원히 그렇게 살아야 한다. 우리는 몸, 표정, 말로 서로 소통하는 게 아니라, 내가 구매한 물건, 밖에서 보이는 우리 집의 모습, 은행 계좌에 찍히는 숫자로 소통한다. 이런 물건들이나 사회적 표지는 결국 가상 세계의 아바타나 다름없다. 실제 세상보다는 게임 세상에 더 잘 어울린다.

문제는 우리가 나 자신으로부터 소외된 느낌을 받을 수 있다는 점이다. 나는 내 삶에서 어떤 캐릭터를 연기하기로 결정했나? 잘못된 배역 혹은 아예 잘못된 연극에 캐스팅됐다는 느낌을 받는다면 고도로 발달된 우리 내면의 감지기가 뭔가 잘못됐음을 경고하는 것이다. 우리가 지지하는 환상과 현실 사이에 간극이 있다고 알려 주는 것이다. 저 깊숙한 곳에 위치한 우리의 감수성이 '이건 가짜야! 믿지 마. 함정일지 몰라'라고 말해 주고 있는 것이다. 우리가 나를 환영하는 줄 알고 적진에 들어갔다가 혼쭐이 나는 네안데르탈인은 아니지만, 정교한 계략의 타깃이 되어 있는 것만큼은 사실이다. 진화도 미처 예상치 못했던 어떤 계략의 타깃 말이다.

가상현실이든, 쇼핑몰이든 혹은 어떤 사회적 역할이든, 우리가 어느 시뮬레이션에 거북함을 느낀다면 그것은 결코 무시하거나 억압하거나 약을 먹어서 해결할 일은 아니다. 오히려 우리는 있는 그대로 느끼고 표현해야 한다. 이런 상황들이 비현실적으로 느껴지고 불편한 데는 그럴 만한 이유가 있다. 인간적 가치와 가짜 우상을 구별해야 한다는 것은 종교의 핵심 가르침이며, 사회 정의가 시작되는 지점이기도 하다.

불쾌한 골짜기는 우리의 친구다.

0 6 4
———

시뮬레이션을 깨고 나오는 가장 쉬운 방법은 가짜임을 눈치채고 더 이상 게임의 룰을 따르지 않는 것이다.[4]

속임수로는 안 된다. 불법 내부 거래나 경기력을 향상시키는 약물 같은 것은 사람들이 이기기 위해서라면 어디까지 갈 수 있는지를 보여 줄 뿐이다. 오히려 속임수는 게임의 판돈과 현실성을 키울 뿐이다.

게임 자체를 깨고 나온다는 것은 흥을 깨는 사람이 되겠다는 뜻이다. 경기장도, 경기 규칙도, 승리의 가치도 인정하기를 거부하겠다는 뜻이다. (이겨 봤자 게임이 끝날 뿐이라면 이길 필요가 무엇인가?) 일부 비서구 문화권에서 흥을 깨는 사람은 주술사다. 주술사는 더 큰 패턴과 관계를 보기 위해 부족과 떨어져 산다. 한 사람의 성공이 직장에서의 성취로 측정되는 세상에서 흥을 깨는 사람은 사회의 이익을 위해 상업적 보상을 기꺼이 희생하는 사람이다. 소셜 미디어의 '좋아요' 숫자가 인기의 척도인 중학교에서 흥을 깨는 사람은 소셜 미디어 애플리케이션을 지워 버리거나 휴대전화 자체를 소유하지 않는 학생이다. 흥을 깨는 사람은 게임 논리 내에서는 이해될 수 없는 행동을 한다.

이렇게 원칙에서 벗어난 행동은 전통에 반기를 든다. 순응의 음모를 깬다. 알고리즘을 당황시킨다. 인공지능을 비롯해 사회 통제에 동원되는 수단들은 어느 한 카테고리에 집어넣을 수 없는 대상을 만났을 때 잘 대처하지 못한다. 괴상함은 힘이다. 거짓된 이진법을 해체하고 열려 있는 모든 가능성을 예찬하기 때문이다. 별난 행동이 열어젖히는 애매모호한 지대에서 돌연변이가 나타나고 혁신이 탄생한다.

인간만이 가진 독특한 측면들을 발휘하게 하는 것들이 바로 유머나 장난, 음악, 마술 같은 것들이다. 기계나 시장은 결코 이런 것들을 이해하거나 그 가치를 알 수 없다. 코미디를 이해하려면 나를 남과 동일시하며 상대의 곤경 속에서 나의 곤경을 볼 수 있어야 한다. 음악은 아름다움으로 소통하며, 예술은 외부 세계와 나의 관계, 나의 자의식에 의문을 제기한다. 마술쇼는 우리가 그래야 한다고 믿는 것과 실제 보이는 것을 대조시켜 우리가 논리적이라고 생각하는 게 틀릴 수 있음을 보여 준다.[5] 영적 마술은 나의 의지와 우주의 원리 사이에 불가능해 보이는 관계를 탐구한다.

괴상함은 경계를 무너뜨린다. 현실을 창조하는 데 나 역시 공모자였음을 보기 싫어도 보게 만든다. 주어진 프로그램을 벗어나 대안을 실험하게 한다. 우리가 가진 모형 중에서 절대적인 것은 없다. 그러나 그게 바로 핵심이다. 우리는 다들 내 현실이라는 터널에 갇혀 현실 세계의 아주 제한된 그림만 보며 산다. 그게 우리의 공통점이다. 이 그림을 완성하는 최선의 방법은 더 많은 사람과 더 많은 관점을 끌어 모으는 것이다.

그렇기 때문에 흥을 깨는 사람이 되는 것은 사회적 시그널이다. 설정된 프로그램에서 벗어나 인간성을 회복할 방법을 모색 중인 사람들에게 큰 소리로 외칠 수 있는 방법이다.

괴상함이야말로 우리를 구분해 주는 요소일지 모른다. 하지만 조심하라. 괴상한 행동은 금세 눈에 띄기 때문에 그것을 복제해서 상품화하여 정체성이랍시고 우리에게 되파는 사람도 있을지 모른다. 단순히 특정한 스타일을 채용했거나 사회적 약자라는 사실만으로는 진정으로 '변칙적인 사람'이라고 부를 수 없는 이유가 바로 그 때문이다. 중요한 것은 더 깊이 연대할 수 있는 사람들을 찾아내는 것 그리고 우리가 서로를 알아볼 때 사용하는 신호는 더 큰 목적을 위한 수단에 불과하다는 사실을 인식하는 것이다.

1960년대에 어느 반문화적 심리학자가 버클리에서 강연을 한 후 객석의 질문을 받았다. 젊은 여자 한 명이 자리에서 일어나더니, 자신은 우리가 깊이 이어져 있고 세상에 대해 다 함께 책임을 지고 있다는 사실을 이해하지만, 그래서 뭘 더 어떻게 해야 할지 모르겠다고 말했다. 심리학자가 답했다. "생각이 같은 사람들을 찾아내세요."[6]

생각이 같은 사람들을 찾아내라. 우리를 온전한 인간으로 만들어 주는 사회 관계를 회복하라. 우리를 떨어뜨려 놓는 모든 관습과 제도와 기술과 사고방식에 반대하라. 우리를 분리하려는 작전에 맞서는 방법은 간단하다. 인종차별주의자들의 증오 연설, 억압적인 제로섬 경제, 독재자와 신자유주의 강경파들의 전쟁 도발을 거부하라. 그러나 우리의 연대를 막는 장애물 중에서도 더욱 깊이 박혀 있고 더 악랄한 것은 내면화된 것들이다. 내면화된 장애물들은 모두 수치심과 관련이 있다.

우리는 일찍부터 남들과 돈에 관한 얘기를 나누지 말라고 교육받았다. 개인의 연봉이나 통장 잔고는 질병 이력만큼이나 민감한 사생활로 간주된다. 왜일까? 이 습관의 뿌리를 찾아보면 그 근원에는 소작농들의 신분 상승이 있다. 귀족들은 자신들이 더 이상

부상 중인 중산층보다 앞서갈 수 없음을 깨달았다. 그렇다면 돈이 아닌 다른 방법으로 신분을 나타내야 했다. 이를테면 고귀한 출생 신분 같은 것 밀이다. 부르주아의 옷이나 인테리어 스타일을 따라갈 수 없었던 귀족들은 덜 화려한 아름다움을 추구했다. 수백 년간 이어져 온 허례허식의 삶이 역전되는 과정에서 이제는 부를 과시하는 것보다 숨기는 게 더 세련된 행동이 된 것이다.

지금도 누구에게 얼마나 버냐고 묻는 것은 무례한 행동으로 간주된다. 상황에 따라 너무 적게 버는 게 창피할 때도 있고, 너무 많이 버는 게 수치일 때도 있다. 그러나 부자인 것 혹은 가난한 것을 숨기는 사회 관습은 서로의 감정을 보호하는 것보다는, 상사의 지배력을 보호하는 것과 더 관련이 있다.

상사가 내 연봉을 올려 주려면 나는 아무에게도 그 사실을 말하지 않아야 한다. 왜냐하면 그 사실을 말했다가는 다른 사람들도 모두 똑같이 요구할 것이기 때문이다. 만약 비밀을 유지한다면 나는 경영진과 공모 관계가 된다. 학대를 당했지만 사탕을 받고 입을 다물기로 하는 어린아이와 같은 행동을 한 셈이다. 이때의 뇌물은 수치심에 기초한 계약이 된다. 이 계약이 깨지는 것은 오직 피해자가 비밀을 털어놓을 사람, 똑같은 학대를 겪은 사람을 찾아냈을 때다. 그리고 진짜 힘이 생기는 것은 그들이 폭로할 준비가 되어, 학대에 반대하는 사람들의 운동으로 발전했을 때다.

마찬가지로 조합에 힘이 생기는 것은 단순히 단체 교섭력 때문이 아니라 조합의 결성이 만들어 내는 집단 감수성 덕분이다. 먹다 남은 음식을 놓고 노동자들끼리 경쟁하게 만들려고 했던 경영진의 노력은 노동자들이 서로 대화를 주고받는 순간 수포로 돌아간다. 택시 애플리케이션이나 온라인 심부름 서비스 플랫폼에 노동자들끼리 서로 경험을 나눌 수 있는 대화창 기능이 없는 것은 그 때문이다. 대화는 결속을 낳고, 결속은 불만을 낳는다.[7]

종교, 사이비집단, 정부, 소셜 미디어 플랫폼은 모두 똑같은 술책으로 구성원들을 장악한다. 개인의 비밀이나 성적 취향, 정체성 문제 등을 알아낸 다음, 그것을 빌미로 구성원을 협박하는 것이다. 스타 배우들이 사이비집단을 빠져나오고 싶어도 그러지 못하는 이유는 폭로가 두렵기 때문이다. 사이비집단 중에는 타깃으로 삼은 사람의 가장 사적이고 수치스러운 비밀을 알아내기 위해 거짓말 탐지기를 동원하는 곳도 있다.[8] 그러나 이런 기술도 한때 교회가 부유한 교구민을 협박하거나 가난한 교구민에게 수치심을 일으켜 착취에 순종하게 만들 때 사용했던 고해성사실의 업그레이된 버전에 불과하다.[9]

새로운 젠더, 인종 정체성, 여러 장애 등이 급격히 증가하는 것은, 다른 사람과의 차이에 낙인을 찍고 외부인이라 부를 수 있는 자들에게 불이익을 주게끔 설계된 사회적 프로그래밍에 정면으로 역행한다.

　수치심에도 사회에 유익한 기능이 있다. 규범을 어긴 사람에게 망신을 주면 집단의 단결을 강화하고 규칙을 준수하게 만드는 데 도움이 된다. 대학교의 남학생 사교클럽에서 신입회원에게 수치심을 느끼게 해 남자다움을 과시하는 행동을 하게 만드는 것은, 겉으로만 선한 척하는 종교인들이 추종자의 수치심을 이용해 복종하게 만드는 것과 같다. 이보다 친사회적인 사람들도 똑같은 망신 주기 전략을 사용한다. 다시는 친구들을 괴롭히지 못하게 하려고 학교가 학생에게 망신을 주기도 하고, 오염 유발 기업을 응징하는 차원에서 환경운동가들이 기업에 망신을 주기도 한다. 문제는 파괴적인 행동을 저지르는 사람이나 기관은 망신의 영향을 크게 받지 않는다는 점이다. 친구들을 괴롭히는 학생은 본인의 무용담을 자랑스러워하고, 기업은 아무 감정을 느끼지 못한다.

　사회적 낙인에 정말로 상처받는 사람들은 오직 인간다운 사람들이다. 사회적 낙인은 사람들을 결속하는 데 오히려 역효과를 낳는다. 인간적인 팀이라면 공동의 바람과 욕구, 장점, 약점에 기초를 두고 있어야 한다. 그러려면 망신을 줄 것이 아니라 개방성을 적극 포용해야 한다.

　인터넷은 종종 어쩔 수 없이 투명성을 강요할 때가 있다. 그것이 오히려 수치심을 사라지게 하거나 이전에는 결코 넘지 못했던 경계를 넘어 새로운 결속이 가능하게 만들기도 한다. 어디를 가나 노출되고 감시받는 디지털 문화의 부흥과 함께 동성애 결혼이나 대마초 합법화가 이뤄진 것은 결코 우연이 아니다.

사람들이 더 이상 침묵할 만큼 수치심을 느끼지 않는 일은 그때부터 '정상'이 된다.

0 6 6
——

수치심이 사라지고 나면 우리가 인간인 데서 비롯된 믿기지 않을 만큼의 신성한 엉뚱함을 한껏 경험할 자유가 생긴다. 우리는 안전한 컴퓨터 시뮬레이션을 떠나 사회적 친밀성이라는 혼돈에 뛰어들 자신감이 생긴다. 가상현실의 세계가 얼마나 생생하고 로봇의 표정이 얼마나 진짜 같은지 감탄하는 대신, 한 줄기 산들바람과 연인의 손길로 우리의 감각을 깨울 수 있다.

불쾌한 골짜기의 섬뜩함을 경외의 환희로 바꿀 수 있다.

어쩌면 경외는 인간 경험의 최고봉일 것이다. 경외는 역설의 너머에 위치한다. 자연에서 인간만이 맡고 있는 고유한 임무가 무언가를 '의식'하는 일이라면, 무언가를 관찰하며 마음을 온통 뺏겨 버리는 것보다 더 인간적인 일이 또 있을까? 산꼭대기에 올라

눈앞에 펼쳐진 광경을 눈에 담을 때, 아이가 태어나는 모습을 볼 때, 별이 가득한 밤하늘을 응시할 때, 수천 명의 사람들과 함께 행진을 하거나 행사를 진행할 때, 별개의 '나'라는 개념은 완선히 사라져 버린다. 우리는 관찰자의 눈인 동시에 내가 속한 그 전체가 되는 경험을 한다. 이는 불가능한 개념이지만, 권력과 수동성, 각성과 수용을 동시에 경험하는 것은 부인할 수 없는 사실이다.

심리학자들은 우리가 경외를 경험하면 자기 중심성, 스트레스, 냉담함, 무관심을 줄일 수 있다고 말한다. 경외는 사람들이 의미와 목적성을 더 많이 느끼고, 나에게서 관심을 돌려 집단 전체의 이해에 관심을 가지게 도와준다.[10] 경외는 심지어 면역 반응을 조절하고 염증을 줄인다. 새로운 실험 결과에 따르면 경외심을 잠시만 느껴도 사람들은 더 이타적이고, 협력적이고, 자기희생적인 행동을 보인다고 한다. 경외를 느낀 사람은 자신보다 더 큰 무언가의 일부가 된 기분을 느끼고, 그로 인해 자기도취에 덜 빠지고, 주위 사람의 요구에도 더 귀를 쫑긋 세운다는 증거도 있다.

안타깝게도 현대 사회에서는 경외를 경험할 기회가 점점 더 줄어들고 있다. 캠핑을 가거나 자연을 즐기는 시간도 줄었고, 밤하늘은 인공 불빛에 오염되고, 예술이나 문화 참여도 저조하다. 경외는 간단한 지표로 측정할 수 있는 게 아니다. 그러다 보니 공립학교의 예술 수업이나 야외 수업은 학교 평가의 잣대가 되는 시험 준비용 수업에 밀려났다.

극적인 감정 상태가 모두 그렇듯이 경외도 필요에 따라 이용할 수 있다. 영화는 스토리라인 중 특정 순간에 경외의 효과를 높이기 위해 거대한 장관을 연출하고 특수 효과를 동원한다. 독재자들은 추종자들을 광분시키면서도 논리적 토론은 피해갈 수 있게 대규모 집회를 개최한다. 심지어 쇼핑몰조차 경외심을 불러일으키려고 천장을 높게 만들고 거대한 분수대를 설치한다. 잠시 동안 경외는 우리의 모든 감각을 압도하면서 마음속을 깨끗이 비워 준다. 그리고 새로운 것에 조금 더 마음을 열 수 있게 해 준다. 이는 새로운 정보를 받아들이는 데도 도움이 되지만, 누군가의 조종에 취약해지게 만들기도 한다. 경외심으로 상대를 조종하는 사람에게 한 번 데고 나면, 다시 경외에 마음을 열기란 곱절로 어렵다. 놀랄 일이 생기는 것에 대한 방어기제로 시큰둥하고 냉소적이 된다.

그러나 남용될 여지가 있다고 해서 우리가 경외를 포기해야 하는 것은 아니다. 경외심은 우리를 더 인간답게 만들어 줄 수 있는 잠재력을 갖고 있기 때문이다. 진정한 경외심과 조작된 흥분은 다르다. 그랜드캐년의 풍광을 바라보는 것과 인산인해를 이룬 국수주의 신봉자들의 집회 한가운데 서 있는 것은 다르다. 조작된 흥분은 사람들을 통합시키는 게 아니라, 개별 소비자나 추종자로 분리시킨다. 우리는 파편화된 채, 친애하는 지도자와 나의 관계만 생각한다. 진정한 경외에는 숨겨진 의도가 없다. 그것은 특정한 목적이나 계획, 사람을 향하지 않으며, 시간제한도, 부쩔러야 할 적도 없다. 나와 다른 '남'은 없다.

진정한 경외는 시간이 흘러도 변치 않으며, 한계도 분열도 없다. 우리 모두가 속하고 모두를 하나로 만들어 주는 전체가 있을 뿐이다. 이런 자각을 계속 놓치지 않을 수 있다면 얼마나 좋을까.

10장

영성과 윤리

자본주의에 사로잡힌 윤리

067

———

현대성이 딱히 경외에 도움이 되지는 않는다. 우리는 낮과 밤, 달, 계절의 더 큰 순환 주기와 단절된 괴로움을 안고 살고, 우리에게 영감을 줄 수 있는 주위의 새로운 것들을 알아보거나 목격하기도 더 어려워졌다. 이제 영성靈性은 지금 경험할 수 있는 어떤 상태라기보다는 향후에 이뤄야 할 또 하나의 목표가 됐다.

지금은 아니지만, 인류 전체의 경험으로 보면 우리는 시간을 순환하는 것으로 이해하며 보낸 세월이 훨씬 길다. 최근에 와서야 우리는 시간에 역사적 접근법을 채용했고, 그에 따라 우리의 영적 운명도 더 공격적으로 드러내게 됐다. 그게 바로 인간이 수백만 년간 가지고 살았던 영적 시스템과 지난 수십 년 혹은 수백 년간 식민주의를 부채질했던 갓 태어난 종교 사이의 가장 큰 차이다.

시간이 순환한다고 생각하면 내 행동의 책임을 남에게 떠넘기거나 회피할 수 없다. 누구나 환생할 것이기 때문에 누군가에게 나쁜 짓을 하면 그들을 다시 만나게 된다. 자연을 훼손하면 결국 같은 자연 속에 다시 태어날 것이다. 시간과 역사는 존재하지 않으며 개인은 끝나지 않는 현재를 산다.[1] 그 결과 만인과 만물은 동일한 생명의 원천에서 나와 서로에게 의존한다.

문자의 발명으로 인간은 과거를 기록하고 미래를 약속할 수 있는 능력을 갖게 됐다. 역사적 시간이 탄생했고,[2] 이는 영생과 영원한 현재의 종말을 뜻했다. 일방향의 종교와 유일신교가 시작됐다. 과거와 미래라는 개념이 생기기 전에는 피조물에 이토록 잘못된 게 많은데 어떻게 전능한 단일의 신이 존재할 수 있는지 설명하기가 어려웠다. 역사가 생기고 나자, 불완전한 세상도 아직 만들어지고 있는 '과정'이라고 정당화할 수 있었다. 신은 완벽하지만 세상은 아직 신의 계획대로 완성되지 않았다. 언젠가 구원의 시기가 오면 신의 완벽함이 세상에 드러날 것이다. 믿음이 깊거나 신의 율법을 지킨 자들은 결국에 아무 문제도 없을 것이다. 성경은 한 민족이 노예 상태를 벗어난 과정에 대한 연대기이자 신과의 계약이었다. 율법을 따른다면 미래에 번영을 누리게 해 주겠다는 약속 말이다.

그래서 '전후前後'의 이원성은 종교의 중심 전제가 됐다. 이제 모든 것은 한 방향으로 움직였다. 시간이 지나도 변치 않고 서로 연결된 우주의 완전성과 가능성 대신에, 경전이라는 세상에는 타임라인이 있고 운명이 있었다. 적어도 믿음을 가진 사람들에게는 말이다. 미래는 사람들과 신을 위해 만들어지고 있는 중이었다. 내일은 오늘보다 나을 것이다. 환생은 낡고 구닥다리가 됐다. 오직 한 명의 메시아가 죽음으로써 모두가 부활했다. 메시아가 돌아오면 모든 게 끝난다. 이것은 시작과 중간, 끝이 있는 하나의 스토리였다.

이렇게 시간을 일직선처럼 새롭게 이해하고 나니, 바람직한 파급효과도 있었다. 윤리와 진보에 대해 완전히 새롭게 접근하게 됐다. 인간은 세상을 더 나은 곳으로 만들 수 있고, 더 큰 정의를 향해 행동할 수도 있었다. 성경에 나오듯이 고대 유대인들은 노예 신분을 벗자, 자신들의 이야기를 스스로 만들어 갈 수 있는 자유가 생겼다. 모세와 그의 처남은 새로운 윤리를 따르게 된 사람들이 지킬 법률을 즉각 작성했다. 종교는 세월이 흘러도 변치 않는 일련의 의식에서 누군가 알려 준 행동 원리로 바뀌었다.

한편 우리는 미래에 초점을 맞추었다. 그 덕분에 의도된 목적을 위해서라면 정당화하지 않는 수단이 없을 정도였다. 십자군 전쟁 같은 잔혹한 참사나 헤겔과 마르크스의 진보 철학은 모두 목적론적 세계관에 의존하고 있었다. 좋게만 전개된다면 이들 접근법은 우리가 윤리와 사회 정의에 더욱 매진할 수 있게 만든다. 그러나 목적론적 세계관은 우리를 현재와 분리시키는 경향도 있다. 우리가 믿는 더 고귀한 목적과 훗날의 보상을 위해 지금 당장은 폭력이라도 저지를 수 있는 것이다.

우리는 저 먼 곳만 보며 달리느라, 달리는 도중에 우리가 황

폐화한 것들을 보지 못한다. 우리는 숲을 영원히 없애 버리고, 다시 채울 수 없는 석탄과 석유, 물을 꺼내 쓴다. 지구도, 사람도 쓰고 버릴 수 있는 자원으로 취급한다. 우리는 사치스러운 기술을 구현하려고 인간을 노예로 만들고, 동떨어진 곳에 사는 사람들을 환경오염과 빈곤으로 내몬다. 기업들은 이렇게 처참한 부작용을 '외부 효과'라고 부른다. 사업을 하는 데 따라오는 이 부수적 피해를 고스란히 떠안고 살아가야 하는 사람들, 지역들은 기업의 손익계산표에서는 자취를 감춘다.

업보나 환생을 믿었다면 자신이 한 행동의 파급효과를 겁내지 않고 그런 잔혹한 행위를 저지르기는 쉽지 않았을 것이다. 모든 것은 나에게 되돌아오므로 아무것도 남에게 떠넘길 수 없기 때문이다. 종교에서 환생의 개념이 사라지면서 우리는 내가 오늘 피해를 준 사람을 언젠가 다시 만나게 될 거라고 걱정할 필요가 없어졌다. 신의 개입을 믿으면서 우리는 오히려 더 자유롭게 자연을 파괴하고 하늘의 구조를 기다리게 됐다.

시간이 순환하는 것이라고 이해하면 세상의 종말과 같은 정도를 벗어난, 단 한 번으로 끝나는 순간은 떠올릴 수 없다. 모든 것은 그냥 존재하고, 늘 존재해 왔기 때문이다. 진보 따위는 없다. 계절과 순환이 있을 뿐이다. 실제로 유대교 이전의 많은 종교가 인간이 하는 일 중에 완전히 처음인 것은 아무것도 없다고 가르쳤다. 그 종교들은, 인간의 행위는 원형이 따로 있는 어떤 행동을 끝없이 반복하는 것으로 생각했다. 누가 어떤 행동을 하든, 어떤 물건을 만들든, 그게 중요성을 띠려면 현실 속에 울림을 만들어 내야 했다. 행동이 의미를 갖는 것은 신을 재현하기 때문이다. 사랑을 나눌 때마다 사람들은 신들의 결합이라는 원형을 재현하고 있는 것이다. 인간이 만들거나 세운 것은 모두 신이 가진 창의성의 메아리에 불과했다.

현대성이라는 그물에 걸려든 사람들에게는 진보를 강조하지 않는 이런 얘기가 아무 목적 없는 따분한 소리처럼 들릴 수도 있다. 애당초 독창성도, 저자라는 개념도, 저작권도, 특허권도 없다. 아무 방향성이 없다.

그러나 방향성이 없더라도 이게 훨씬 더 지속 가능한 방식이다. 천연 자원을 모두 쓰레기로 바꿔 버리는 일방향 흐름보다는 말이다. 그런 일방향 흐름은 자연과 존재의 재생 원칙에 어긋난다.

사람들은 원래 순환을 믿었다. 일방향을 믿게 된 건 최근의 일이다.

다신교를 믿을 때 사람들은 신을 구현하고 우주의 진개와 연결되어 있는 느낌을 받았다. 사람은 환생을 믿었고 시간은 그 본성상 순환하는 것이었으므로 모든 것은 상호 의존적이며 서로에게 책임을 질 수밖에 없었다.

유대교는 신이 구현되는 경험을 추상적 일신교로 대체했다. 일신교에서는 신을 재현하는 것이 아니라 신을 숭배하고 신의 규칙을 따른다.[3] 기독교는 환생의 순환성을 구원이라는 일회성으로 대체했다. 우리는 영원한 은총의 천국에서 추락해 죄를 짓고 구원을 기도한다.[4]

이런 신앙의 변화에는 장단점이 있다. 법을 만들고 혁신을 일으키고 진보에 매진하는 문명도 자연에 대한 숭배와 생명의 순환, 신성한 순간들과 균형을 이룰 수 있다. 그러나 일신교의 진보적이고 일방향적 기대가 자본주의가 기대하는 내용과 딱 맞아 들어가면서 균형은 깨지고 말았다. 균형이 있던 자리에는 승리만을 좇아 성장과 확장, 착취를 추구하는 태도가 들어찼다.

유럽 식민주의자들의 파괴성을 목격한 아메리카 원주민들은 침략자들이 무슨 병에 걸린 줄 알았다. 그들은 이 병을 '웨티코wet-tiko'라고 불렀는데,[5] 이는 타인의 생명력을 마구잡이로 파괴하는 것만이 도덕적으로 올바르고 논리적으로 사는 길이라고 생각하는, 망령된 믿음을 뜻하는 말이었다. 아메리카 원주민들은 사람들이 서로 그물망처럼 얽혀 있고 자신을 상호 의존하는 자연의 일부로 인식하지 못하기 때문에 웨티코가 생긴다고 보았다. 이런 단절이 일어나면 자연은 더 이상 모방의 대상이 아니라 정복의 대상이 된다. 여성, 원주민, 달, 숲은 모두 검고 사악하여, 남성과 그의 문명화 기구, 무기, 기계로 정복할 대상이다. 힘이면 다 된다. 왜냐하면 힘 자체가 신성함의 표현이기 때문이다.

웨티코를 순전히 유럽인 탓으로 볼 수는 없다. 이런 성향은 정착 생활, 곡식 비축, 일꾼의 노예화가 시작된 시기까지 거슬러 올라간다. 악의를 가진 착취와 파괴는 오랫동안 일종의 정신병으로 인식됐다. 성경에 나오는 바로도 그 병을 앓고 있었다. 하나님이 그의 심장을 딱딱하게 만들어 자연과 그 어떤 공감도, 연결성도 느끼지 못하게 했다고 할 만큼 말이다. 바로는 다른 인간을 박멸할 해충으로 보았고, 농경이나 마차와 같은 그의 우월한 기술을 이용해 자연을 그의 뜻대로 하려고 했다.

유대교도, 기독교도 웨티코의 위협에 대해 예방책을 마련하려고 했다. 초창기의 사제들은 자연과 단절되어 추상화된 신을 숭배한다면 이전에 이교도였던 사람들에게서 공감 능력과 유대감이 줄어들 것임을 알고 있었다. 유대교는 신을 그림에서 제외하는 방식으로 이를 보완하려 했다. 말 그대로 신을 '묘사하지' 않았다. 고대 히브리인들은 죽음을 숭배하는 이집트에서 이제 막 탈출한 상태였다. 종교에 대해서 말하자면 그들은 오픈소스식 접근법을 취했다. 참여자들이 끊임없이 수정할 수 있게 만든 것이다. 심지어 종이에 적힌 성경의 글자조차 투명하게 보이게 만들려고 했다. 이집트에서 예배를 보았던 제단과는 달리 히브리인들의 제단에는 아무런 우상도 없었다. 히브리인들은 두 명의 지천사智天使가 지키는, 버젓이 비어 있는 공간을 숭배했다. 우상을 없앰으로써 사람들은 서로를 신성하게 볼 수 있었다. 심지어 율법을 읽을 때는 반드시 열 명 이상이 참석해야 한다고 법으로 정하기까지 했다. 마치 예배가 사회 행위인 것처럼 말이다.

기독교 역시 종교는 그 자체로 중요한 것이 아니라 타인에 대한 사랑을 경험하고 표현하는 방법이라는 지혜를 복원하려 했다. 새로운 형태의 유대교는 그 자체로 이미 우상이 되어 버린, 글로 된 율법에서 관심을 돌려 다시 그 핵심 의미로 돌아가려 했다. 성경에 나오는 그리스도는 종교가 배경이 아닌 전경이 되는 것을 막으려 하고 있었다.

그러나 예수님이 못 박혀 있는 십자가상은 처음에는 십자군 전쟁에서, 나중에는 자본주의와 산업화가 도래해 식민 제국들이 전례 없는 웨티코를 재연하며 퍼뜨릴 때, 신성한 정복의 상징이 됐다. 당초 종교적 윤리 강령을 명확히 표현할 수단으로 개발됐던 율법은 독점 회사들이 왕실의 무력을 등에 업고 세상을 지배하는 도구가 됐다. 유럽인들이 식민지에서 거둔 승리를 신의 뜻으로 여기고 있을 때, 아메리카 원주민들은 백인들이 일종의 정신병을 앓고 있다고 생각했다. 생존에 필요한 것보다 훨씬 더 많은 것을 소비하고, 그 어떤 연민도 못 느끼는 '얼음 같은 심장'을 갖게 되는 정신병 말이다.

틀림없이 웨티코 바이러스는 승리했다. 그리고 이런 과도한 착취로부터 출현한 사회는 아직도 미래의 유토피아에 대한 약속을 이용해서 지금도 여전히 사람과 자연에 대한 악의적 착취를 정당화하고 있다.

0 6 9
—

많은 서양인이 성장에 집착하는 사회가 반드시 갖게 되는 문제점을 알게 됐고, 그래서 그들은 세월이 흘러도 변치 않는 영적 감수성을 발휘하려고 애써왔다. 그러나 이런 노력도 개인의 성장과 진보, 낙천주의라는 뿌리 깊은 관념들 때문에 거의 매번 수렁에 빠졌다.

《오즈의 마법사》의 작가 프랭크 바움은 바로 그런 역학 관계를 소설로 구현했다. 그는 러시아의 심령술사 헬레나 블라바츠키Helena Blavatsky의 열렬한 추종자였을 뿐만 아니라, 백화점 쇼윈도의 장식과 소매업 전략에 관한 매거진을 최초로 창간한 사람이기도 했다. 꿈과 희망을 찾아가는 도로시의 여정은 블라바츠키가 말하는 비전秘傳의 지혜에 20세기 초 미국 소비지상주의의 '무엇이든 할 수 있다'와 같은 낙천주의를 결합한 것이었다. 도로시와 친구들이 마법사로부터 마침내 받게 된 선물은 그들이 원래 지니고 있던 잠재력을 불러낸 것에 불과하다. 도로시와 친구들에게 정말로 필요한 것은 의식의 전환이었다. 훌륭한 제품과 세일즈맨십도 있다면 나쁠 건 없었다.

노먼 빈센트 필Norman Vincent Peale 목사가 말하는 '긍정적 사고'도 마찬가지다. 긍정적 사고는 오컬트와 초월주의에 뿌리를 두고 있으나, 필 목사가 번영신학*으로 프레임을 짜면서 새롭게 유행을 탔다. 필 목사는 가난한 사람들에게 기도와 긍정의 힘을 이용해 풍족한 삶을 얻으라고 가르쳤다. 그리고 부자들이 가진 부를 내면의 신실한 믿음에 대한 외적 보상이라고 정당화할 수 있게 도와주었다.

• 하나님을 믿으면 현세에 부자가 될 수 있다고 믿는 신학.

1960년대와 1970년대의 반문화운동은 원래 미국 사회가 기초하고 있던 '성장'이라는 종교의 기반을 흔들려 했다. 히피들은 부모가 가진 소비지상주의와 중산층적 가치관을 거부했다. 과학자들은 LSD(환각제)를 먹으며 물리학에서 도道를 보았다. 서양에서는 새로운 총체주의holism* 정신이 나타나고 있었는데, 이는 록 음악의 가사와 명상 및 요가 센터의 전파, 불교를 비롯한 동양 종교의 인기 등을 통해서도 알 수 있다. 마치 새로운 시대가 도래한 듯했다.

그러나 이런 영적 추구는 모두 미국의 소비지상주의라는 맥락 안에서 해석되고 있었다. 허브, 세미나, 각종 테라피 등이 다채로운 마케팅 기법을 통해 보급되었고, 이것들이 인생의 모든 번민에 대한 해결책인 양 광고됐다. 그 결과로 나타난 뉴에이지 운동은 공동체의 건강보다 개인의 계몽을 강조했다. 그 옛날 개인을 구원해 주던 포도주가 캘리포니아산 샤르도네 병에 담긴 것에 불과했다.

반전 운동 및 시민권 운동의 사회 정의라는 어젠다는 철저히 개인주의를 기반으로 한 자기계발 운동으로 재포장되었다. 이들은 심리학자 에이브러햄 매슬로의 '욕구 단계설'을 지침으로 삼

---

* 전체는 단순히 부분의 합이 아니라고 보는 시각.

아, 피라미드의 제일 꼭대기에 있는 '자아 실현'을 최종 목표로 받아들였다. 불교에서는 '자아가 존재한다'라는 전제 자체에 의문을 제기한다는 사실에 아랑곳하지 않았다. 여행, 절정, 복귀라는 분명한 개념을 가진 'LSD 나들이'가 개인의 구원에 대한 새로운 풍자가 됐다.

부유한 구도자들은 에솔렌 인스티튜트Esalen Institute 같은 곳으로 피정避靜을 떠나, 매슬로나 프리츠 펄스Fritz Perls, 앨런 와츠Alan Watts 등 개인의 변화를 옹호하는 사람들로부터 가르침을 받았다. 평범한 일상에서 벗어나 잠시 휴식을 갖고 자신의 번뇌와 마주하는 것은 분명히 가치 있는 일이었으나, 방점은 '초월'에 찍혔다.

전통 종교들이 우리에게 신을 숭배하라고 가르쳤다면, 이렇게 새로운 영적 추구들 사이에서는 '우리'가 신과 같은 처지가 됐다.[6] 이는 진정한 고대 총체주의의 복원도 아니었고 영원함이나 신성한 재연을 추구하는 것도 아니었다. 늘 있어 왔던 목표 중심의 일방향 지위 상승을, 옛날 캘리포니아 지역 원주민들이 신성하게 여긴 장소에서 실천한 것에 불과했다.

070

개인적 초월의 최종 목표는 영원할 수 없는 죄 많은 몸은 남겨두고, 자유롭고 완벽한 의식의 상태로 떠오르는 것이었다. 지금까지의 모든 소비는 그냥 이 로켓을 위한 연료였고, 후회되는 파괴행위들은 나머지 물리적 현실과 함께 남겨두고 떠나는 수밖에 없었다.

이는 소비자 자본주의를 탈피한 것이 아니라, 소비자 자본주의의 최종 목적을 달성하는 것이었다. 1970년대가 되자 다른 많은 분야나 업계도 똑같은 잠재력을 중심으로 합쳐지는 듯했다. 컴퓨터 과학자들은 인공지능을 고민하고 있었다. 개인의 변화를 가르치는 권위자들은 사람들이 불타는 석탄 위를 걸어가도록 도와주고 있었다. 사람들이 자신의 몸을 빠져나올 수 있게 도와주는 오디오테이프도 있었다. 물질보다 정신이 중요하다는 게 시대의 주문呪文이 됐다. 사람들은, 죽음은 말할 것도 없고 중년이 되기 전에 생물학적 한계를 벗어나려 했다.

이런 영적, 기술적, 문화적 혁신의 심장이었던 샌프란시스코 베이 지역은 기존 질서를 전복하거나 탈피하고 싶어 하는 전 세계인의 관심을 끌기 시작했다. 부유한 진보주의자들은 개인의 영적 여행에서 얻은 통찰을 세상 전반에 적용할 수 있다고 믿었다.

그들은 기아를 끝내고, 암을 치료하고, 동물과 소통하고, 외계인과 접촉하기 위한 프로젝트에 착수했다. 그중에서도 가장 중요한 작입은 미국과 소련의 핵 대지 상황을 해결하는 것이있다. 그러려면 양국에서 영적으로 가장 깨어 있고 정치와도 연결점이 있는 개인들이 일련의 회담을 열어야 했다.

소련과 미국의 시민 외교 프로그램[7]을 통해 양국의 최고 영적 스승과 과학자, 심리학자가 한자리에 모였다. 러시아판 뉴에이지 정신을 대표한 사람들은 우주론cosmism 전파자들이었다. 우주론이란 불멸을 강조하는 러시아 정교회의 전통에서 자라 나온 일종의 그노시스파Gnosticism였다. 우주론은 큰 성공을 거두었다. 생명 연장술에 대한 그들의 약속이 금세 지정학을 넘어 회의의 주목적이 됐다. 인간이 죽음을 초월할 수 있을 뿐만 아니라 우리가 어떤 형태로든 물질성을 계속 가져갈 수 있다고 믿는 우주론자들은 LSD에 취한 미국의 심령술사들에게 기술로 죽음을 이길 수 있다고 했다.

처음에 우주론자들은 죽은 자들의 원자를 살아 있던 때의 그 자리로 다시 정확히 배치함으로써 죽은 자를 부활시킬 수 있다고 생각했다. 우주론자들은 다른 해결책도 여러 가지 생각하고 있었다. 의도적인 진화를 통해 인간을 완벽하게 만들거나 인간의 의식을 로봇의 몸에 옮기는 방법도 있었고, 죽음을 정복하거나 우주를 지구의 식민지로 만들거나 우리 자신을 컴퓨터에 업로드하는 아이디어도 있었다.

이런 것들이 바로 오늘날 트랜스휴머니즘 운동의 기원이다. 이 회담들은 실리콘밸리의 가장 영향력 있는 경영자와 투자자, 대학교수, 과학자, 기술 전문가들의 생각을 형성하는 데 중요한 영향을 미쳤다. 그들 중 다수가 전 세계에서 큰 디지털 회사를 설립했다. 이 비전이 아직도 인공지능, 사설 우주 탐험, 로봇공학, 데이터 감시, 생명 연장술을 개발하는 동기가 되고 있다.[8]

트랜스휴머니즘은 인간성의 한 가지 측면만 찬양하고 보존하면서 나머지 엉망진창인 것들은 돌보지 않거나 심지어 착취하려는 운동이다. 내 몸이 죽거나 세상이 끝나기 전에 탈출하겠다는 생각으로 말이다.

071

트랜스휴머니즘 운동은 인간성의 진보에 관한 이론이라기보다는 단순한 대피 계획이다. 기술 유토피아를 꿈꾸는 사람들은 흔히 자신들이 문명으로부터 완전히 벗어날 방법을 찾고 있다고 생각하길 좋아한다. 우주로, 사이버 공간으로, 기계 의식意識으로, 인공

생명으로 한 단계 도약할 거라고 말이다. 하지만 그들의 아이디어는 지금 우리가 소비, 파괴, 진보, 식민지화에 맹목적으로 중독된 것의 연장선에 불과하나. 말하자면 '사이버 웬디고'다. 유럽의 식민주의자들은 지구 정복의 과정에서 본인들이 짓밟은 사람들이나 장소들을 무시했다. 자신들이 뭔가 더 위대한 종착점을 향해, 정해진 운명을 향해 가고 있다고 믿었기 때문이다. 착취당한 사람들이 있고 생태계가 파괴된다 하더라도 달걀을 깨지 않고서 어떻게 오믈렛을 만들겠냐는 식이었다. 그와 마찬가지로 컴퓨터칩 위에 인간의 의식을 키운다면 뒤처지는 사람들이 생기는 것은 어쩔 수 없고, 필요한 희토류 금속을 조달하려면 어디선가는 노예화되는 노동자가 생긴다.

특이점을 주장하는 사람들은 필요하다면 인간에게 해를 끼치는 것도 아랑곳하지 않는다. 왜냐하면 지금 우리가 아는 인류는 대담무쌍한 새로운 미래에 가담하지 않을 것이기 때문이다. 우리의 몸은 깨끗이 잘라내고 연료로 태울 수 있는 숲이나 유전, 기타 천연 자원과 마찬가지라고 봐도 되고, 아니면 우리가 불멸이 되는 순간 버려도 될 쓰레기라고 생각해도 된다.

베이 지역에 있는 어느 스타트업은 젊은 사람들에게서 채혈해⁹ 부유한 경영자들의 늙은 몸에 새로운 생명력을 수혈해 주고 있다. 적어도 그토록 중요한 그들의 정신을 클라우드에 업로드할 방법을 찾을 때까지는 말이다.

컴퓨터와 로봇이 사고를 하게 되면 인간은 필요하지 않게 될 것이다. 우리가 자연환경을 파괴한 것도 별로 중요하지 않게 될 것이다. 로봇이든, 기계에 의식을 업로드한 인간이든 생명을 유지하는 데는 자연환경이 필요하지 않을 것이기 때문이다. 우리는 신체를 초월해 진화하고 발달했거나, 아니면 어떤 식으로든 인간을 쓸모없게 만들 인공지능을 개발했을 것이다. 그쯤 되면 우리는 정말 기계를 위해서만 필요한 존재가 될 것이다. 적어도 기계들이 스스로를 잘 돌보게 될 때까지는 말이다.

세계 최대 인터넷 기업의 수석 과학자는 그리고 나면 인류가 진화 단계상 우리의 후계자라고 할 수 있는 것들에게 그만 횃불을 물려주고 무대를 떠나도 좋을 거라고 말한다.[10] 특이점의 지지자들은 트랜스휴머니즘 운동을 반대하는 사람들을 자만심, 자존심이 강하고, 향수병에 걸렸다는 말로 깎아내린다. 그리고 이렇게 말한다. 인간은 골칫거리다. 인간의 눈은 여성이나 숲, 문명화하지 않은 원주민처럼 사악하고 애매모호한 자연계의 일부다. 그러나 인간이 바로 그 '원주민'이다. 예측할 수 없는 감정 기복과 호르몬, 이성을 따르지 않는 욕구 등에 휘둘리는 원주민 말이다.

특이점을 주장하는 사람들은 기술이 인간보다 더 믿을 만하다고 생각한다. 그들에게 감시는 단순히 소셜 미디어를 위한 이윤

창출 센터가 아니라 인간의 저항으로부터 디지털 사회를 안전하게 지키는 방법이다. 컴퓨터 코드는 편견 없이 규칙을 시행한다 (물론 내가 코드를 짠 사람일 경우는 예외나). 블록체인 세상에서는 기계들이 영혼 없이 문자 그대로 법률을 집행한다. 사람이 거주할 수 있는 생물권의 시간이 다하기 전에, 발전을 가속화해서 특이점에 도달할 수 있다면 훨씬 더 좋을 것이다.

컴퓨터나 인공지능의 의도는 순수하다. 인간이 가진 사회에서의 우선순위나 도덕성에 대한 의구심에 가려지거나 약해지지 않는다. 그것들은 자연을 식민지로 만들고 싶은 우리의 종말론적 충동이 그대로 실용화해 확장된 것이다.

우리는 마침내 우리 자신에게 웨티코를 감염시킬 방법을 찾아낸 것이다.

072

우리가 확장, 성장, 초월에 중독된 것은 자만심과 통제 욕구에서 발원한다. 우리는 지구의 새로운 지역을 식민지화하거나 자연의 어느 측면을 지배하는 것이 창조력의 표현이라고 착각한다. 우리는 마치 신인 양 행동한다. 우리는 무언가를 창조할 수 있는 양, 우리의 의지를 제지할 수도 있는 가치관으로부터 자유로운 양 군다.

웨티코를 앓는 사람이 파괴적 행동을 멈추고 싶을 때는 더 큰 힘에 의존해야 한다. 중독 치료 프로그램에 가입하는 것처럼 말이다. 신을 믿는 것이 힘든 사람도 많다. 그렇다면 다른 신성한 지혜나 우주의 질서는 말할 것도 없을 것이다. 우리는 어쩌면 우리가 하는 모든 일이 그것의 원형이 되는 신의 어떤 제스처의 재현에 불과하다는, 선사시대의 감수성을 결코 받아들이지 못할지도 모른다.

그러나 적어도 인간에게는 더 높은 보편적 이상이라는 가이드가 반드시 필요하다는 점만큼은 인정해야 할 것이다. 나에게 울림을 주는 기존 법칙이나 삶의 원칙이 그런 이상이 될 수도 있다. 또는 선함에 대한 인간의 타고난 인식 때문에 발견되거나 발명된 도덕률이 그런 이상이 될 수도 있다. 기원이 뭐가 됐건, 우리에게는 나의 선택의 지침이 되어 줄 이런 이상이 필요하다.

만약 왕이나 최고 경영자, 알고리즘의 명령을 따르지 않을 거라면, 상호 도움이 되는 목표를 향해 팀으로서 협업할 수 있도록 우리를 단결시켜 줄 어떤 가치관이 필요하다. 서로 도움이 되어야 한다는 생각 자체도 높은 차원의 가치다. 무엇이 옳은가에 대한 하나의 가정이기 때문이다. 이 가정은 인간 진화의 역사에도 새겨져 있고, 도덕 세계의 구조에도 새겨져 있다.

우리는 산업화 시대의 생산성이나 자본주의 논리가 알려 주는 것보다 옳고 그름에 대한 더 심원한 감각을 가지고 있다. 생산성이니 자본주의 같은 것은 기능적 가치일 뿐, 윤리를 알려 주지는 않는다. 그런 것들은 진정한 의미에서 우리에게 생기를 불어넣을 수도 없고, 지금 우리가 향하고 있는 자기 파괴적인 경로의 대안을 제시하지도 못한다. 그런 것들은 우리가 자연을 지배하게 만들 뿐이고, 결국에는 우리 내면의 자연까지 정복하게 만들 것이다. 인간의 행복과 복지를 위한 우리의 목표들이 산업 체제나 경제 체제 속에서는 그냥 '지표'가 되어, 과도하게 합리화되고 자연과 단절된다.

우리가 무슨 일을 할 때는 '이유'가 필요하다.[11] 어떤 가치가 지속되어야 그걸 보고 계속 힘을 낼 수 있다. 하지만 우리는 현실적, 실용적 이유 때문에 그렇게 수많은 활동을 하는 것은 아니다. 뭔가 행동을 취할 마음 자체를 먹기 위해서는 '큰 이유'가 필요하다. 예를 들어 교육을 하는 데는 여러 가지 이유가 있고 각각의 이유는 모두 중요하다. 학생들은 기술을 얻고, 인지 능력을 키우고, 사실을 배운다. 하지만 교육의 가장 큰 이유는? 바로 배움이다. 그게 전부다. 배움은 그 자체로 하나의 '이상'이다.

중요한 것은, 큰 이유들이 없다면 우리가 전적으로 실용 논리에 예속된다는 사실이다. 실용 논리에는 인간이나 자연을 위한 여지가 별로 없다. 실용 논리는 인간에게 큰 이유나 원칙을 묻지 않고 그냥 합리적이 되라, 타협하라고 말한다. 이는 힘이면 다 된다는 논리다. 실용이 공익보다 더 중요한 논리라는 말이다.

그런 논리와 싸울 수 있는 이상들은 현실과 동떨어지거나 막연한 내용이 아니다. 그런 이상들은 사랑이나 명예, 존경, 공감만큼 우리 존재의 중심에 가까이 있다. 그런 이상을 늘 정당화하거나 합리화할 수 없다고 해서 그것이 존재하지 않는 게 아니다. 그저 우리가 그런 이상과 소통할 수 있는 능력을 상실했을 뿐이다.

이상과 우리의 관계는 이렇게 노력하지 않아도 이어져 있는 자연스러운 관계다. 그런데 이 관계가 시장과 식민주의, 노예제, 착취, 기술에 굴복하더니 실용과학, 실용주의, 홍보라는 이름으로 정당화됐다. 우리는 사상을 그냥 무기화된 밈으로, 인류를 인적 자원으로 추락시켰다. 우리는 우리가 가진, 수단과 도구를 만들어내는 능력에만 집중하고 흥분한 탓에 애초에 우리가 그런 능력을 발휘할 수 있게 된 큰 이유들과의 연결이 끊어졌다. 우리가 인간과 자연을 분리된 존재로 보게 된 것은 바로 이 때문이다. 우리는 내 뜻대로 현실도 왜곡할 수 있다고 생각하게 됐다. 우리에게 방해가 되는 것들, 방해가 되는 사람들이 어떤 희생을 치르든 아랑곳하지 않았다.

이제 우리는 실용적 이유들과 큰 이유 사이에 균형을 되찾아야 한다. 그 이상하고 독특한 인간의 자리를 되찾아야 한다. 보잘것없는 자연의 일부이면서도 의식을 갖고 있고 세상을 더 좋은 곳으로 만들 수 있는 인간의 지리 말이디.

11장

자연과학

자연과 과학과 인간의 관계

우리가 사는 세상을 자기네 뜻대로 개조하려고 하는 체제와 기술에 전쟁을 선포하고 싶은 마음이 굴뚝같아지는 것은 당연하다. 급진적인 환경주의자들은 자연이 그 권리를 되찾을 수 있는 유일한 방법은 인간 문명이 그 수를 줄이고 산업화 이전 상황으로 돌아가는 길뿐이라고 믿는다. 하지만 다른 한편에서는 그러기에는 너무 늦었다고 생각한다. 이들은 우리가 이미 진보된 기술과 유전자 공학, 글로벌 시장과 한 배를 탔다고 생각한다. 그들의 시각에서 보면 진보라는 엔진의 속도를 늦추는 것은 지금의 위기 상황을 해결할 방법을 찾는 데 방해만 될 뿐이다.

양쪽 다 효과는 없을 것이다. 우리가 자연을 지배하는 것도 앞으로 얼마 못 가겠지만, 그렇다고 문명에서 다시 퇴보할 수는 없는 노릇이다. 자연을 보호하고 싶은 사람들과 진보를 추구하는 사람들이 전쟁을 벌일 일은 아니다. 모두가 팀 휴먼의 일원이기 때문이다.

우리가 둘로 나뉘어 위기에 반응한다면 디지털 미디어 환경의 이분법 논리에 지는 것이다. 우리 자신이 우리가 저항하려는 바로 그 대상이 되는 셈이다. 기술이 많은 문제를 야기했을 수는 있지만, 기술 자체가 우리의 적은 아니다. 그것은 시장도, 과학자도, 로봇도, 알고리즘도 마찬가지다. 심지어 진보를 바라는 인류의 욕망도 우리의 적은 아니다. 하지만 그런 것들을 추구하느라 더 기본적이고, 유기적이고, 감성적이고, 사회적이고, 영적인 감수성을 희생할 수도 없다. 오히려 우리는 자연과의 끈을 놓지 않으려는 인간다운 욕구와 내가 처한 현실에 영향력을 미치고 싶은 욕구 사이에서 균형을 잡아야 한다. 이는 택일의 문제가 아니다. 우리는 둘을 함께 가져갈 수밖에 없다. 두 가지는 '역설'의 관계조차 아니다.

어떠한 책임을 지지 않겠다고 선택하는 것도 모두 우리의 책임이다. 우리가 사는 세상을 완벽히 다 통제하지 않아도 우리는 여전히 온전한 인간일 수 있다. 우리가 자연의 위대한 관찰자이자 문제 해결사일 수도 있겠으나, 자연은 해결이 필요한 '문제'가 아니다. 오히려 우리는 자연과 '협력'하는 법을 배워야 한다. 지난 수천 년 동안 우리가 발명한 제도, 개발한 기술과 협력하는 법도 배워야 한다. 되돌아갈 수는 없다. 뚫고 가는 수밖에 없다.

급류타기를 하는 사람들이 급류를 만났을 때의 대처법으로 가장 먼저 배우는 내용이 그것이다. 만약 보트가 난류에 휩쓸려 미친 듯이 요동치기 시작한다면, 노를 물속에 꽂아 넣고 보트가 최대한 움직이지 않게 잡고 있고 싶은 마음이 가장 먼저 들 것이다. 아니면 노를 모두 치워 버리고 물살에 항복하고 싶은 마음이 들 수도 있다. 이렇게 되면 두 전략 모두 강에 보트의 운명을 맡겨 버리는 꼴이 된다. 이때 최선의 대응은 노를 더 힘껏 더 빠르게 젓는 것이다. 물살과 '함께' 가면서, 바위 같은 장애물을 피하는 데 필요한 조정만 하면 된다. 이것은 저항도 아니고, 운명을 맡기는 태도도 아니다. 적극적인 참여다. 보트가 산산조각이 나지 않고 강을 내려가기 위해, 벌어지는 상황에 조화롭게 대처하는 방법이다.

우리는 기술을 통해 가속화된 정치, 사회, 경제의 혼란을 우리에게 보다 책임감을 가지고 참여하라는 초대장으로 바라보는 법을 배워야 한다. 지금은 이 지경까지 오게 된 인간의 활동을 규탄할 때가 아니라, 그 인간 활동에 보다 인간답고 도리에 맞는 우선 사항들을 더 많이 집어넣을 때다. 그렇지 않으면 기술뿐만 아니라 돈, 농경, 종교처럼 우리가 발명한 모든 제도가 결국 우리를 압도해 버리고 말 것이다. 이들 제도가 마치 생명을 가진 생물체라도 된 것처럼, 그것들의 욕구와 성장을 우리 자신의 욕구와 성장보다 앞세우게 될 것이다.

스마트폰을 없앨 것이 아니라, 스마트폰이 우리 시간을 뺏어가지 않고 절약할 수 있게 조정해야 한다. 주식시장을 폐쇄할 것이 아니라, 기업을 투자자의 단기적 변덕의 노예로 만들지 않으면서 자본이 필요한 기업에 분배될 수 있게 그것을 개편해야 한다. 우리가 세운 도시들을 파괴할 것이 아니라, 경제적으로나 환경적으로 더 지속 가능한 도시를 만들어야 한다. 그러려면 인간의 재능이 지금보다 오히려 더 많이 필요하다.

환경보호론자들은 종종 인간이 문젯거리인 듯 말할 때가 있다. 그러나 우리는 문젯거리가 아니다. 인간은 지구에 암과 같은 존재가 아니다. 그러나 동시에 인간은 의지를 가진 존재이고, 우리의 기분에 따라 자연환경을 바꿀 수 있고, 우리를 위협하는 것을 지배하려는 성향이 있다는 사실도 무시할 수 없다.

우리는 우리 자신이 만들어 낸 치명적 위협에도 똑같이 과감하게 문제 해결 능력을 발휘해야 한다. 전 세계를 위협할 재앙에 대비할 수 있다면, 그런 재앙을 막기 위한 일도 할 수 있다. 분산형 에너지 생산, 공정한 자원 경영, 지역 협동조합 개발 등은 재앙에서 살아남은 사람들에게만 도움이 되는 것이 아니라 재앙을 가져올 수 있는 긴장 상황을 줄이는 데도 도움이 된다.

지금은 무엇이든 할 수 있다는 식의 낙천주의를 버릴 때가 아니라, 세계 지배보다 더 높은 우선순위를 향해 그 방향을 돌려야 할 때다.

074

단일한 정답은 없다.

자연을 관리한다는 지금의 접근법은 지나치게 단순한 생각이다. 복잡할 수는 있어도 복합적이지는 않은 접근법이다. 여러 부분이 움직이고, 많은 기술을 사용하고, 여러 관계자를 등장시켰지만, 자연이 서로 연결되어 있다거나 눈에 보이지 않는 요소가 있을 가능성은 생각하지 않는 접근법이다. 자연은 움직이고 끊임없이 변화한다. 따라서 자연을 대할 때는 최대의 결과물을 뽑아내는 것이 아니라 균형을 모색하는 접근법을 취해야 한다.

씨앗을 심던 최초의 수렵채집민들은 농사가 나중에 지구 토양의 생명력을 위협하는 시대가 오리라고는 예상할 수 없었을 것이다. 당연히 그들을 탓해서도 안 된다. 문자나 도시와 마찬가지로 농경도 지금 우리가 '문명'이라고 생각하는 것이 출범하는 데 기여했다. 그러나 농경은 인간의 먹거리에서 생물다양성을 감소시키고,[1] 우리의 식량 공급원을 병충해에 취약하게 만들었다. 또한 농경은 우리가 정착 생활을 하게 만들어서 우리를 전염병에 취약하게 만들었다. 인간의 골격은 작아지고 가축들은 질병에 더 잘 걸리게 됐다. 수렵채집민들은 농경민들보다 더 오래, 더 건강하게 살았었다.

성경에 나오듯이 농경은 '풍년과 기근'[2] 혹은 '과잉과 부족'이 나타날 조건을 조성했고, 이것은 다시 '부와 통제'의 기회를 낳았다. 권력을 찾는 사람들에게 농경은 필요한 물자를 중앙집권화할 수 있는 손쉬운 방법이 됐고, 문자와 수학을 발명하게 만들었다.

농경은 세상에 대한 새로운 접근법의 전조였다. 농부들은 땅이 내놓는 것을 채집하는 게 아니라 땅을 갈고 원하는 작물을 키웠다. 농경은 수확을 자연이 주는 선물이 아니라 인간의 업적으로 만들었다. 우리는 이 아이러니를 수천 년간 알고 있었다. 성경을 보면 카인이 스스로 키우고 수확한 곡식을 '제물'로 바치려 하자, 하나님은 그것을 받지 않았다. 반면에 양치기 아벨은 제물로 바치는 동물을 자신이 만들지 않았다고 겸손히 인정했다. 카인은 작물을 재배했으나 오만하다는 이유로 거부당했다. 왜냐하면 무언가를 창조하는 것은 오직 하나님만이 할 수 있는 일이기 때문이다.

그러나 이런 신화 속 교훈을 알면서도 우리는 농경의 독점 지향성을 떨쳐내지 못했다. 중세가 되자 마지막으로 남아 있던 유럽의 공유지까지도 왕의 인가를 받은 독점권자들이 울타리를 쳤다. 농경이 지닌 최악의 폐단은 증폭되었다. 사유화된 농장을 기초로 세워진 사회는 통제와 착취, 소유를 중시하게 됐고, 진정한 효율성과 인간의 건강, 환경의 지속가능성까지 희생시켰다.

농경은 사람들을 배불리 먹이는 것과는 아무 상관없이, 권력을 축적하는 수단이 됐다. 미국 식민지의 공장식 면화 농장은 당시 큰 돈벌이가 됐던 노예무역을 정당화했다. 오늘날 공장식 농업으로 이득을 보는 사람들은 주로 화학회사, 농약회사, 생명공학회사의 주주들이다. 공장식 농업을 옹호하는 사람들은 유기농 농사는 손이 너무 많이 가서 규모를 키울 수 없다고 주장한다. 그러나 이것은 처음 한두 해에만 해당하는 얘기다. 수십 년간의 화학제품 남용으로 파괴된 토양이 건강을 회복할 동안 말이다. 생물다양성을 가진 유기농 농장을 늘리는 것은 부자들만을 위한 사치가 아니다. 그것은 지금 사하라 사막 이남 아프리카에서 굶어 죽어가는 사람들에게는 생존의 길이다. 이제 의심의 여지없이 분명히 밝혀진 사실이 있다. 바로 공장식 농업은 소규모 유기농 농업에 비해 땅에서 나는 식품의 양도 적고,[3] 영양가도 적으며, 효율성도 떨어지고, 비용은 더 많이 들고, 환경 파괴는 훨씬 심각하다는 사실이다. 이는 더 이상 논쟁거리가 아니다.

공장식 농업이 잘나가는 이유는 진짜 비용을 타인에게 전가하기 때문이다. 공장식 농업은 사회적으로 큰 비용을 치르는 질병을 낳는다. 직접적으로는 오염된 식품과 가축을 통해, 간접적으로는 영양 부족과 비만, 당뇨병을 통해서 말이다. 한편 패스트푸드 및 식료품 업계는 운송비를 공공도로 체계에 떠넘기고, 공급자 역할을 해 줄 나라들의 정복을 군대에 맡긴다. 경쟁에 반하는 보조금까지 정부로부터 받아가면서 말이다. 국제연합UN과 세계은행에서 실시한 연구 조사[4]는 유전 공학이 전 세계 식량 공급에 조금도 긍정적인 역할을 하지 않는다고 결론 내렸다.

땅과 관련해, 혹은 뭐가 되었든, 공장식 접근법에 온전히 의존할 때 복합화한 시스템은 지나치게 단순화한다. 공장식 접근법은 살아 있는 유기체와 공동체의 특징인 순환성과 재생성을 무시하고 모든 것을 단순하게 '투입'과 '결과'로 다룬다.

공장식 접근법은 한 해의 작물 생산량을 극대화할 수 있을지는 몰라도, 토양 구성이라든가, 영양가, 작물의 건강, 미래 수확량 등을 희생시킨다. 그렇게 되면 더 많은 화학물질과 유전자 조작이 필요하고, 이는 악순환으로 이어진다. 현재 예상으로 지구는 60년 내에 표토*가 바닥날 것이다.[5] 이는 희소성에 기초한 시장에는 좋은 일이지만, 먹을 것이 필요한 인간들의 지구에는 끔찍한 일이다.

농업은 땅에서 가치를 뽑아내고 그것을 독점하는 단순한 제로섬 게임이 아니다. 농업이란 풍요를 만들어 내는 복합적 순환고리에 구성원이자 수혜자로서 참여한다는 뜻이다.

• 땅에서 작물이 자랄 수 있는 층.

지구의 복합 생물권은 어떻게든 우리보다 오래 살아남을 것이다. 그러나 거기에 '우리'가 계속 참여할 수 있을지는 확실치 않다. 우리의 공격적인 공장식 프로세스는 다른 종種의 다양성만 위협하는 것이 아니라, 인간 종의 다양성까지 위협하고 있다. 이산화탄소 수치가 증가하면 인지능력이 급격히 떨어진다.[6] 지구 온난화는 막대한 인구의 삶의 터전만 없애는 게 아니라, 기온 상승으로 인해 질병 확산에서부터 사회 동요에 이르기까지 온갖 나쁜 결과를 초래할 수 있다.

우리는 피드백 고리와 상호 연결성을 가진 복잡계의 일부다. 따라서 현재에만 사로잡힌 폭리꾼이 아니라 유산을 남기는 인간으로서 훨씬 더 큰 공감 능력과 비전을 가진 성숙한 방식으로 세상에 접근하는 법을 배워야 한다. 지구가 우리를 마치 자신에게 침입한 병원균처럼 거부하지 않도록 말이다. 자원을 소비한다고 해서 그것을 고갈시킬 필요는 없다. 사실 우리에게는 처음 발견한 곳을 보다 더 비옥하게 만들 능력이 있다.

인간이 어떻게 책임감을 가지고 조화롭게 자연과 자원의 관리에 참여할 수 있는가를 보여 주는 훌륭한 모델이 바로 '퍼머컬처permaculture'다. 1978년 어느 대학생이 이 단어를 처음 만들었을 때[7]는 '농업agriculture'에 '영속적permanent'이라는 단어를 결합한 것이었다. 그 후 이 단어는 '영원한 문화permanent culture'를 뜻하는 의미로까지 확장됐다. 식량, 건축, 경제, 환경에 대한 지속 가능한 접근법은 그 속에 우리의 사회 현실까지 포함해야 한다는 뜻으로 말이다.

퍼머컬처는 자연에 맞서는 것이 아니라 자연과 협력하자는 철학이다. 우리가 수확할 제품 한 가지, 작물 하나를 따로 떼서 보지 말고, 동식물이 함께 작용하는 모습을 관찰하자는 뜻이다. 그러려면 계절이나 달의 더 크고 미묘한 순환을 단순한 미신 이상으로 생각해야 한다.[8] 땅을 단순히 '먼지'가 아니라 '흙'으로 인식해야 한다. 식물들이 서로 소통하고 영양분을 공급하게 해 주는, 균류와 미생물로 이뤄진 고도의 복합적 네트워크 말이다. 퍼머컬처를 실천하는 농부들은 흙을 그냥 기계로 뒤집어엎어서 '먼지'로 분쇄하는 것이 아니라, 마치 살아 있는 생물처럼 다룬다. 그들은 양분을 보충하고, 표토를 두텁게 만들고, 수분 유출을 방지하고, 종 분화를 높일 수 있는 방식으로 작물을 돌려짓기 한다. 그들은 땅을 처음보다 더 생기 있고 지속 가능하게 만들어 놓는다.

물론 이런 농사법은 업계의 영향력 때문에 위협을 받는다. 기업들은 유전자 조작 식품에 유리하도록 합성 생물을 도입하기도 하고 농부들이 이용할 수 없게 기존 씨앗에 특허를 내기도 한다. 대형 농업 기업들은 미국의 유기농 인증 기준까지 장악해서 정작 재생력이 가장 뛰어난 방식으로 농사를 지은 사람들이 자신의 제품에 유기농 인증 마크를 붙이지 못하게 하는 이기적인 작태를 부리고 있다. 이처럼 '힘이면 다 된다'는 법칙이 지배한다면, 인내심을 가지고 접근하는 퍼머컬처 방식은 성공하기 힘들 것이다.

　그리고 이 전쟁은 다시 식품 운동가들을 반反기술 쪽으로 몰아서 훌륭한 현대 과학을 사업에 활용하는 것을 방해한다. 지속 가능한 농업이나 생물다양성, 가축 돌려키우기 등이 합성 질소나 태양 에너지, 컴퓨터화한 관개 사업 등의 도움을 받을 수 있는 환경도 많다.⁹ 진보는 적이 아니다. 복잡함을 제거하려고 진보를 추구하는 게 아니라, 복잡함을 받아들이고 뒷받침하는 데 그 진보를 사용하면 된다.

076

일본인들은 조상들이 '이 아래로는 아무것도 짓지 마라'고 경고의 비석을 세워 놓은 언덕 바로 밑에 원자력발전소를 지었다. '쓰나미 비석'으로 불리는 이 표지석은 수백 년 전 이 지역에서 처참한 지진과 홍수를 겪었던 동네 사람들이 세워 놓은 것이다. 현대인들은 그 조언을 무시하면서[10] 본인들의 건축술은 조상들이 상상했던 수준을 한참 능가한다고 믿었다.

이 동네 사람들은 자연재해의 패턴을 알고 있었고, 그 패턴이 너무 띄엄띄엄 반복되기 때문에 전 세대가 이 재해를 목격할 수 없다는 사실도 알고 있었다. 그러나 그 지혜를 다음 세대에 전해 주려던 그들의 노력은 자연재해의 패턴을 인식할 만큼의 인내심도, 자연의 순환이 본인들과 관련되어 있다는 생각도 없던 현대 문명에는 깊은 인상을 주지 못했다.

날씨, 생태학, 시장, 업보 같은 것들은 돌고 돈다. 고대인들이 경험적으로 이해하고 있던 것들을 오늘날에는 과학으로 증명할 수 있다. 기후 변화에서 소득 불균형에 이르기까지 모든 것에 대한 데이터와 도표가 구비되어 있기 때문이다. 그러나 코앞에 닥친 문제와 관련되지 않는 이상, 우리는 이런 것들을 별로 중요하게 여기지 않는다. 모호하고 차가운 숫자는 부패한 관료제의 냄새를 풍긴다. 정치인들이 사실에 기초한 현실의 중요성을 일부러 훼손하는 마당에 미국항공우주국NASA의 기후 데이터도 쓰나미 비석과 다를 바가 없다.[11]

기후 변화 같은 현상은 너무나 큰 시간 간격을 두고 일어나기 때문에 과학자가 경고하든, 증조부가 경고하든 대부분의 사람은 그 심각성을 이해하지 못한다. 게다가 '미래'는 먼 개념, 즉 '남

262

의 문제'다. 뇌과학 연구가 밝혀낸 바에 따르면, 미래의 나 자신을 대하는 우리의 모습은 마치 완전히 딴 사람을 대하는 것과 같다고 한다.[12] 우리는 그 사람을 '나'라고 생각하지 않는다. 이는 아마도 대응 기제일 것이다. 만약 나에게 정말로 끔찍한 일이 벌어질 수 있다고 생각하면 모든 게 과장된다. 우리에게는 다음 10년을 조금 더 낫게 만들 수 있는 대책을 생각하는 것보다 좀비들이 돌아다니는 대종말의 날에 살아남을 전략을 상상하는 편이 더 쉽다.

세상을 구할 수 있는 독특한 생각과 훌륭한 의도를 가진 기술적 해결주의자들이 아무리 감화를 주는 강연을 해도 미래가 실감나지 않기는 마찬가지다. 대기 중에 반사 입자를 쏘아 올립시다, 바다에 쇳가루를 퍼부읍시다, 캘리포니아의 통근자들을 위해 지하 터널을 뚫읍시다! 환경을 위한 이렇게 큰 계획들은 지속 가능한 풍요를 뒤로 미룬다. 마치 이렇게 수익성이 큰 최첨단 혁신을 가지고 우리가 할 수 있는 일이 그런 것뿐이라는 듯이 말이다. 이런 내러티브는 모두 앞으로만 가는 단순한 성장 기반의 진보에 의존하고 있고, 순환 주기를 인식하거나 지혜를 회복하지 않는다.

이런 유토피아 프로젝트는 해당 계획을 세운 억만장자를 영웅으로 만들어 주는 한편, 지금 사는 방식에서 실제로 아무것도 바꾸고 싶지 않은 우리의 심리를 정당화해 준다. 스마트폰 구매를 줄인다면 스마트폰을 생산하기 위해 노예처럼 일하는 아이들의 수를 줄일 수 있다. 붉은색 육류 섭취를 그만둔다면 자동차를 포기하는 것보다 더 많은 탄소 발자국을 줄일 수 있다. 이런 것들은 오늘, 지금 당장 힐 수 있는 일이디. 화성에 태양 에너지로 가동되는 토담집을 줄줄이 지을 필요는 없다. 미래는 단절된 것도, 계획할 수 있는 어떤 시나리오도 아니다.[13] 다만 우리는 지금 당장의 선택을 통해 현실을 만들어 가고 있다. 그저 그 흐름을 관찰하고, 패턴을 인식하고, 가능한 모든 곳에 그 패턴들을 적용해 보면 된다.

우리는 재생을 중시하는 유기농 토양 관리 원칙을 적용해서 경제 순환을 더 원활히 만들 수 있다. 채식주의에서 윤리 기준 하나를 통째로 도출할 수 있는 것과 마찬가지로, 퍼머컬처 농부들의 통찰을 교육과 사회 정의, 정부 정책에 적용할 수도 있다. 더 큰 패턴을 보고, 연장자들로부터 지혜를 배우고, 자연의 순환 주기를 이해하고 활용하면 된다.

그러려면 먼저 현실을 보아야 한다. 내가 사는 지역 현실과 공동체 내에서 먼저 그 흐름을 관찰하고 패턴을 인식해야 한다. 오직 그때에만 내 눈앞을 벗어난 곳에서 무슨 일이 벌어지고 있는지 이해할 수 있고, 다른 이들과 연대할 수 있다.

과학은 차갑고 추상적인 개념이 아니라, 인간이 직접 느낀 경험의 산물이다.

　과학을 자연에 대한 지식이라고 생각한다면, 과학 발견이 종종 자연의 과정에 가장 밀접히 의존하는 사람들에게서 이루어진다는 사실도 충분히 이해가 된다.[14] 그들은 선원, 사냥꾼, 광부, 치유사를 비롯해 자연의 방식을 직접 접하며 생계를 이어가는 사람들이다. 우리가 먹는 거의 모든 동식물 종이 선택적 교배(사실상 약한 형태의 유전공학)의 결과다. 멘델Mendel이 유전 법칙을 발견하기 훨씬 전부터 농부들은 선택적 교배를 사용했다. 바다와 조류에 관해 우리가 아는 것들은 벤저민 프랭클린이 '평범한 고래잡이꾼들'이라고 불렀던 사람들이 알아낸 것이다. 현대 의학은 아직도 종종 전통 방식을 벗어난 출처에서 통찰을 얻는다.

　현대 과학자들은 치유사나 주술사들이 하는 일을 낭만적으로 묘사하지 않으려고 조심한다. 점성학에서 주술에 이르기까지 그 안에서 조금이라도 과학적인 내용이 발견된다면 명확히 과학적이지 않은 작업들까지 모두 과학성을 띤다고 주장할까 염려하기 때문이다. 합리주의자들은 저들이 자연과 분리되는 것을 거부했기 때문에 객관성을 달성하지 못했다고 주장한다.

이런 관점을 가장 잘 표현한 사람은 1600년대 제임스 왕의 자문으로 유명했던 프랜시스 베이컨이다. 베이컨은 자연이 그 자궁 속에 많은 비밀을 품고 있으니 강제로 뚫고 들어가서 비밀을 풀어놓게 만들어야 한다고 생각했다. "자연의 머리채를 붙잡아서…[15] 손에 넣고 포로로 만들어… 정복하고 진압해야 한다." 강간 판타지를 연상하게 하는 뻔뻔한 언어를 통해 베이컨은 자연을 우리가 그 일부를 구성하는 더 큰 시스템이 아니라, 마치 여성화한 객체처럼 보아야 한다고 주장했다.

과학의 위대한 혁신이자 한계는 모든 것을 구성 요소로 분해한 점이었다. 어근에 들어 있는 'sci-'부터가 '쪼개다'라는 뜻을 가진 '과학science'은 사물을 해부해서 이해한다. 일리는 있다. 과학은 어떠한 사실을 알아내기 위해 특정 과정을 떼어 내서, 그에 관한 가설을 세우고, 실험을 설계한다. 그런 다음 같은 결과가 반복해서 나오는지 보고, 알게 된 지식을 남들에게 공유한다. 바로 이런 식으로 우리는 물체에 관성이 있고, 소리에는 속도가 있으며, 식물은 이산화탄소를 흡수한다는 사실을 알아냈다.

이렇게 떼어 내서 반복할 수 있는 발견들 덕분에 아주 특별한 일들이 가능해졌다. 예를 들어 처음에는 고대 이집트인들이 사용했고 나중에는 실험실에서 정제된 항생 물질은 생명을 위협하는 감염을 그냥 사소한 일 정도로 바꿔 주었다. 그러나 항생제로 무장한 의사들의 눈에는 이제 모든 게 미생물 문제로 보이기 시작했다. 항생제는 타깃이 되는 세균을 효과적으로 죽였으나, 건강에 도움이 되는 세균들까지 죽여서 환자의 면역 체계를 손상시켰고, 내성균의 발생을 부추겼다. 설상가상으로 의료진들은 이윤을 독점할 수 있게 더욱 철저히 특화된 의약품과 치료법을 개발하려고 했다. 올리브잎 추출물처럼 흔하지만 특허를 낼 수 없는 물질에 항바이러스 성질이 있다는 사실은 발견해 봤자 의약업계에 도움이 되지 않는다. 토양을 비옥하게 만드는 작물 돌려짓기가 화학 회사에 도움이 안 되는 것처럼 말이다.

과학은 다시 한번 전체를 살피는, 인간다운 학문이 되어야 한다.

0 7 8

권위 있는 과학자들이 우리의 상식이나 체험과 어긋나는 얘기를 들려줄 때가 너무나 많다. 그냥 넘길 일이 아니다. 연구원들이 기꺼이 업계의 입맛에 맞춰 담배나 액상 과당의 이점을 증명할 연구 보조비를 받는 것도 그들에 대한 신뢰를 떨어뜨린다. 예를 들어 예방접종을 옹호하는 사람들이 대중들에게 조금만 더 신뢰를 받았더라면, 작은 위험을 감수하고서라도 집단 면역을 형성하는 게 옳다는 주장이 논리와 윤리면에서 타당하다는 사실을 더 많은 사람이 받아들였을 것이다.

그러나 지금은 예방접종과 자폐증 사이에 상관관계가 낮다는 증거가 나오든, 인간 활동과 기후 변화 사이에 상관관계가 높다는 증거가 나오든, 과학으로 밝혀진 증거를 불신하는 사람이 오히려 계속 늘고 있다. 사람들은 과학이 큰 그림을 보지 못하고 자금 출처에 유리하게 현실을 왜곡하거나 아니면 상식에 반하고 우리를 무기력하게 만드는 지시에 따르라고 요구할까 봐 겁을 낸다.

일자리를 잃은 탄광 노동자는 수천 킬로미터 떨어진 곳의 기업을 위해 태양 전지판을 세우는 법을 배우는 재교육에 참가하고 싶지는 않을 것이다. 그 기업의 소유주는 기후 변화에 관해 목소리를 높이는 진보주의자들과 뜻을 함께하는 벤처캐피털리스트일 텐데 말이다. 그 노동자는 부모나 조부모가 했던 것과 같은 방식으로 발밑의 자원을 캐내서 가치를 창조하고 싶을 뿐이다. 환경보호주의는 잔인한 속임수나 국제 음모처럼 느껴지고, 소위 '더 잘 안다'는 이들의 달래는 듯한 말투도 이 사람에게는 별로 설득력 있게 들리지 않는다.

더 넓은 자연계 전체의 현실이나 인간 경험, 정서로부터 과학을 단절시키면서 우리는 과학에서 도덕적 권위를 강탈했다. 문제는, 문제들을 해결하기 위해 과학 연구나 기술 해답에 충분한 투자가 이루어지고 있지 않다는 점이 아니라, 우리가 답을 찾으려고 기대는 그 과학이 결국 인간의 도덕적 개입을 필요로 한다는 점이다.

과학이 자연과 좀 더 조화로운 관계를 영위하기 위한 수단이 아니라 자연에 대한 방어책으로 사용될 때 우리는 우리의 핵심 도덕과 단절된다. 우리는 모든 생명을 살아 있게 하는 생명력의 흐름과 단절된다. 그렇게 되면 우리가 힘을 얻고, 우선순위를 정하고, 더 나은 변화를 시작하는 바탕이 되는 사회적, 정서적, 윤리적 구조가 와해된다.

코포러티즘corporatism*, 종교, 국수주의와 마찬가지로 과학은 극히 단순한 세계관의 희생양으로 전락한다. 모든 게 인과관계, 선후관계, 주종관계가 된다. 세상의 기계적 현상을 관찰했던 뉴턴을 비롯한 이들에게는 그것으로도 효과가 있었다. 그들에게 모든 것은 시작과 끝이 있었고, 우주 자체도 모눈종이 한 장이 사방으로 무한대 확장된 것이었다. 무한대 확장된 이 우주가 바로 배경이 됐고, 거기서 모든 천문학적, 세속적 사건이 일어났다.

* 노동자 단체, 사용자 단체 등 각종 이익 단체와 정부가 서로 합의를 통해 공동의 이익을 추구하자는 사상.

물리적으로 실재하는 것은 모두 따로 떼어서 우리가 만들어 낸 배경 위에 놓고 측정할 수 있다. 그러나 이 배경은 실재하지 않는다. 배경은 응용과학자들이 세상을 구성하는 여러 부분이나 프로세스를 별개의 독립된 것들로 다루려고 만들어 낸 편리한 수단일 뿐이다. 하지만 세상의 구성 부분과 프로세스는 별개의 독립된 것들이 아니다.[16] 현실이 일어나는 '배경'이라는 것은 없다. 어느 물체는 공간 속 어느 절대 지점에 놓여 있지 않다.[17] 그 물체의 위치는 온전히 다른 모든 물체와의 관계에서 정해진다.

춤이 어디에 있냐고 하면 댄서와 그들의 관계에 따라 계속 달라지는 것처럼, 세상의 모든 일은 다른 모든 것과의 관계 속에 발생하고, 지금도 그렇게 발생하고 있다. 끝도 없고, 무관한 것도 없으며, 동떨어져 있지 않다.

그렇기 때문에 과학은 도덕성과 업보, 순환, 영원의 영역에 진입할 수밖에 없다. 과학이 생기기 이전에도 사람들은 우리와 똑같은 경험을 했다. 결국 전경이 존재하는 배경이란 없다. 전부 다 배경이거나, 전부 다 전경이다. 그리고 인간도 거기서 분리할 수 없는 그것의 일부이다.

현재진행형 르네상스

새로운 르네상스의 시작

079

우리의 중요한 상호관련성을 높이기 위해 만들어진 디지털 네트워크는 모든 것을 바꿔 놓았을 수도 있었다. 또 인터넷은 실제로 혁명을 일으키기도 했다. 하지만 르네상스는 아니었다.

혁명가들은 마치 자신이 구닥다리는 파괴하고 뭔가 아주 새로운 것을 시작하는 양 행동한다. 그러나 그 혁명이라는 게 대관람차처럼 보일 때가 더 많다. 정말로 바뀌는 것은 꼭대기에 있는 사람들의 이름뿐, 구조는 그대로다.

그래서 디지털 혁명은, 그 구상이 아무리 순수했다고 해도, 결국에는 우리에게 새로운 출연진 목록을 준 것밖에 없다. 주로 남자이면서 백인이고 자유주의자에 기술 전문가인 사람들 말이다. 이들은 자신이 인간을 위한 보편적 규칙을 만들기에 딱 맞는 사람이라고 믿었다. 하지만 인터넷 스타트업과 벤처캐피털의 규칙이라는 것이 옛날부터 있던 똑같은 규칙이었다. 이 규칙들은 똑같은 불평등과 제도, 문화 가치를 지지했다.

반면에 르네상스란 옛것을 회복하는 것이다. 혁명과는 달리 르네상스는 스스로 새롭다고 주장하지 않는다. 르네상스는 말 그

273

대로 옛날 아이디어를 새로운 맥락에서 재탄생시키는 것이다. 대격변의 혁명만큼 변화의 속도가 빠르게 보이지는 않을지 몰라도, 심원한 인간직 가치를 추진하기에는 더 나은 빙법이다.

디지털 시대를 추진했던 혁명의 열정이 마침내 잦아들기 시작했다. 이런 네트워크와 그 뒤에 자리한 기업들이 우리의 인간관계와 가치관, 사고를 위태롭게 만들었음을 이제는 사람들도 알아채기 시작했다. 그러면서 훨씬 더 큰 무언가가 진행되고 있을 가능성이 열렸다.

080
———

우리는 르네상스의 한가운데에 있는가? 우리 주변의 경악스러운 재앙들이 혹시 붕괴 직전에 처한 사회의 징후가 아니라 무언가를 탄생시키려는 사회의 징후인가? 출산은 엄청난 고통을 수반하는 일이다. 우리가 혹시 자연스러운 어떤 과정을 생명을 위협하는 무언가로 오해하고 있는 것은 아닐까?

이런 가능성을 평가할 수 있는 한 가지 방법은 르네상스 시절에 일어났던 예술, 과학, 기술의 발전 정도와 오늘날 우리가 목격하고 있는 것을 서로 비교해 보는 것이다.

르네상스 시절에 개발된 예술 기법 중에서도 가장 극적인 것은 아마 원근법일 것이다. 화가들은 3차원의 이미지를 2차원의 평평한 캔버스 위에 표현하는 법을 터득했다. 그러면 우리는 뭘 터득했을까? 어쩌면 홀로그램이라고 할 수도 있을 것이다. 홀로그램은 평평한 면 위에 시간이라는 4번째 차원을 표시할 수 있게 해 준다. 아니면 가상현실일 수도 있다. 가상현실은 단순한 그림을 빨려들 듯한 실제처럼 경험하게 해 준다.

르네상스 기간에 유럽의 항해사들은 지구를 일주하는 법을 터득했다. 그들은 지구가 평평하다는 개념을 타파하고 영토 정복의 시대를 열었다. 20세기에 우리는 우주에서 지구를 공전하고 지구의 사진을 찍었다. 또 생태학이라는 개념과 자원이 유한하다는 사고방식도 갖게 됐다. 르네상스 시대에는 광범위한 메타포가 가능한 시 형식인 소네트가 등장했다. 우리는 하이퍼텍스트 덕분에 무엇이든 다른 것의 메타포로 만들 수 있었다. 르네상스 시대에도 새로운 미디어가 있었다. 바로 '인쇄법'이었다. 인쇄법이 나타나면서 만인에게 글을 유통시킬 수 있게 되었다. 지금 우리에게는 컴퓨터와 인터넷이 있어 출판의 힘을 많은 사람에게 나누어 줄 수 있다.

뚜렷한 유사점은 넘쳐난다. 우리는 새로운 르네상스의 시작점에 와 있다.

중요한 것은, 르네상스가 우리에게 한 차원 도약할 것을 요구한다는 점이다. 평평한 것에서 둥근 것으로, 2D에서 3D로, 물건에서 메타포로, 메타포에서 하이퍼링크로, 하향식에서 P2P로 말이다.

옛날 르네상스는 평평한 세상에 살던 우리를 원근법과 깊이가 있는 세상으로 데려다주었다. 우리 시대의 르네상스는 물체들의 세상에 살고 있던 우리를 관계와 패턴의 세상으로 데려다줄 잠재력을 갖고 있다. 세상은 각각의 조각이 전체를 반영하는 프랙털fractal로 이해될 수 있다. 세상은 그 무엇도 따로 생각하거나 다른 곳으로 책임을 전가할 수 없다. 모든 것은 언제나 더 큰 시스템의 일부이기 때문이다.

0 8 1
———

일차적 이유와 궁극적 이유의 관계는 혁명과 르네상스의 관계와도 비슷하다고 할 수 있다. 잃어버린 중요한 가치를 회복하지 못한다면 르네상스는 그냥 또 하나의 혁명일 뿐이다.

디지털 시대를 가장 먼저 활용했던 개인이나 단체는 자신들의 혁신이 어떤 근본이 되는 가치를 회복할 수 있을지 생각하지 않았다. 그들은 어린애처럼 자신이 완전히 새로운 무언가를 하고 있다고 생각했다. 기존의 위계질서를 무너뜨리고 그 자리에 더 좋은 것 혹은 더 좋은 사람(흔히 본인들)을 채운다고 생각했다. 초창기 이런 기초를 놓은 사람들은 월스트리트에 표시되는 종목 번호를 오래된 기술 기업에서 새로운 기술 기업으로, 종이테이프에 찍히던 것을 LED로 바꿔 놓았을 뿐이다.

디지털 혁명은 겉으로 드러난 보초만 바꿔 놓은 것에 지나지 않았다. 굳이 우리의 혁신이 완전히 독창적인 거라고 우기지 않는다면 이 혁신이 어떤 더 큰 패턴의 일부인지 알아볼 수 있을 것이다.

예를 들어 당초 르네상스는 고대 그리스와 로마의 가치를 회복했다. 이는 당시의 철학, 미학, 건축뿐만 아니라 사회적 어젠다에도 반영되어 있다. 중앙 화폐는 중앙 권력과 민족국가, 식민주의에 도움을 줬다. 모두 로마제국의 몰락 이후 잃어버렸던 가치들이다. 당초 르네상스는 군주제, 경제, 식민주의, 응용과학을 통해 저런 이상들을 복구했다.

그렇다면 우리 시대의 르네상스는 과연 어떤 가치를 회복할 수 있을까? 그것은 지난 르네상스에서 잃어버렸던 혹은 억압당했던 가치가 될 것이다. 환경보호주의, 여성의 권리, P2P 경제, 지역 중심주의 같은 것들 말이다. 지나치게 합리화되고 다른 것들을 소외시키던 과학에 대한 접근법이 이제 새롭게 되찾은 전체성을 강조한 접근법 및 유대의식과 합해지고 있다. 우리는 P2P 네트워크의 그리 우드펀딩이 르네상스 시절 하향식이 '후원'을 대체하고 상호 부조와 공동체 정신을 회복하는 것을 목격하고 있다. 버닝맨 행사Burning Man*와 수제 맥주에서 피어싱과 허브 약초에 이르기까지, 이들 활동을 둘러싼 스타일과 문화도 르네상스의 중앙집중주의에 억압됐던 중세적 정신을 되찾고 있다.

르네상스란 과거로의 회귀를 의미하지 않는다. 중세로 돌아가 피를 흘리고 봉건제를 실시하며 길에서 결투를 벌이자는 얘기가 아니다. 오히려 르네상스는 이전 시대의 테마와 가치를 끌어와서 새로운 형태로 재발명하는 것이다. 회복이라는 단계가 있다면 진보도 순전히 일차원적일 수는 없다. 그것은 사다리가 아니라 나선형 계단처럼, 끊임없이 같은 패턴을 반복하면서도 꾸준히 위로 올라가는 모양이 된다. 회복은, 새로운 것은 아무것도 없고 모든 것이 '갱신'이었던 전근대 문화의 통찰을 경험하게 해 준다.

디지털 기술이 어떤 가치를 회복하고 있는지 일반인들은 잘 모르기 때문에 기존의 권력층은 어렵지 않게 이 르네상스를 흡수

---

* 1년에 한 번 일주일 동안 미국 네바다주 블랙록 사막에서 열리는 새로운 형태의 공동체 체험 행사.

해 또 다른 혁명으로 축소시킬 수 있다. 반문화가 예쁜 포장지에 싸여 쇼핑몰에서 10대들에게 다시 팔리는 것처럼, 혁신의 가능성을 가진 새로운 테마들도 늘 하던 식으로 이용해 먹으려는 사람들이 있다.

1960년대의 히피 모임과 자유연애 공동체에는 환각제 문화의 개방성을 이용해 가벼운 섹스를 즐기려는 호색한들이 달려들었다. 1990년대의 인터넷이 갖고 있던 지적인 잠재력은 투자자들에게 팔 새로운 이야깃거리를 찾아다니던 주식중개인들이 써먹었다. 2000년대에는 소셜 미디어가 유례없는 연결 가능성을 제공했지만, 더 빨리 이윤을 창출하기 위한 감시, 데이터 마이닝, 이용자 통제 정책에 무릎을 꿇었다. 2010년대의 공유 경제는 벤처캐피털리스트들이 홀라당 접수했다. 이들은 모두 똑같은 원칙을 이용해 경쟁이 불가능한 착취형 플랫폼 독점을 만들어냈다.

근본적 변화에 대한 우리의 열린 태도가 오히려 우리를 착취할 이들에게 발판을 놓아 주면서 우리는 르네상스의 가능성을 상실했다. 혁신은 단기 이익을 추구하는 통에 도구화됐고, 되찾은 가치들은 무시되거나 강제로 파기됐다.

회복은 중요하다. 회복이 없다면 우리의 모든 업적과 혁신은 억압적인 기존 시스템을 위한 연구 개발 과정이 되고 만다. 기술은 생기고 나서 시간이 어느 정도 지난 '후에야' 상업적 용도가 나타난다. 왜냐하면 애초에 그 기술이 탄생한 이유는 이익을 얻는 용도가 아니기 때문이다.

지금 과연 뭐가 회복되고 있는지 돌아보는 게 왜 중요할까? 회복은 우리를 단순히 과거와 이어주는 게 아니라, 인간의 핵심 동기 및 가치관과 연결해 주기 때문이다. 그 속을 따지고 보면 이것은 바람직하면서도 안정적인 충동이다. 왜냐하면 근본이 되는 인간의 가치를 회복할 때마다 우리는 분명 다음번 환경으로 들어갈 수 있기 때문이다.

082

르네상스가 회복한 가장 명백히 인본주의적인 가치이면서 지금 우리를 가장 방해하는 가치는 '개인'이라는 신화다.[1]

레오나르도 다빈치의 유명한 「비트루비우스적 인간•」은 고대 로마의 건축가 비트루비우스가 만든 이상화된 기하학적 조건에 맞춰 인간의 형태를 제시했다. 개인의 몸을 우주의 완벽한 작동 원리에 빗대어 예찬한 그림이었다.

• 1490년에 그린. 원과 사각형 안에 완벽한 비율의 남자가 있는 그림.

그 시대 거의 모든 혁신은 개인성의 한 부분을 회복했다. 성직자들에게는 안된 일이었지만, 인쇄기의 발달은 만인에게 성경을 제공함으로써 그들 스스로 복음을 해석할 기회를 주었다. 이는 다시 신교도 운동과 구원, 하나님과의 더 개인적인 관계로 이어졌다. 책을 읽는 것은 개인적 활동이었다. 서재에서 책을 읽고 있는 신사는 그리스 시민의 이미지를 회복했다. 노예를 소유한 그 백인 남성은 자신이 민주주의 원칙을 신봉한다고 생각했다.

마찬가지로 원근법이 담긴 그림은 개별 관찰자의 관점을 강조했다. 작품을 보기에 가장 좋은 지점은 딱 하나였다. 또한 르네상스 시대의 연극과 서사시는 고대 그리스의 연극과 시에 나오는 불행한 영웅들을 되찾아 왔다. 크리스토퍼 말로Christopher Marlowe의 연극에 나오는 포스터스 박사는 개인에 대한 르네상스식 이상을 최초로 구현한 캐릭터로 자주 인용된다.[2] 그는 자수성가한 사람으로 자신의 실험을 통해 세상을 알아간다. 포스터스 박사는 인간이 자아에 지나치게 몰두했을 때 무슨 일이 벌어지는지를 보여주기도 하는데, 그는 완벽한 지식을 얻기 위해 악마와 거래하고, 사회 통합보다 원자화된 본인의 이익을 추구한다.

말로는 당시 사회에 뭔가 새로운 것을 들이밀고 있었다. 사람들은 르네상스 시대에 와서야 처음으로 내가 나만의 삶과 투쟁, 운명을 가졌으며, 개인의 이해관계를 공익과 견주어 봐야 한다는 생각도 하게 됐다. 이러한 생각들이 계몽주의와 인권, 민주주의를 낳았다. 모두 대체로 명백히 바람직한 발전이었다.

개인의 욕구가 집단의 욕구와 균형을 이루면 모든 게 균형 잡힌 상태가 된다. 그러나 사람들이 자기 이해를 가진 개인으로서 생존과 지배를 위해 서로 경쟁하는 존재로 이해된다면 문제가 생긴다. 그런데 이게 바로 르네상스가 요구한 경제 개혁이었다. 중앙 화폐는 단순한 거래용 교환권(교환 도구)을 희소 상품으로 바꿔 버렸다. 왕의 인가를 받은 르네상스 시대의 독점기업들은 장인匠人들, 서로 협력해 공유지를 사용하던 사람들을 하루 밥벌이를 위해 경쟁하는 소모성 직원으로 바꿔 놓았다.

개인주의라는 신화는 오늘날까지 자본주의를 가능하게 했다. 경제학자들이 그린 시장 모형은 잘못된 전제를 바탕으로 했다. 인간은 모두 합리성을 가진 개인들로서, 본인의 이익만을 좇아 행동한다는 전제 말이다.

그리고 기업들은 우리에게 '개별 소비자'라는 정체성을 강화해 소비를 부추기는 법을 터득했다. 혼자서 자동차를 운전할 수 있는데 친구와 함께 전차를 탈 필요가 있는가? 잔디 깎는 기계를 나도 갖고 있는데 이웃에서 빌릴 필요가 있는가? 내 재산임을 표시할 울타리가 없다면 교외의 주택이 다 무슨 소용인가? 기업들은 이렇게 우리에게 소비를 부추겼다.

자본주의가 그려 놓은 개인이란 살아남기 위해 다원주의식 전투를 치러야만 하는, 순전히 자기 이익만 챙기는 존재였다. 개인에 대한 그런 식의 비전은 우리의 사회 진화나 신경생물학과 어울리지 않는다. 하지만 인간이라는 집단의 본성에 내재한 그 힘을 의식해서 되찾지 않는다면, 인간의 잘못된 개인성 추구를 우리에게 불리하게 사용하는 자들로부터 우리 자신을 지킬 수가 없을 것이다.

083

르네상스가 일어나는 시기를 살아가고 있어서 좋은 점은 이전에 잃어버린 것을 되찾을 수 있다는 점이다. 중세 유럽인들이 고대 그리스의 '개인' 개념을 되찾았듯이, 우리는 중세와 고대 사람들이 생각하던 '집단' 개념을 되찾을 수 있다. 사회의 화합을 장려했던 그 시절의 접근법과 행동, 제도를 되찾을 수 있다.

혁명 단독으로는 효과가 없을 것이다. 과학, 질서, 통제, 중앙 집중주의, 심지어 개인중심주의까지 지난 르네상스의 가치라면 무작정 거부하는 태도도 마찬가지다. 대신에 우리는 그런 가치들을 그것들의 상응물 내지는 보안물을 도출할 '맥락'으로 이해해야 한다. 앞선 르네상스의 이상들이 배경이라면, 우리는 그 배경을 바탕으로 이런 새로운 이상들을 회복해야 하는 것이다.

우리는 인간의 위치에 대한 생각을 옮겨 가는 중이다. 옛날 르네상스가 우리를 '부족'에서 '개인'으로 옮겨 왔다면, 지금의 르네상스는 개인주의에서 또 다른 무언가로 우리를 데려가고 있다. 우리는 과거에 무의식 상태로 형성된 공동체보다 더 다차원적이고 참여적인 집단 감수성을 발견하는 중이다. 그곳으로 가기 위해서는 개인주의라는 중간 단계를 통과해야만 했다.

아이는 부모와 떨어지는 법을 배우고 자기 주도형 개인으로 성장해야만 타인과 교감하고 의미 있는 관계를 맺거나 친밀성을 키울 수 있다. 마찬가지로 인간도 처음에는 배경에서 밖으로 나와 전경이 되는 과정이 필요했다. 모두가 각자 자신만의 이야기의 주인공이 되어야 했다. 이는 한 차원의 도약이었다. 하나의 큰 물방울에서 나와, 교차하는 여러 정체성을 가진 개별 물방울이 되는 과정이었다.

그리고 지금 우리는 또 한 번의 도약이 필요하다.

이 새로운 집단주의collectivism 정신에 관해 이야기할 방법은 딱히 정해져 있지 않다. 개인과 사회의 관계는 늘 꼭 필요한 타협이라는 식으로 얘기되곤 했다. 다수의 이익을 위해 개인의 목표를 희생해야 한다고 했다. 하지만 그게 과연 양자택일의 제로섬 게임일까? 인간은 겉으로는 역설처럼 보이는 것도 적극적으로 수용할수 있는 능력이 있다. 우리는 모순을 끝까지 밀고 나가 반대편에 있는 역동적 감수성을 찾아낸다.[3]

우리는 새롭게 되찾은 집단주의를 내가 전경이면서 동시에 배경이 되는 한 가지 방법으로 생각할 수 있다. 이게 바로 버닝맨이 그리는 이상화된 예술가 공동체다. 또한 2011년 미국 월스트리트에서 시작된 '점령하라Occupy Wall Street' 운동에 영향을 주었던, '합의에 의한 정치'다. 오픈소스와 블록체인 운동이 열망하는 분산경제다.

이들 운동이 가능했던 것은 우리가 '프랙털 감성fractal sensibility'이라는 것에 익숙해졌기 때문이다. 프랙털 감성이란 시스템 안에 있는 아주 작은 구성 부분들이 시스템 전체의 모양과 구조를 그대로 따른다는 생각이다. 고사리 한 장의 이파리 속에 있는 잎맥들이 가지와 나무와 전체 숲의 구조를 반영하듯이, 개인 한 명의 생각과 의도는 인간이라는 생물 전체의 의식을 반영한다. 나의 개별성을 경험하려면 오히려 전체에 내 개별성이 어떻게 반영되어 있는지, 그래서 나보다 더 큰 무언가와 어떻게 공명하는지 느껴 보면 된다.

13장

조직하라

극단적 개인주의의 전복

0 8 5

오늘날 공동체를 복원하고 유대감을 되찾고 싶은 사람들은 그렇지 못했을 때 어떤 일이 일어날지 잘 알고 있다. 우리가 집단주의를 복원하는 것은 우연이 아니라 선택이다. 그렇기 때문에 우리는 의식해서 풀뿌리 연대와 상향식 정치, 협동조합이 가진 힘을 활용할 수 있다. 그리고 우리는 우리를 정복하려는 여러 세력에 저항하며 회복력을 가진 사회를 건설할 수 있다.

초창기 인터넷의 열혈 지지자들은 인터넷이라는 네트워크의 광고 차단 보호장치가 이제 막 탄생 중이던 문화의 인본주의적 가치를 보호해 주고 있다는 사실을 제대로 알지 못했다. 인터넷에 열광한 젊은이들은 본인들의 황홀한 의식이 실제로 어떤 힘을 가지고 있는지 이해하지 못했다. '점령하라' 운동의 많은 구성원은 주코티 공원Zuccotti Park*을 상실한 것에 너무 실망한 나머지, 그들이 사회 운동가들을 위한 새로운 행동 기준과 합의에 의한 데모 운영 방식을 발전시켰다는 사실을 깨닫지 못했다.

•   '월스트리트를 점령하라' 운동의 본부처럼 쓰이던 맨해튼의 공원.

289

마찬가지로 초창기 여러 공동체 집단의 구성원들은 대개 결속이 지닌 진짜 힘을 알지 못했다. 그들은 집단주의자가 되려고 의도한 것은 아니었다. 그저 한 집단의 구성원들은 같은 것을 믿는 경향이 있었다. 딱히 특정한 분야의 노동에 종사하는 사람들이 모인 것도 아니었다. 그들을 묶어 준 것은 지리적 위치와 필요, 세계관이었다.

인간이 각자 구별되는 시각과 충돌하는 신념, 특화된 기술, 서로 경쟁하는 욕구를 가진 개인이 되고 난 후에야, 우리는 집단주의를 적극적 선택의 하나로 이해할 수 있었다. 팀 휴먼의 일원이 되겠다는 바로 그 적극적인 결심으로부터 우리 자신의 이익을 대변하는 데 필요한 힘과 재능이 나온다.

086

결속은 장소와 함께 시작된다.

주류 미디어에서 얘기하는, 감정이 잔뜩 실린 여러 이슈에 관해 집회를 열고 싶은 마음이 들 수도 있지만, 그런 이슈들은 추상적이고, 사람들을 양극화하고, 사람들의 체험과는 무관한 경향이 있다. 상대편 정치인이 잘못된 이메일을 삭제한 것으로 기소가 되건 말건, 실제 사람들에게는 상수도에서 화학물질이 침출되었는지, 아이들 학교나 노인들이 낮 시간을 보낼 장소에 재원이 충분한지 등이 훨씬 더 큰 영향을 미친다.

정치가 정말로 지역 중심으로 이뤄지면 방송사의 공정하지 못한 시각과 관점에 여러 이슈가 그렇게 쉽게 왜곡될 수는 없다. 어쩌다 지역 이슈가 전국적으로 방송을 타는 경우에도 해당 내용을 아는 사람들은 실제 현실이 스크린에서 얼마나 다르게 묘사되는지에 깜짝 놀랄 뿐이다. 방송사의 뉴스는 모두 왜곡된다. 왜냐하면 우리에게는 그 뉴스를 평가할 방법이 없기 때문이다.

팀 휴먼은 전국, 전 세계 정치에 상향식으로 참여한다. 작은 데서 큰 데로, 지역에서 전국과 그 너머로 뻗어간다. 여전히 더 큰 원칙들이 지침이 될 수는 있겠으나, 그런 원칙에 영향을 주는 사람은 라디오 담화를 듣는 이들이 아니라 공동체에 실제로 거주하는 사람들이다.

쉽지는 않다. 어떤 이슈든 지역 토론은 우리가 생각한 것보다 더 힘들게 끝나기 마련이다. 그러나 지역 토론에서 아무리 격한 마찰이 생긴다고 해도 이 싸움이 끝나고 우리가 다 함께 평화롭게 살아야 한다는 사실을 안다면 마찰은 누그러지기 마련이다. 우리가 어딘가에 살고 있다면, 다른 프로그램으로 채널을 돌리듯이 이웃을 바꿀 수는 없다. 모든 것은 되돌아온다.

글로벌 관계 역시 지역 중심으로 형성된다. 어떤 외교 관계든 가장 중요한 부분은 마지막 한 걸음이다. 양측이 얼굴을 맞대게 되는 마지막 걸음 말이다. 서로 적이 될 수 있는 사람들도 실제로 만나 보면 어쩔 수 없이 상대의 인간성이 눈에 보이기 때문이다.

중동에서 전쟁을 벌이고 있던 국가들 사이에 그 유명한 오슬로협정을 끌어낸 것도 바로 이런 외교 이론이었다.[1] 이 협정은 서명국 중 한쪽이 자국의 극단주의자에게 암살당하면서 결국 실패했다. 이렇게 반사회적 인격 장애와 같은 행동은 비단 종교의 광신도에게만 국한되지 않는다. 누구라도 다른 나라 사람들과 너무나 멀어져서 사람보다 이데올로기가 더 중요해지면 반인간적 행동을 할 수 있다.

여행을 간 시민들이 해외에서 자국의 가치관을 대표한다는 '민간 외교'는 국제 관계를 향상시키는 가장 효과적인 수단으로 오랫동안 인식되어 왔다.[2] 선전 활동은 조작이 생긴다. 선전은 여론을 장악하고 싶은 자들을 서로 경쟁시킨다. 반면에 민간 외교는 행동이다. 그것은 사람들에게 직접 생생하게 사례를 보여 준다. 대치로 이끄는 것이 아니라 상호 의존성을 낳는다.

동맹국 사이든 원수 사이든, 유권자 사이든 주민 사이든, 대면 접촉은 우리가 진화를 통해 갖게 된 라포르 형성 능력을 활용한다.[3] 우리의 머리는 어젠다에서 이기기로 결심했더라도, 우리의 마음은 그저 상대의 마음을 얻고 싶다. 우리가 진짜 대화에 참여할 수 있다면 인간으로서 가진 공통의 어젠다가 내가 가입한 정치 플랫폼보다 훨씬 더 중요해질 것이다. 이는 약점이 아니라 강점이다.

088
———

우리 중 누구도 혼자서 모든 걸 해낼 수는 없다. 대의 민주제는 나를 대신해 말할 사람을 선택할 기회를 준다. 서로 다른 이해관계를 대표하는 사람들이 얼굴을 맞댈 수 있다면 이상적일 것이다.

민주주의 절차를 거대 미디어와 인터넷 기업에 미뤄 버리면서 우리는 라포르가 가진 힘도, 장소와의 연관성도 활용할 수 없게 됐다. 그러면서 우리는 서로를 온전한 인간으로 보지 못하고, 인간성이 결여된 행동이나 투표를 할 가능성이 더 커졌다.

반복된 여러 실험 결과를 보면, 소셜 미디어 플랫폼은 본인들의 뉴스 피드에 특정 메시지를 올림으로써 사람들의 투표를 유도할 수 있는 것으로 나타났다.[4] 여기에 이들 기업이, 사람들이 어떻게 투표할지 예측할 수 있는 능력까지 갖추면, 유권자의 행동을 조작해 민주주의를 훼손할 수 있는 강력한 도구가 생기는 셈이다. '가짜 뉴스'는 필요하지도 않다.

내게도 이런 일이 가해지고 있는지, 또 다른 어떤 기법이 사용되고 있는지 우리는 알 길이 없다. 소셜 미디어 플랫폼은 우리가 사람의 이중성을 감지할 때 사용하는 '표정'이 없다. 소셜 미디어는 우리를 훤히 들여다보지만, 우리는 소셜 미디어를 들여다볼 수 없다. 이런 가상공간에서는 남들의 얼굴을 볼 수 없다. 서로 돕고 인간관계를 맺고 싶은 우리의 충동은 잠들어 있을 수밖에 없다.

이런 접촉이 부정되면서 우리는 외롭고 화가 나기 시작한다. 그러면 우리는 우리의 분노를 부추겨서 반사회적 인격 장애와 같은 성향을 드러내게 하려는 선동가들의 손쉬운 목표물이 된다. 그들의 상대편은 열등한 종족, 패배자가 된다.

누군가에게 반대하는 것은 전혀 이상한 일이 아니다. 그러나 적과의 만남은 공통의 인간성이라는 더 큰 맥락에 뿌리를 두고 있어야 한다. 모든 만남은, 인간 대 인간, 너와 내가 만난다는 그 자체에 이미 의미가 있다.[5]

상대가 아무리 극악무도한 입장을 내세운다 하더라도 그것은 인간의 감수성에서 나온 것이다. 시간이나 탐욕, 전쟁, 억압 등에 의해 아무리 왜곡됐다고 하더라도 말이다. 그렇게 중심에 있는 인간성을 찾아내고, 거기에 공명하고, 가장 중요한 진실을 회복하려면, 적들을 인간으로 보고 그들의 말에 귀를 기울여야 한다.

저들은 인간이다. 적어도 지금 이 순간은 말이다.

089
—

모두가 팀 휴먼의 일원이 될 수 있을까? 일원이 되고 싶지 않은 사람들에게 우리가 무슨 수로 사회적 포용을 발휘할 수 있을까?

우리가 나 자신의 인간성을 충분히 끄집어내서 상대의 말에 진짜로 귀를 기울인다면 상대편도 정말로 험악하거나 구제불능으로 비열한 사람은 아니라는 사실을 알게 될 것이다. 상대의 공포를 이해하고 공동의 목표를 위해 협력하는 것이 모두가 인간성이라고는 털끝만큼도 없는 사람들인 척하는 것보다 훨씬 더 건설적인 행동이다. 상대의 감정 논리를 끝까지 파고 들어보면 우리도 상대와 동질감을 느낄 수 있는 무언가를 결국 찾게 될 거라는 뜻이다. 상대도 그렇게까지 험악한 표현을 하기 전에 그런 감정을 갖게 된 이유가 있을 것이다.

관대하고 포용력 있는 문화의 적들은 자신들이 취하는 입장이 인간성이 결여되고 인종을 차별한다고 생각지 않는다. 그들은 세계의 역사가 지배력을 갖기 위한 경쟁이고, 본인들의 인종과 문명이 비록 인정받지 못했더라도 자신들이 정당한 승자라고 생각한다. 우리가 다른 사람에게 해를 입히고 식민지화에 따른 팽창이라고 생각하는 것을 그들은 성장이자 문명의 확산이라고 생각한다. 힘이면 다 된다. 따라서 그들의 관점에서 보면 패배한 국민의 문화와 가치관, 언어를 홍보하려는 우리의 노력은 실패한 방법을 가져와서 아이들에게 가르치며 우리 사회를 약화하고 있는 셈이다. 그런 문화는 '실패'했으므로 가르칠 가치가 없는데 말이다.

세상의 종말에 대비해 뉴질랜드에 벙커를 지은 실리콘밸리의 억만장자들도 비슷한 논리로 애초에 그런 플랜 B가 요구되는 세상을 만들고 있는 자신의 행동을 정당화한다. 가장 똑똑하고 돈 많은 기술전문가들이 살아남아야 하는 이유는 그들이 승리했기 때문이다. 이는 똑같은 배척 논리가 디지털을 통해 증폭된 제로섬 버전의 과장된 논리다.

그렇다면 우리는 이런 시각에 어떻게 접근해야 할까? 먼저 저들이 보완하려고 하는 취약점이 무엇인지 알아야 한다. 자유시장 광신도들, 인종차별주의자들, 기술 엘리트들은 모두 자연을 잔인한 경쟁 상태로 본다. 자연을 '정글'이라고 생각한다. 자연에는 서로 협력하는 관계도 있지만 남들을 사냥하고 잡아먹는 종도 많다. 조금이라도 방심했다가는 공격당할 것이다.

그런 관점이 어디서 나왔는지 제대로 보고 나면 저들의 공포에 공감할 수 있다. 그러면 저들을 따라 들어가서 저들을 '데리고' 나올 길을 찾을 수 있다. 적이 될 수도 있는 자들에게 폭력을 행사하거나 그들을 후퇴시키지 않고 해결책을 줄 수 있다. 그래, 자연은 잔혹한 곳일 수도 있지만, 자연 스스로는 그것을 인식하지 못한다. 토네이도가 어느 마을을 파괴하는 것이 잔인하고 싶어서가 아니듯이, 치타가 영양을 공격하는 행동에도 잔인하고 싶은 의도는 없다. 자연의 행동을 부당하다고 여길 만큼 의식을 가진 존재는 인간뿐이다. 우리는 자연의 영향으로 피해를 입은 사람들을 돕고 미래에 그런 일이 다시 일어나지 않도록 막기 위해 조치를 취한다. 이는 아마도 우리 종만이 가지고 있는 능력이자 목적의식일 것이다. 인간은 자연의 '양심'이다. 우리는 자연을 더 인간미 넘치는 곳으로 만들기 위해 할 수 있는 일을 한다.

이렇게 할 수 있다는 것은 우리가 약하다는 신호가 아니라 강하다는 신호다. 지배력을 보여 주기 위해 타국민을 공격해야만 하는 리더는 타국민의 평화를 지킬 자신감이 있는 리더보다 약하다. 시민을 감시하고 통제해야 하는 정부는 시민들을 자유롭게 놓아주는 정부보다 권위가 부족한 것이다. 종말에 대비해 벙커를 짓고 있는 기술 전문가들은 두려운 재앙이 닥치는 것을 막기 위해 뛰고 있는 사람들보다 본인의 능력에 자신이 없는 것이다. 인종이나 계급을 기준으로 타인을 배척하는 사람들은 모두를 환영하는 사람보다 자신의 정당성이나 능력에 대한 불안감을 갖고 있는 것이다.

마찬가지로 편협함이라는 가면 뒤에 숨은 인간을 보지 못하는 사람은 볼 수 있는 사람들보다 약한 것이다.

0 9 0
—

여기서 진짜 문제는 우리와 생각이 다른 사람들이 아니다. 팀 휴먼을 가장 크게 위협하는 것은 우리를 서로에게서 갈라놓고 자연으로부터 격리시키는 여러 신념과 세력, 제도들이다. 새로 맞는 르네상스는 뭐가 되었든 우리가 사람과 장소에 다시 이어지게끔 도와줄 수 있는 것들을 회복해야 한다.

사람들이 유기적으로 모여 있는 가장 큰 장소는 도시다. 자원과 공유재산, 시장을 중심으로 조직된 도시는 상향식으로 성장한다. 인간들이 자연스럽게 모여든 도시는 산호초나 흰개미 언덕처럼 생물 집단이라면 다들 가진 특징을 갖고 있다.

르네상스 기간에 시민 국가는 민족국가에 무릎을 꿇었다. 정치적으로 결정된 민족국가는 사람들이 만들어 낸 개념이었다. 도시에서 국가로의 이행은 사람들을 공동체 일원에서 국가의 시민으로 바꿔 놓았다. 지역 중심주의가 힘을 잃었고, 지역 화폐와 순환 경제도 마찬가지였다. 자원도, 사람들의 관심도 위로 올라갔다. 처음에는 군주에게, 그다음은 기업에게로 향했다.

지역 중심의 P2P 교류와 결속, 집단의 관심사는 대규모의 추상적 민주 절차로 대체됐는데, 이 과정이 인간의 욕구 표현이라기보다는 선호하는 브랜드를 표현하는 것처럼 변질된 것은 어쩔 수 없는 일이었다. 우리는 협업 프로젝트를 통해 결속을 표현하는 집단이 아니라, 칸막이 안에 혼자 들어가 자신이 선호하는 것에 투표하는 개인이 되어 버렸다.

그와 똑같은 과정이 오늘날까지 이어지고 있다. 영국동인도회사와 유럽의 식민 제국, 현대의 다국적 기업들이 협조적인 전 세계인에게 했던 짓을 오늘날에는 디지털 기업이 우리에게 하고 있다. 내가 서 있는 땅과 내가 사는 공동체와 함께 숨 쉬는 사람들과 우리를 단절시키고 있다. 함께 숨을 쉰다는 것은 사람들이 현실 공간에서 만난다는 뜻이다.

이런 일이 벌어질 수 있는 땅과 도시, 물리적 공동체를 되찾아야 하는 것은 그 때문이다. 인간은 장소에서 힘을 얻는다. 여기서는 우리가 토착민이고, 홈팀home team으로서의 이점을 갖고 있다.

휴먼으로서의 이점을 유지하려면 현실 세계에 머물러야 한디. 그러나 종종 뭐가 진정한 현실인지 알기 어려울 때도 있다.

우리는 우리가 우주의 정해진 조건인 양 착각하고 있는 수많은 인위적 산물들과 자연을 구분하는 법을 배워야 한다. 돈, 빚, 직업, 노예제, 국가, 인종, 코포러티즘, 주식시장, 브랜드, 종교, 정부, 세금은 모두 인간이 만들어 낸 것이다. 우리는 우리가 만들어 내 놓고는 이것들이 마치 불변의 법칙인 양 행동한다. 팀 휴먼이 되어 한 팀으로 뛴다는 것은 바꾸지 못할 것과 바꿀 수 있는 것을 구별할 수 있다는 뜻이다.

이는 비디오게임의 광팬들이 마스터가 되기 위해 밟는 단계와 비슷하다. 어느 청년이 순수한 플레이어로서 게임의 규칙을 순순히 받아들인다. 청년은 규칙을 읽어 본 적도 없이 게임을 시작하지만, 자신의 힘으로 갈 수 있는 데까지 간다.

결국 난관에 봉착하면 청년은 어떻게 할까? 그냥 게임을 포기하는 사람도 있고 게임을 즐기는 대신 프로게이머의 방송을 구경하는 사람도 있을 것이다. 그러나 다음 레벨로 가고 싶은 사람들은 온라인에서 전략과 관련 영상, 치트키를 찾는다. 이런 수법을 통해 플레이어는 무한 탄약이나 특별 실드를 얻어 더 쉽게 다음 단계로 넘어간다. 단순한 플레이어였던 사람이 이제 사기꾼이 된 셈이다. 해당 게임의 원래 규칙을 벗어나 게임을 하고 있으니 말이다. 이 단계가 되기 전까지 플레이어에게는 최초의 규칙을 넘어설 수 있는 옵션조차 없었다.

끝까지 갔지만 더 게임을 하고 싶어 하는 플레이어들을 위해 많은 게임이 게임을 '수정'할 수 있는 능력을 제공한다. 플레이어는 새로운 장애물을 추가해 새로운 레벨을 만들 수 있다. 심지어 게임 속 성에 있는 지하 감옥을 고등학교 복도로 바꿀 수도 있다. 플레이어는 사기꾼에서 '작가'가 된다. 그러나 이들도 게임의 기본 전제와 운영 체제는 받아들여야 한다.

플레이어가 수정한 레벨을 게임 사이트에 업로드하면 다른 광팬들이 그것을 다운로드한다. 가장 인기 있는 레벨을 만든 사람은 심지어 게임 회사에서 일하며 함께 완전히 새로운 게임을 만들어 보자는 제안을 받을 수도 있다. 이런 사람들은 작가의 단계를 넘어 프로그래머가 된 것이다. 이제 그들은 직접 새로운 규칙을 쓸 수도 있다.

플레이어가 사기꾼이 되고, 다시 저자가 되고, 프로그래머가 되는, 비디오게임의 이런 단계는 문명이 밟아 온 단계와 비슷하다. 문자가 생기기 전에 우리는 법칙을 그냥 받아들이기만 했다. 글을 읽을 수 있게 되고 나서는 해석이라는 힘이 생겼다. 인쇄기가 나오면서 우리는 의견을 공유할 수 있게 됐다. 프로그래밍과 함께 새로운 규칙을 쓸 수 있는 기회가 왔다.

디지털 미디어 환경에 살고 있다는 것이 적어도 우리 주변의 프로그래밍을 더 많이 알아보는 데 도움이 되어야 한다. 우리는 도심 외곽의 교외 주택가가 고립을 통한 사회 통제의 실험임을 알아볼 수 있어야 한다. 코포러티즘이 상향식 번영을 방해하려는 시도임을 알아보아야 한다. 기업은 사람이 만들어 낸 것임을 기억하는 것만으로도 우리에게는 기업을 우리 입맛에 맞게 재발명할 힘이 생긴다.

팀 휴먼은 조직을 꾸리고, 거리로 나가고, 선거 정치에 참여하고, 새로운 토론 플랫폼을 개발할 수 있다. 더 과감하게 자연에 개입하고 부패한 제도를 개혁해 더 좋은 제도를 세울 수 있다.

이게 바로 우리가 디지털 시대에 장악당한 덕분에 생긴 힘이다. 새로운 소프트웨어가 우리의 힘이 아니고 말이다. 디지털digital 의 어근이 되는 디지트digit는 손가락, 숫자라는 의미로, 원래는 우리의 손가락이 곧 숫자였다. 이 디지털을 다시 우리 것으로 되찾아온다면 나 자신과 모두에게 이익이 되도록 세상을 개조하는 데 직접 뛰어들 수 있다.

참여할 수 있을 때는 참여하고, 참여할 수 없을 때는 규칙을 바꾸자.

14장

혼자가 아니다

인류 협동조합의 탄생

092

인간은 원리에 개입할 수 있다. 이는 절차를 받아들이지 않겠다는 거부가 아니다. 특정한 결과를 불가피한 것으로 인정하지 않겠다는 거부일 뿐이다.

팀 휴먼은 기술을 거부하지 않는다. 인공지능, 생물 복제, 유전공학, 가상현실, 로봇, 나노기술, 바이오해킹, 우주 식민지 건설, 각종 무인화 기술은 모두 어떤 식으로든 현실이 될 가능성이 높다. 그러나 우리는 입장을 정하고, 이들 각각의 전개 과정에 인간의 가치가 들어가도록 주장해야 한다.

이런 발명품들이 세상을 바꿔 놓기 전에 삶이 어땠는지 기억하는 사람들은 뒤에 남겨지고 있는 여러 가치를 기억하고 선언할 의무가 있다.

093

사랑이나 연대, 정의, 공동 번영과 같은 이상들은 추상적이지 않다. 그냥 우리가 이런 이상에 공감할 수 있는 능력을 상실했을 뿐이다.

한때는 여러 가치가 인간 사회에 의미와 방향을 제시했나. 이제는 그 기능을 데이터가 하고 있고, 우리의 위대한 이상들은 단순한 밈으로 전락했다. 우리는 우리 존재의 핵심이 되는 신화와 같은 진실들을 의식해서 재현하는 대신, 여론의 추이를 보며 뭐가 됐든 최대의 이윤을 보장하는 취향을 부추긴다.

소비자 민주주의는 우리가 인간으로서 갖는 더 높은 가치들을 표현하지 못한다. 소비자 민주주의란 그냥 '지표'의 모임일 뿐이다. 최신 스마트폰의 판매 지표도, 독재자에 대한 투표 지표도 그것들이 어떤 가치를 갖고 있는지 보여 주지 않는다.

우리는 인간의 어젠다를 표현하고 실천할 다른 방법이 필요하다.

094

프로그래머의 눈에 세상은 형편없는 소프트웨어 때문에 고통받고 있는 것처럼 보인다. 그들은 '코딩을 더 잘하면 사람들이 더 행복해지겠지'라고 생각하지만, 그런 접근으로는 문제를 해결하지 못한다. 도구주의는 문제를 해결할 때 더 큰 인간적 맥락을 활용하지 못한다. 도구주의는 단기 효율을 극대화하는 반면, 거기에 드는 비용을 다른 사람, 다른 곳에 전가한다.

보편적 정의와 같은 더 높은 인간의 가치를 달성하는 것은 공학적 문제가 아니다. 사람들이 우리가 공유하는 세상을 귀중히 여기지 않고, 서로를 귀중히 여기지 않는 것과 같은 근본적 문제를 블록체인과 로봇이 해결해 주지는 않는다.

우리는 인간의 가치를 더 좋은 컴퓨터 코드에 담으려고 할 것이 아니라, 그런 도구들은 결코 이해할 수 없는 우리의 능력에 의지해야 한다. 애매모호함을 다루고, 중요한 것들을 회복하고, 타인과 어울릴 수 있는 인간으로서의 능력 말이다.

095
———

가치가 주도하는 사회는 자율 조직과 같다. 따라갈 리더나 방향을 알려 줄 코드가 없으므로 공동의 이상이 우리를 이끌어 주어야 한다.

이런 이상은 숫자로 정당화되거나 기술로 도구화될 수 없다. 이런 이상은 집단의 이해관계에 대한 공유된 주인의식과 책임감

307

에서 나오는 것이다.

모든 노동자가 이해관계자가 되는 조합은 이런 감성을 낳는데 도움이 된다. 조합은 상호 보완적인 세계관을 가지고 공동의 목표를 위해 노력하는 자율성을 가진 개인들의 모임이다. 공통의 가치가 집단의 에너지를 어디에 쏟아야 할지 결정하고, 집단의 의사 결정에서 도덕적 나침반 역할을 한다.

조합은 또한 자율성을 가지고 협력하는 어른들의 사회의 모델이기도 하다. 우리 각자를 필요로 하고 또 각자가 책임을 지는, 진정으로 서로 의존하는 개인들로 구성된 공동체는 최고로 질 높은 삶과 최고 수준의 행복을 제공한다.[1] 개인의 기여는 모두가 결속하여 다 함께 노력하는 네트워크를 통해 그것이 증폭될 때 더 큰 영향력을 가진다. 개인의 이상은 공동체를 통해 실현된다.

우리는 타인을 위해 봉사할 때에만 자율성과 소속감을 동시에 경험할 수 있다.

096
—

인간은 여전히 경쟁을 좋아한다. 늘 지극히 너그럽기만 할 필요는 없다. 공격성과 기업가 정신, 승자와 패자가 필요할 때도 있다. 다만 경쟁은 스포츠와 같이 규칙에 따라 투명하게 진행되어야 한다.

인간성을 가진 문명은 공유재산이라는 더 큰 맥락 안에서 경쟁하는 법을 배운다. 법원, 민주주의, 시장, 과학은 모두 경쟁을 특징으로 하지만,[2] 그 경쟁은 고도로 규제된 경기장 안에서 펼쳐진다. 자유 시장은 무법 천지의 무한 경쟁이 아니라, 규칙이 있고 은행과 교환권, 특허, 주식을 가지고 운영되는 게임이다.

이런 경쟁의 장이 계속해서 모두에게 이익이 되려면 극도로 투명하게 운영되어야 한다. 왜 누구는 감옥에 가고 누구는 가지 않는지 우리가 그 이유를 모른다면, 법원은 정의를 구현할 수 없다. 특정 참가자는 정보를 얻고 다른 참가자는 정보를 얻을 수 없다면, 시장은 제 기능을 할 수 없다. 결과를 공유하고 검증할 수 없다면, 과학은 발전할 수 없다.

우리가 선택할 수 있는 길은 오직 투명성뿐이다.[3] 우리는 더 이상 서로를 피해서 숨거나 서로에게 거짓말을 할 수 없다. 부질없기 때문이다. 무대 위의 마술사가 우리의 표정을 보고 거짓말을 읽어 낼 수 있다면, 누구든지 지금 누가 나를 기만하고 있음을 어느 정도는 알 수 있다. 미디어와 기계들의 내부 사정이 투명하지 않고 신뢰할 수 없다면, 우리는 서로에게 의지해서 지금 무슨 일이 벌어지고 있는지 진실을 알아내는 법을 배워야 한다.

우리 사회를 다시 현실을 향해 돌려놓고 싶다면, 없는 것을 지어내는 일은 관둬야 한다.

097

아무리 모든 게 암담하게 보이더라도 미래는 열려 있고 우리는 새로운 것을 만들어 낼 수 있다.

미래를 뭔가 대비가 필요한 대상으로 생각하는 것은 우리의 착각이다. 기업이나 정부는 시나리오를 짜 줄 사람을 고용해서 미래의 지형을 그려 보려고 한다. 미래가 가만히 고정된 현상이라도 되는 것처럼 말이다. 그들이 바라는 최선은 앞으로 일어날 일에 대비하는 것뿐이다.

그러나 미래는 우리가 도착할 곳이 아니라, 현재의 행동으로 만들어 가는 곳이다. 현재로서는 날씨조차 지금 우리가 내리는 선택들, 즉 에너지나 소비, 낭비와 관련된 우리의 선택에 좌우된다.

미래란 명사가 아니라 동사다. 우리가 '해야 할 일'이다. 우리는 교묘히 미래를 이용해 사람들이 지금 갖고 있는 힘을 보지 못하게, 과거와 연관을 짓지 못하게 만들 수도 있다. 그렇게 하면 사람들은 자신의 역사와 핵심 가치로부터 멀어질 것이다.

아니면 우리는 미래라는 아이디어를 좀 더 좋은 방향으로,

가치를 창조하고 전달하는 연습으로 이용할 수도 있다. 그게 바로 스토리텔링과 미학, 노래, 시의 역할이다. 예술과 문화는 잃어버린 이상을 회복하고, 적극적으로 타인과 연결되고, 시간을 여행하고, 언어를 넘어 소통하고, 참여를 통해 현실을 만들어 가는, 어려운 과제를 연습할 수 있는 길을 제공한다.

0 9 8

——

지금 벌어지고 있는 일은 하나다.

우리가 뚝뚝 떨어져 있는 개인들이라고 생각하지만, 우리는 태어날 때부터 서로 공유하고, 유대감을 느끼고, 서로에게 배우고, 심지어 서로를 치유하도록 만들어져 있다.[4] 인간은 모두 동일한 집단 신경 체계의 일부다.[5] 이는 종교적 신념이 아니라 생물학적 '팩트fact'다.

아무리 원한다고 해도 혼자서는 살아갈 수 없다. 우리가 치유될 수 있는 유일한 길은 내가 아닌 다른 사람과 관계를 맺는 방법뿐이다.

하지만 이는 또 우리 중 한 명이라도 방해를 받고, 혼돈을 느끼고, 폭력을 휘두르고, 억압받는다면, 나머지들도 모두 그렇게 된다는 뜻이다. 우리는 누구도 뒤에 남겨둘 수 없다. 그렇게 해서는 누구도 우리가 가고 있는 곳(거기가 어디든)에 도착할 수 없다. 우리가 혼란하고 우울함에 빠진다면 우리와 연결된 다른 모든 사람도 혼란하고 우울해진다.

지금 우리가 하고 있는 것은 팀 스포츠다.

099

당신은 혼자가 아니다. 우리 중 누구도 혼자가 아니다.

뻔히 보이는 곳에 숨는 짓을 빨리 그만둘수록 우리는 서로를 더 많이 도와줄 수 있다. 하지만 자리에서 일어서야 상대가 나를 볼 수 있다. 아무리 자신이 괴상하고 불완전하게 느껴지더라도, 이제는 우리 스스로 팀 휴먼의 일원이라고 선언할 때다.

성경에서 하나님의 부름을 받은 예언자는 "히네니Hineni"라고 대답한다. "여기 있어요"라는 뜻이다. 사람이 왜 하나님에게 여기 있다고 답해야 했는지에 관해 학자들은 오랫동안 논쟁을 벌여왔다. 분명 하나님이 자신을 보고 계심을 알았을 텐데 말이다.

"히네니"를 외치는 진짜 목적은 준비가 되었음을 선언하는 것이다. 일어나 기꺼이 위대한 프로젝트의 일원이 되겠다는 의지를 드러낸 것이다. 어둠 속에서 누군가 나를 찾아주기를 바란다면 우리도 이렇게 외쳐야 한다. 여기 있어요.

이제는 우리가 인류를 위해 일어설 때다. 어떻게 보더라도 우리는 완벽하지 않지만, 우리는 혼자가 아니다. 우리는 팀 휴먼 이다.

100

생각이 같은 사람들을 찾아 나서자.

주

1장

1. Jeffrey L. Metzner and Jamie Fellner, "Solitary Confinement and Mental Illness in U.S. Prisons: A Challenge for Medical Ethics," *Journal of the American Academy of Psychiatry and the Law* 38, no. 1 (March 2010)

2장

1. Suzanne Simard, "How Trees Talk to Each Other," TED talk, June, 2016.
2. Peter Wohlleben, *The Hidden Life of Trees: What They Feel, How They Communicate* (Vancouver: Greystone, 2016).
3. Merlin Donald, *Origins of the Modern Mind: Three Stages in the Evolution of Culture and Cognition* (Cambridge, MA: Harvard University Press, 1991).
4. Laszlo Mero, *Moral Calculations: Game Theory, Logic, and Human Frailty* (New York: Springer Science + Business, 1998).
   John Marzluff and Russel P. Balda, *The Pinyon Jay: Behavioral Ecology of a Colonial and Cooperative Corvid* (Cambridge, UK: Academic Press, 1992).
5. Norman Doidge, *The Brain That Changes Itself* (New York: Penguin, 2007).
6. Robin Dunbar, *Human Evolution: Our Brains and Behavior* (New York: Oxford University Press, 2016).
7. Matthew D. Lieberman, *Social: Why Our Brains Are Wired to Connect* (New York: Crown, 2013).
8. Leslie C. Aiello and R. I. M. Dunbar, "Neocortex Size, Group Size, and the Evolution of Language, " *Current Anthropology* 34, no. 2 (April 1993).
9. Robert M. Seyfarth and Dorothy L. Cheney, "Affiliation, empathy, and the origins of theory of mind," *Proceedings of the National Academy of Sciences of the United States of America* 110 (Supplement 2) (June 18, 2013).

10. Marina Kouzakova et al., "Lack of behavioral imitation in human interactions enhances salivary cortisol levels," *Hormones and Behavior* 57, no. 4-5 (April 2010).

11. S. Kuth et al., "why do I like you when you behave like me? Neural mechanisms mediating positive consequences of observing someone being imitated," *Social Neuroscience* 5, no. 4 (2010).

12. Thomas Lewis, Fari Amini, and Richard Lannon, *A General Theory of Love* (New York: Knopf, 2001).

13. Glynn Isaac, "The Food-Sharing Behavior of Protohuman Hominids," *Scientfic American*, April 1978.

14. The Evolution Institute, http://evolution-institute.org.

15. Merlin Donald, *Origins of the Modern Mind: Three Stages in the Evolution of Culture and Cognition* (Cambridge, MA: Harvard University Press, 1991).

16. Alfred Korzybski, *Science and Sanity: An Introduction to Nonaristotelian Systems and Ceneral Semantics* (New York: Institute of General Semantics, 1994).

17. Nicholas A. Christakis and James H. Fowler, "Dynamic spread of happiness in a large social netwoik: Longitudinal analysis over 20 years in the Framingham Heart Study," *Britich Medical Journal* (December 4, 2008).

18. Sarah Knox, Töres Theorell, J. C. Svensson, and D. Waller, "The relation of social support and working environment to medical varibles associated with elevated blood pressure in young males: A structural model," *Social Science and Medicine* 21, no. 5 (1985).

19. J. K. Kiecolt-Glaser et al., "Marital quality, marital disruption, and immune function" *Psychosomatic Medicine* 41, no. 1 (January 1987).

20. Chris Hedges, "Diseases of Diseases of Despair," *TruthDig*, September 3, 2017.

21. Ernest Becker, *The Denial of Death* (New York: Free Press, 1977).

22. Andras Angyal, *Neurosis and Treatment: A Holistic Theory* (Honoken: John Wiley and Sons, 1965).

3장

---

1. Robert K. Logan, *The Extended Mind: The Emergence of Language, the*

Human Mind and Culture (Toronto: University of Toronto Press, 2007).

2. John Lanchester, "The Case Against Civilization," *New Yorker*, September 18, 2017.

3. Walter Ong, *Orality and Literacy* (London: Routledge, 1982).
    Leonard Shlain, *The Alphabet Versus the Goddess* (London: Penguin, 1999).

4. W. R. Simmons, "Strangers into Customers," marketing study prepared for National Broadcasting Co., New York, 1954.

5. David Halberstam, *The Fifties* (New York: Ballantine, 1993).
    The Century of the Self, film, directed by Adam Curtis (2005; United Kingdom: BBC Two, RDF Television).
    Stuart Ewen, *All-Consuming Images* (New York: Basic Books, 1990).

6. Robert D. Putnam, *Bowling Alone: The Collapse and Revival of American Community* (New York: Simon and Schuster, 2000).

7. Don Peppers and Martha Rogers, *The One to One Future* (New York: Currency, 1993).

8. Douglas Rushkoff, "The People's Net," *Yahoo Internet Life*, July 2001.

9. Douglas Rushkoff, *Media Virus!* (New York: Ballantine, 1994)

10. Richard Dawkins, *The Selfish Gene* (Oxford: Oxford University Press, 1976).

11. Brigid Hains, "Die, Selfish Gene, Die," *aeon*, December 13, 2013.

12. Nancy Scola and Ashley Gold, "Facebook, Twitter: Russian Actors Sought to Undermine Trump After Election," *Politico*, October 31, 2017.

4장

---

1. Jörgen L. Pind, *Edgar Rubin and Psychology in Denmark* (Berlin: Springer, 2104).

2. John Dewey, *Democracy and Education* (New York: Free Press, 1997).

3. Alvin Powell, "How Sputnik Changed U.S. Education," *Harvard Grzette*, Ocober 11, 2007.

4. Bill Gates, Steve Jobs, Mark Zuckerberg, Evan Williams, Travis Kalanick, Larry Ellison, Michael Dell, John Mackey, Jan Koum, to name only a few.

5. Silvio A. Bedini, *Thomas Jefferson: Statesman of Science* (Basingstoke: Palgrave-MacMillan, 1990).

6. Victoria Turk, "China's Workers Need Help to Fight Factories' Toxic Practices,"

New Scientist, March 22, 2017.

7. Douglas Rushoff, *Coercion* (New York: Riverhead, 2000).

8. David M. Berry and Michael Dieter, *Postdigital Aesthetics: Art, Computation, and Design* (Basingstoke: Palgrave-MacMillam, 2000).

9. Heather Chaplin, Smartbomb: *The Quest for Art, Entertainment, and Big Bucks in the Video Game Revolution* (Chapel Hill: Algonquin, 2006).

10. "Prescribed Stimulant Use for ADHD Continues to Rise Steadily," National Institute of Mental Health, press release, September 28, 2011, http://www.nih.gov/news-events/news-releases/prescribed-stimulant-use-adhd-continues-rise-steadily.

5장

1. See the Nettime email list from the early 1990s, at http://www.nettime.org/archives.php, or Usenet groups such as alt.culture.

2. Benoit Denizet-Lewis, "Why Are More American Teenagers Than Ever Suffering from Severe Anxiety?" *New York Times Magazine*, October 15, 2017.

3. The current leader in the field is BJ Fogg's Captology Laboratory at Stanford University.

4. "BDI Behaviour Change," Behavioural Dynamics Institute, 2014, http://www.youtube.com/watch?v=13k_-k1Mb3c.

5. Douglas Rushkoff, *Coercion* (New York: Riverhead, 2000).

6. Natasha Dow Schull, *Addiction by Design: Machine Gambling in Las Vegas* (Princeton: Princeton University Press, 2014).
    Nir Eyal, *Hooked: How to Build Habit-Forming Products* (New York: Portfolio, 2014)

7. Brian Burke, *Gamify: How Gamification Motivates People to Do Extraordinary Things* (Abingdon, UK: Routledge, 2014).
    Kevin Werbach, *For the Win: How Game Thinking Can Revolutionize Your Business* (Philadelthia: Wharton Digital Press, 2012).
    Jane McGonigal, Reality Is Broken: *Why Games Make Us Better and How They Can Change the World* (London: Penguin, 2011).

8. Debra Kaufman, "Studies Show Smartphones, Social Media Cause Brain Drain," *etcentric*, October 10, 2017.

9. William Softky, "Sensory Metrics of Neuromechanical Trust," *Journal of Neural Computation* 29, no. 9 (September 207).

10. Luke Dittrich, Patient H.M.: *A Story of Memory, Madness, and Family Secrets* (New York: Random House, 2017).

11. Benoit Denizet-Lewis, "Why Are More American Teenagers Than Ever Suffering from Severe Anxiety?" *New York Times Magazin*, October 11, 2017.

12. William Softky, "Sensory Metrics of Neuromechanical Trust," *Journal of Neural Computation* 29, no. 9 (September 2017).

13. Do Not Track, documentary film, directed by Brett Gaylor (2015), available at https://donottrack-doc.com.

6장

1. John of Sacrobosco, *De Sphaera Mundi (On the Sphere of the World)*, c. 1230, available at http://www.esotericarchives.com/solomon/sphere.htm.
   Dennis Des Chene, *Spirits and Clocks: Machine and Organism in Descartes* (Ithaca, NY: Cornell University Press, 2000).

2. George Lakoff, *Metaphors We Live By* (Chicago: University of Chicago Press, 1980).
   Lewis Mumford, *Myth of the Machine* (Boston: Mariner, 1971).
   Neil Postman, *Technopoly: The Surrender of Culture to Technology* (New York: Vintage, 1993).
   Jean Baudrillard, *Simulacra and Simulation* (Ann Arbor: University of Michigan Press, 1994).

3. John Seely Brown and Paul Duguid, *The Social Life of Information* (Cambridge, MA: Harvard Business Review Press, 2000).

4. Clifford Nass, "Cognitive Control in Media Multiaskers," *Proceedings of the Nationl Academy of Sciences* 106, no. 27 (September 15, 2009).

5. Richard Maxwell and Toby Miller, *Greening the Media* (Oxford: Oxford University Press, 2012).

6. Jean-Marie Colombani, "Nous Sommes Tous Americains," *Le Monde*, September 12, 2001.

7. John Perry Barlow, "Declaration of Independence of Cyberspace," Wired, February 8, 1996.

8. Marshall McLuhan, *Understanding Media* (Cambridge, MA: MIT Press, 1994).

9. Ronald Reagan, "Tear Down This Wall" speech, June 12, 1987.

10. Donald Trump, speech, Phoenix, August 31, 2016.

11. Vannevar Bush, "As We May Think," *The Atlantic*, July 1945.

12. Kevin Roose, "Forget Washington. Facebook's Problems Ahead Are Far More Disturbing," *Washington Post*, October 29, 2017.

13. Douglas Rushkoff, *Life, Inc.: How the World Became a Corporation and How to Take It Back* (New York: Random House, 2011).

14. Dina Fime Maron, "Major Cell Phone Radiation Study Reignites Cancer Questions," *Scientific American*, May 27, 2016.
    Jeneen Interlandi, "Does Cell Phone Use Cause Brain Cancer? What the New Study Means For You," *Consumer Reports*, May 27, 2016.

15. Spike C. Cook, Jessica Johnson, and Theresa Stager, *Breaking Out of Isolation: Becoming a Connected School Leader* (Thousand Oaks, CA: Corwin, 2015).
    Lisa Dabbs and Nicol R. Howard, *Standing in the Gap: Empowering New Teachers Through Connected Resources* (Thousand Oaks, CA: Corwin, 2015).

16. Zumic Staff, "Great Drummers Break Down Ringo Starr's Style with the Rock and Roll Hall of Fame," *Zumic*, July 8, 2015.

17. Stephen Bartolomei, "Silencing Music, Quieting Dissent: How Digital Recording Technology Enforces Conformity Through Embedded Systems of Commodification," master's thesis, Queens College, City University of New York, 2016.

18. Julian Huxley, *New Bottles, New Wine* (New York: Harper Brothers, 1957).

19. Steven Salzberg, "Did a Biotech CEO Reverse Her Own Aging Process? Probably Not," *Forbes*, August 1, 2016.

20. Chris Hoffman, "Why Is Printer Ink So Expensive?" *How-To Geek*, September 22, 2016.

7장

1. Kevin Kelly, *What Technology Wants* (London: Penguin, 2011).

2. Juliet B. Schor, *The Overworked American: The Unexpected Decline of Leisure* (New York: Basic Books, 1993).

3.   Douglas Rushkoff, *Life, Inc.: How the World Became a Corpotation and How to Take It Back* (New York: Random House, 2011).

4.   Taylor Holden, "Give Me Libetty or Give Me Corporate Personhood," *Harvard Law and Policy Review*, November 13, 2017.

5.   Nina Mehta and Nandini Sukumar, "Intercontinental Exchange to Acquire NYSE for $8.2 Billion," *Bloomberg*, December 20, 2012.

6.   Joel Hyatt, Peter Leyden, and Peter Schwartz, *The Long Boom: A Vision for the Coming Age of Prosperity* (New York: Basic Books, 2000).
      Kevin Kelly, *New Rules for a New Economy* (London: Penguin, 1999).

7.   John Hagel et al., foreword, *The Shift Index 2013: The 2013 Shift Index Series* (New York: Deloitte, 2013).

8.   M. J. Salganik, P. S. Dodds, and D. J. Watts, "Experimental Study of Inequality and Unpredictability in an Artifical Cultural Market," *Science* 311 (2006).

9.   Nathaniel Popper, "There Is Nothing Virtual About Bitcoin's Energy Appetite," *New York Times*, January 21, 2018.

10. David Leonhardt, "When the Rich Said No to Getting Richer," *New York Times*, September 5, 2017.

11. Thomas Jefferson, letter to John Holmes, April 22, 1820, available at http://www.encyclopediavirginia.org/Letter_from_Thomas_Jefferson_to_John_Holmes_April_22_1820.

12. Robert M. Sapolsky, *Behave: The Biology of Humans at Our Best and Worst* (London: Penguin, 2017).

13. David Bollier, *Think Like a Commoner: A Short Introduction to the Life of the Commons* (Gabriola Island, BC: New Society, 2014).

14. Ernst Fehr and Urs Fischbacher, "The Nature of Human Altruism," *Nature* 425 (October, 2003).

15. G. K. Chesterton, *Three Works on Distributism* (CreateSpace, 2009).

16. Brad Tuttle, "WinCo: Meet the Low-Key, Low Cost, Grocery Chain Being Called 'Wal-mart's Worse Nightmate,'" *Time*, August 7, 2013.
      "The Opposite of Wal-mart," *Economist*, May 3, 2007.
      Bouree Lam, "How REI's Co-Op Retail Model Helps Its Bottom Line," *The Atlantic*, March 21, 2017.

17. Trebor Scholz and Nathan Schneider, *Ours to Hack and to Own: The Rise of Platform Cooperativism, A New Vision for the Future of Work and a Fairer Internet* (New York: OR Books, 2017).

18. Stephen Levitt and Stephen J. Dubner, *Freakonomics: A Rogue Economist*

Explores the Hidden Side of Everything (New York: William Morrow, 2005).

19. Brandon Keim, "Did Cars Save Our Cities from Horses?" *Nautilus*, November 7, 2013.

20. Steven Pinker, *The Better Angels of Our Nature* (London: Penguin, 2011).

21. Nassim Taleb, "The Pinker Fallacy Simplified," Fooled By Randomness.com/pinker.pdf.

8장

1. Eric Limer, "My Brief and Curious Life as a Mechanical Turk," *Gizmodo*, October 28, 2014.

2. John Culkin, "A Schoolman's Guide to Marshall McLuhan," *Saturday Review*, March 18, 1967.

3. Ellora Thadaney Israni, "When an Algorithm Helps Send You to Prison," *New York Times*, October 26, 2017.

4. Ian Sample, "AI Watchdog Needed to Regulate Automated Decision-Making, Say Experts," *Guardian*, January 27, 2017.
   Sandra Wachter, Brent Mittelstadt, and Luciano Floridi, "Why a Right to Explanation of Automated Decision-Making Does Not Exist in the General Data Protection Regulation." *SSRN*, January 24, 2017.

5. Antonio Regalado, "Q&A with Futurist Marrine Rothblatt," *MIT Technology Review*, October 20, 2014.

6. Ray Kurzweil, *The Age of Spiritual Machimes: When Computers Exceed Human Intelligence* (London: Penguin, 2000).

7. Future of Life Institute, "Beneficial AI 2017," http://futureoflife.org/Bai-2017/.

8. Clara Moskowitz, "Are We Living in a Computer Simulation?" *Scientific American*, April 7, 2016.

9. Alan Turing, "Computing Machinery and Intelligence," *Mind* 59, no. 236 (October 1950).

10. Andrew Smart, *Beyond Zero and One: Machines, Psychedelics and Consciousness* (New York: OR Books, 2009).

11. Roger Penrose and Stuart Hameroff, "Consciousness in the universe: A review of the 'Orch OR' theory," *Physics of Life Review* 11, no. 1 (March 2014).

12. Merrelyn Emery, "The Current Version of Emery's Open Systems Theory,"

Systemic Practice and Action Research 13, no. 5 (2000).

13. Thomas Nagel, *Maral Questions* (Cambridge, UK: Cambridge University Press, 1991).

9장

1. Andrew Smart, *Beyond Zero and One: Machines, Psychedelics and Consciousness* (New York: OR Books, 2009)
   Dan Sperber and Deirdre Wilson, *Relevance: Communication and Cognition* (Hoboken: Wiley-Blackwell, 1996).
2. Masahiro Morey, "The Uncanny Valley," *Energy* 7, no. 4 (1970).
3. Jeremy Hsu, "Why 'Uncanny Valley' Human Look-Alikes Put Us on Edge," *Scientific American*, Apil 3, 2012.
4. Johan Huizinga, *Homo Ludens: A Study of the Play-Element in Culture* (Eastford, CT: Martino Fine Books, 2016).
5. Kembrew McLeod, *Pranksters: Making Mischief in the Modern World* (New York, NYU Press, 2014).
6. Timothy Leary, "You Aren't Like Them," lecture at UC Berkeley, 1968.
7. Trebor Scholz, *Uberworked and Underpaid: How Workers Are Disrupting the Digital Economy* (Cambridge, UK: Polity, 2016).
8. Lawrence Wright, *Going Clear: Scientology, Hollywood, and the Prison of Belief* (New York: Vintage, 2013).
9. John Cornwell, The Dark Box: *A Secret History of Confession* (New York: Basic Books, 2014).
10. P. K. Piff et al., "Awe, the Small Self, and Prosocial Behavior," *Journal of Personality and Social Psychology* 108, no. 6 (2015).

10장

1. Mircea Eligde, *The Myth of the Eternal Return, or Cosmos and History* (New York: Pentheon, 1954).
2. Karen Armstrong, *A History of God: The 4,000-Year Quest of Judaism,*

Christianity and Islam (New York: Random House, 1993).

3. Douglas Rushkoff, *Nothing Sacred* (New York: Crown, 2003).

4. Wilhelm Reich, *The Mass Psychology of Fascism* (New York: Farrar, Straus, and Giroux, 1980).

5. Jack D. Forbes, *Columbus and Other Cannibals* (New York: Seven Stories, 2011).

6. John Brockman, "We Are As Gods and Have to Get Good at It: A Conversation with Stewart Brand," *The Edge*, August 18, 2009.

7. Jeffrey J. Kripal, Esalen: *America and the Religion of No Religion* (Chicago: University of Chicago Press, 2008).

8. Erik Davis, *Techgnosis: Myth, Magic, and Mysticism in the Age of Information* (Berkeley: North Atlantic, 2015).
Pascal-Emmanuel Gobry, "Peter Thiel and the Cathedral," Patheos.com, June 24, 2014, http://www.patheos.com/blogs/inebriateme/2014/06/pete-thiel-and-the-cathedral/(accessed January 10, 2018).

9. Maya Kosoff, "This Anti-aging Start-up Is Charging Thousands of Dallars for Teen Blood," *Vanity Fair*, June 2017.

10. Ray Kurzweil, *The Singularity Is Near: When Humans Transcend Bilolgy* (London: Penguin, 2005).
Truls Unholt, "Is Singularity Near?" *TechCrunch*, February 29, 2016.

11. Max Horkheimer, *Eclipse of Reason* (Eastford, CT: Martino Fine Books, 2013).

11장

1. Robert M. Sapolsky, *Behave: The Biology of Humans at Our Best and Worst* (London: Penguin, 2017).

2. Richard Heinberg, *Our Renewable Future: Laying the Path for One Hundred Percent Clean Energy* (Washington, DC: Island Press, 2016).

3. John Ikerd, *Small Farms Are Real Farms* (Greeley, CO: Acres USA, 2008).
Raj Patel, *Steffed and Starved: The Hidden Battle for the World Food System* (New York: Melville House, 2012).
Vandana Shiva, *Stolen Harvest: The Hijacking of the Global Food Supply* (Lexington: University of Kentucky Press, 2015).

4. Steve Drucker, *Altered Genes, Twisted Truth: How the Venture to Genetically*

Engineer Our Food Has Subverted Science, Corrupted Government, and Systematically Deceived the Public (Fairfield, IA: Clear River Press, 2015).

5. Chris Arsenault, "Only 60 Years of Farming Left If Soil Degradation Continues," *Scientific American*, December 5, 2014.

6. David Wallace-Wells, "The Uninhabitable Earth," *New York Magazine*, July 9, 2017.

7. David Holmgren and Bill Mollison, *Permaculture* (Paris: Equilibres d'aujourd'hui, 1990).

8. Rudolf Steiner, *Agriculture Course: The Birth of the Biodynamic Method* (Forest Row, UK: Rudolf Steiner Press, 2004).

9. Brian Halwell, *Eat Here: Reclaiming Homegrown Pleasures in a Global Supermarket* (New York: Norton, 2004).
    Polyface Farms, http://www.polyfacefarms.com/.

10. Kathryn Schulz, "The Really Big One," *New Yorker*, July 20. 2015.

11. 1970년대부터 과학자들은 우리의 환경이 위급한 상황이라고 경고해 왔다. 1972년 로마클럽(Club of Rome)에서 발표해 널리 비웃음을 샀던 보고서 〈성장의 한계(The Limits to Growth)〉는 지구의 재생 불가능한 자원을 고갈시키지 않고서는 경제성장을 계속 가속화할 수는 없다는 사실을 처음으로 보여 준 자료였다. 1992년 UCS(Union of Concerned Scientists)를 주축으로 다수의 노벨상 수상자가 포함된 1700명 이상의 독립 과학자들이 〈인류에게 보내는 세계 과학자들의 경고(World Scientists' Warning to Humanity)〉를 발표했다. 문서에서 과학자들은 여러 팩트(fact)와 숫자를 들어 우리가 생태계를 그 수용한계 이상으로 밀어붙이고 있고, 이는 바다, 숲, 표토, 대기에 이르기까지 모든 환경을 크게 위협하고 있다고 주장했다. 2017년 '걱정하는 과학자 동맹(Alliance of Concerned Scientists)'은 우려스러운 데이터를 다시 언급하며 우리가 실제로는 과거의 끔찍한 예측들보다 더 좋지 않은 상황이며 '대규모 멸종' 사태의 직전에 와 있을 가능성이 높다고 단언했다.

12. Hal Hershfield, "Future Self-Continuity: How Conceptions of the Future Self Transform Intertemporal Choice," *Annals of the New York Academy of Sciences*, 1235, no. 1 (October 2011).

13. Adam Brock, *Change Here Now: Permaculture Solutions for Personal and Community Transformation* (Berkeley: North Atlantic, 2017).

14. Clifford D. Conner, *A People's History of Science: Miners, Midwives, and "Low Mechanicks"* (New York: Nation Books, 2005).

15. Ibid.

16. Douglas R. Hofstadter, *Gödel, Escher, Bach: An Eternal Golden Braid* (New York: Basic Books, 1999).

17. Julian Barbour, *The End of Time: The Next Revolution in Physics* (New York: Oxford University Press, 2011).

12장

1. Jacob Burckhardt, *The Civilzation of the Renaissance in Italy* (New York: Penguin, 1990). Berckhardt's 1860 classic shows how, before the Renaissance, "Man was conscious of himself only as a member of a race, people, party, family, or corporation-only through some general category."
2. Clarence Green, "Doctor Faustus: Tragedy of Individualism," *Science and Society* 10, no. 3 (Summer 1946).
3. Robert Nisbet, *The Quest for Community: A Sudy in the Ethics of Order and Freedom* (Wilmington, DE: Intercollegiate Studies Institute, 2010).

13장

1. J. T. Rogers, *Oslo: A Play* (New York: Theater Communications Group, 2017).
2. Nancy Snow, *Information War: American Propaganda, Free Speech, and Opinion Control Since 9/11* (New York: Seven Stories, 2003).
3. Arthur C. Brooks, "Empathize with Your Political Foe," *New York Times*, January 21, 2018.
4. Robert M. Bond et al., "A 61-million-person experiment in social influence and political mobilization," *Nature* 489 (September 13, 2012).
5. Martin Buber, *I and Thou* (New York: Scribner, 1958).

14장

1. Merrelyn Emery, "The Current Version of Emery's Open Systems Theory," *Systemic Practice and Action Research* 13 (2000).
2. Robert Reich, *The Common Good* (New York: Knopf, 2018).

3. David Brin, *The Transparent Society* (New York: Perseus, 1998).
4. Dr. Mark Filippi, Somaspace homepage, http://somaspace.org.
5. Stephen W. Porges, *The Polyvagal Theory: Neurophysiological Foundations of Emotions, Attachment, Communication, and Self-Regulation* (New York: Norton, 2011).

Team Human

옮긴이 이지연

서울대학교 철학과를 졸업한 후 삼성전자 기획팀, 마케팅팀에서 일했다. 현재 전문 번역가로 활동 중이다. 옮긴 책으로는 《인간 본성의 법칙》《위험한 과학책》《제로 투 원》《만들어진 진실》《시작의 기술》《인문학 이펙트》《빈곤을 착취하다》《파괴적 혁신》《토킹 투 크레이지》《기하급수 시대가 온다》《빅데이터가 만드는 세상》《리더는 마지막에 먹는다》《행복의 신화》《평온》《매달리지 않는 삶의 즐거움》《다크 사이드》《포제션》 외 다수가 있다.

대전환이 온다

1판 1쇄 인쇄 2021년 2월 16일
1판 1쇄 발행 2021년 3월 5일

지은이 더글러스 러시코프
옮긴이 이지연

발행인 양원석 **편집장** 김건희 **책임편집** 신채윤
디자인 이은혜, 김미선 **영업마케팅** 조아라, 정다은, 신예은

펴낸 곳 ㈜알에이치코리아
주소 서울시 금천구 가산디지털2로 53, 20층 (가산동, 한라시그마밸리)
편집문의 02-6443-8868   **도서문의** 02-6443-8800
홈페이지 http://rhk.co.kr
등록 2004년 1월 15일 제2-3726호

ISBN 978-89-255-8903-9 (03300)